古文書はこんなに面白い

油井宏子

柏書房

はじめに

古文書をまったく初めて読む方にも、またかなり読めるようになっている方にも、古文書の世界を楽しんでいただきたい、そう思いながら本書を書きました。古文書はまさに人生のドラマです。文書のなかから、江戸時代の村や町に住んでいた一人一人の人間が生き生きと浮かび上がってきます。そしてそれは単なる過去のことではなく、現代の私たちの社会を考える手がかりになります。

古文書人口を増やしたい、それが私の夢です。古文書人口――私の造語ですが、江戸時代の文書が読めてその意味や背景を理解するうちに、古文書の魅力に取りつかれてしまった人の数、といった意味です。ここ十数年間、ＮＨＫ学園をはじめ、市川市内の多くの公民館、中学校、千葉市、東京・人形町などでの古文書講座を通じて、たくさんの方々が私の講座を継続して聞いてくださって、古文書大好き人間になってくださいました。その意欲は本当にすばらしいものです。

対面の講座は、話す方もとても楽しいものです。一文字一文字のここがこうくずれているという解説を丁寧にして、文を解読し、文書の背景をたっぷりお話し、そして区切りごとにみんなで音読します。

本書も、講座に参加なさっているような雰囲気で読んでいただければうれしいです。できるだけわかりやすく書きました。しかし同時に、文書を読む姿勢や何を読み取るべきかについて述べ、また文書を理解するために必要な知識もたくさん織り込みました。近世史をこれから勉強していこうとしている学生さんたちにも、是非読んでもらいたいと思います。

二〇〇五年二月

油井宏子

凡例

一、解読文は、原則として常用漢字を使っていますが、固有名詞その他で旧字体も使用しています。
二、変体仮名は原則として、ひらがなに直しています。
三、助詞として読む場合には、「者」「江」「而」は、漢字のまま小さく右寄せにし、「茂」「与」については「も」「と」と表記しています。
四、カタカナは、ひらがなに直さずに、カタカナのまま表記しています。
五、ゟ（より）、〆（しめ）などの合字（ごうじ）も、そのまま表記しました。
六、**解読**のなかの、ひらがな読みは、読みやすくするために読点を多めに打ってあります。
七、**文意**は、内容を理解しやすいように意訳してありますので、古文書そのものより多少言葉が多かったり少なかったりします。

古文書はこんなに面白い✣目次

✣第一章✣

おでんちゃん（淺田傳）の寺子屋規則

✣第二章✣

白木屋友八の荷物持ち逃げ事件

コラム　古文書の背景

第一章

おでんちゃん(淺田傳)の寺子屋規則

宝暦五（一七五五）年、おでんちゃんは十歳。山城国相楽郡上狛（現京都府相楽郡山城町上狛）にある善正寺の寺子屋に通っています。父親の淺田金兵衛は四十三歳。六年前から狛組十三か村をたばねる大庄屋を務めています。上狛村で最上層の一家の娘、ということになりますね。淺田傳ちゃんの「傳」は、常用漢字に直すと「伝」。本書では「おでんちゃん」と、呼ばせてもらうことにします。

上狛村のお話を少ししておきましょう。江戸時代の上狛村は千三百石ほどの村で、伊賀・伊勢を本拠とする藤堂藩の飛び地でした。濠（ほり）で囲まれ大里と呼ばれていた環濠集落内の西法花野村、東法花野村、野日代村と、濠の外側南の新在家村を合わせた地域です。これに、濠の北にある林村五百石をあわせた「千八百石」がひとまとまりの生活圏でした。淺田家は、大里にありました。

さて、その淺田家に残されている古文書（東京大学経済学部図書館文書室所蔵）のなかに、おでんちゃんが実際に使った「手本」（テキスト）が残っています。三十六歌仙の歌が一首ずつ書かれたもので、手習い（習字）をしながら歌自体も覚えていったのでしょうね。これはこれでおもしろい史料なのですが、このテキストの後ろに載っている「可㆓相守㆒條々」がさらに興味ぶかいのです。

「可㆓相守㆒條々（あいまもるべくじょうじょう）」、これは、寺子屋の規則です。現代で言えば学校の校則ということになりますね。寺子屋の師匠（善正寺の住職）は、寺子（生徒）たちにどんなことを守ってもらいたかったのでしょうか。はたして、こどもたちはそれを守っていたのでしょうか。

古文書にそって解読していくと、復習が大切と説く師匠の想いとは裏腹に、半紙をちぎって人形細工をしたり、筆の軸で吹き矢や押鉄砲を作ったり…。いたずらいっぱいの生き生きしたこどもたちの姿が行間から浮かび上がってきます。なあんだ、今のこどもたちと少しも変わらない、と思わずにやりとしたり、ほっとしたり、考えさせられたりします。
さあ、寺子になったつもりで読み始めましょう。とてもきれいで読みやすい字ですよ。

1 ✣ 基本的な心構え

① **解読** **可㆓相守㆒條々**（あいまもるべくじょうじょう）

これは、さっきお話しした通り。「**守らなければならない条文**」といった意味で、約束事・規則を指しています。「可」は返読文字（上に返って読む文字）です。この場合「相守」まで読んでから返ります。次の②から⑤までは、まず寺子屋で学ぶ上での基本的な心構えを述べています。

② **解読** **夫、手習稽古之道たる**（それ、てならいけいこのみちたる）

「そもそも、手習いの道を究めようとするからには」と筆を起こしています。「稽」は「のぎへん」、「尤」、「旨」と、部分部分はきれいなくずしになっています。ただし「のぎへん」が上にあがってしまっているので、文字全体のイメージが変わってしまってわかりにくかったかもしれません。このようなことは、古文書のくずし字では度々あることですので、心に留めておいてください。

「之」は、とてもよく出てくるくずし字です。「の」と読んだり「これ」と読んだりします。ここでは「の」ですね。は「堂」のくずしで「た」と読ませます。堂↓た、は意外に思えてむずかしいかもしれませんね。でもこの文書であと何か所か出てきますので、じっとにらんで、ここで覚えてしまいましょう。「堂」＝だう＝たう、の「た」です。は「留」のくずしの「る」です。

③ **解読**　**先、柔和にして形儀を正し**（まず、にゅうわにしてぎょうぎをただし）

文意　**まず大切なことは自分の心を柔和**（素直に何でも吸収できるよう）**にして、形儀**（行儀）**正しくすることで**

↓尓志天↓にして。変体仮名は元の漢字を知ると楽しいですし理解しやすくなります。

「形儀」は「行儀」と同義。こういう書き換えあるいは当て字は、古文書ではたくさん出てきます。

音（オン）が合いさえすればいいのです。むしろ、いろいろな書き方を楽しんでいる感じ。読む方も「なるほど、こんな書き方もあるんだ。」とそれこそ〝心を柔和にして〟楽しみましょう。そもそも「ぎょうぎ」は「形」も「行い」も両面必要ですね。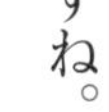は「正」の典型的なくずしです。

④

解読　**万事長敷師匠を敬ひ、手本を大切にいたし**（ばんじおとなしくししょうをうやまい、てほんをたいせつにいたし）

文意　**すべてのことについて素直におとなしく御師匠さまを尊敬し、手本を大切にして**

は「萬」のくずしです。古文書を筆写する時の原則は固有名詞などの例外を除いては〝常用漢字に直して〟ですので、「万」に直して書きます。は「敷」のくずし。間敷（まじく）・宜敷（よろしく）・六ヶ敷（むつかしく）などいろいろな用例がありますのでここで覚えてしまうとあとが楽です。

さて、「長敷」。これは「おとなしく」と読みましょう。「長」一文字で「大人」「乙名」と同様に「おとな」と読みますので「おとなしく」です。騒ぎ立てずに静かに温順に師匠の教えを守って師匠を

敬い…ということですね。

次は「にいたし」、がむずかしいでしょうか。は、なんと「耳」のくずしで「に」と読ませます。これが「もんがまえ」のなかに入ると＝「聞」になります。は「多」のくずしで「た」です。

⑤ **解読**　**縦破候反古たりと云共、不浄の処へ不レ可レ捨事**（たとえやぶれそうろうほごたりといえども、ふじょうのところへすつるべからざること）

文意　**たとえ破れてしまった書き損じの紙でさえ、トイレの紙として使ってはいけない。**

は「縦」のくずしで、「たとえ」と読ませます。「いとへん」に「従」が書かれています。「破」のの部分は「いしへん」です。

は「候（そうろう）」です。近世文書（江戸時代の古文書）に最もよく出てくる文字の一つです。「候」のくずしはいろいろありますが、これが一番典型的なくずしです。

どこかで見たことがありますね。そうです、早速出てきましたよ。②のと同じ、「堂」

＝「た」でした。あの時は＝たる、今度は＝たり、ですね。は「云」。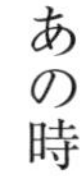は縦棒二本を目安に「共」と見分けます。「云共」で「いえども」と読みます。「しかし」や「けれども」と同じように逆説の意味で接続します。は異体字「處」のくずしです。あまり見たことのない字かもしれませんね。＝處＝處＝処で「処」に直して筆写します。は「へ」と書いてほしいのですが、近世文書では左の斜線が省略されたこのの形で出てくるのがほとんどです。見落とさないようにして下さい。「不レ可」は「不」も「可」も返読文字ですので、「べからず」「べからざる」とひっくり返って読みます。

さあ、どうでしたか。

A、素直に行儀正しく

B、先生を尊敬して

C、教科書・ノートを大切に

まさにどんな時代にも共通の、こどもにもおとなにも当てはまる学ぶことの原点といえる内容でした。

解読の方は、どうでしたか。

「この位なら簡単簡単！」と自信がつきましたか。是非ここまでの所を何度か音読してみてください。

意味や文体がわかってからの音読は、しっくりと心におさまり古文書の響きも心地よいと思います。

ちょっと確認

［儀］

［正］

［万］

［敷］

［本］

［共］

［処］

［捨］

［堂（た）］

［尓（に）］

［耳（に）］

［天（て）］

［多（た）］

お待ちどうさま。では、先に進みましょう。

古文書の背景❶　異体字

明治以前は、現在私たちが使っている以上にたくさんの漢字が存在して使われていました。それが教育制度の整備とともに、ひとつに集約されて他の字は異体字とされるようになりました。

でも、ちょっと考えてみてください。たった一つの標準的な字を本字として、あとの字を異体字として括ってしまうのもおかしなものです。異体字の方は「自分の方が本物だ。異体字とはけしからん」と怒っているかもしれません。

下には、よく出てくる異体字を挙げてみました。しかし、ここに出ているものだけがその字の異体字であるということではなく、その中間的な形や、他のバリエーションなど、実際にはいろいろなくずしが古文書のなかに出てきます。

筆写するときには常用漢字に直すという原則に従いましょう。でも、ひとつひとつの異体字も大切に、愛着を持って見つめていきたいものです。

〈おもな異体字〉

2 ✣ 早朝の学習

一毎日早朝来て先向机
硯箱并文庫を明ケ

⑥ **解読**

一、毎日早朝より来て、先向レ机硯箱并文庫を明ケ（ひとつ、まいにちそうちょうよりきたりて、まずつくえにむかい、すずりばこならびにぶんこをあけ）

文意

ひとつ、毎日朝早くから寺に来て、まず机に向かって座り、硯箱と文庫をあけ、

一を読み落としてはいけません。これは「ひとつ」と読みます。注意しなければならないのは、どこまで行っても「ふたつ」がないことです。「ひとつ、何々」「ひとつ、何々」と続き、これを「一つ書き」と言います。制札（高札）を始めとする近世のほとんどの文書が、この形式で書かれています。箇条が一つしかない場合にも「一つ書き」が用いられます。

さて、一つ目の「一つ書き」。朝早くからばらばらと集まってきているこどもたちの姿が目に浮かびます。まずしなければならないのは、勉強を始める前の準備。硯箱は硯・墨・筆などが入っていて、今ならさしずめ筆箱といったところ。文庫は、書き物や文房具を入れる箱ですから、ここにはお手本などが入っていたのでしょう。その両方を開けます。

くずし字はきれいで読みやすいですね。は「早」の典型的なくずし。＝「朝」、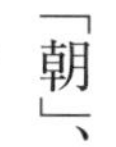＝「明」の右側のくずしがどちらも＝「月」で、同じであることに注目しておいてください。＝「より」の元の漢字は、「与里」です。「硯」の「いしへん」、どこかで見たことがありますね。そうです、⑤の＝「破」と同じ「いしへん」です。少し目に慣れていらっしゃいましたか。
は「并（ならびに）」です。近世文書では、「並」よりも、この「并」の方をよく使います。

⑦**解読**　手本双紙を取直し、是迄上候手本可レ被二相習一候（てほんそうしをとりなおし、これまであげそうろうてほん、あいならわるべくそうろう）

文意　**お手本と手習い双紙をきちんとそろえて、これまでに仕上げた**（師匠から合格をもらった）**箇所の復習をしていなさい。**

は「本」です。現在でもこのくずし方をよく見ますね。＝「雙」＝「双」。双紙はこ

の場合「手習い双紙」、つまり練習に使われる用紙です。は「取」のくずしで、よく出てきます。これに走（そうにょう）が付くと、近世文書によく出てくる「趣（おもむき）」になります。

＝「直」は典型的なくずしです。これも「直段（ねだん）」「下直（げじき）」＝ねだんが低いこと、などよく出てくる字ですので、覚えてしまいましょう（現在わたしたちが「値」の字で表わすところを、ほとんど「直」で表現します）。は、「迠」＝「迄」のくずしです。「あげそうろう」というのは、師匠に「ここまでは修了、」と言ってもらえた所、のことです。

。ここが難しいですね。おまけに少し虫クイが入っていますが、虫に負けずに読みましょう。このなかに五文字書かれています。いちばん上のは「可」のくずしです。「可」にはこのほかに、ひらがなの「て」のように見えるがあります。この二つのパターンを覚えておくと「可」は読めます。

二文字目の＝「被」もよく出てくるくずしです。「被」は、→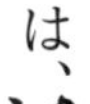→→のようにくずれていって、最後にはカタカナの「ヒ」に似た形になります。ここでのくずしでも右側に「ヒ」が見えますね。「被」＝「ヒ」と覚えておくと便利です。「被」（る、らる）も「可」（べし）も上に返って読みます。

三文字目、＝「相」は、この文書の表題「可二相守一条々」の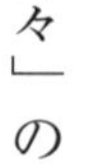ですが、ここではもう少しくずれています。この形の「相」がこの先たくさん出てきますから注目しておきましょう。

四文字目は＝「習」。これは読めそうですね。上の部分が「羽」のくずし、下のが「白」のくずしになっています。

さて、五文字目はどこにあるのでしょう。この部分です。ここに「候」が書いてある、と読みます。⑤でお話したように、「候」の典型的なくずしはですが（「上候」の「候」がこれですね）、このように筆がそこで止まっているだけで「候」と読んでしまいます。たとえば、＝「申候（もうしそうろう）」。この場合も、＝「習候」。古文書を始めたばかりの方は、筆が止まっているだけで「候」だなんて…と、驚かれると思いますが、慣れていってください。

朝来たらまず前日の復習、小・中学校の朝自習といったところですね。

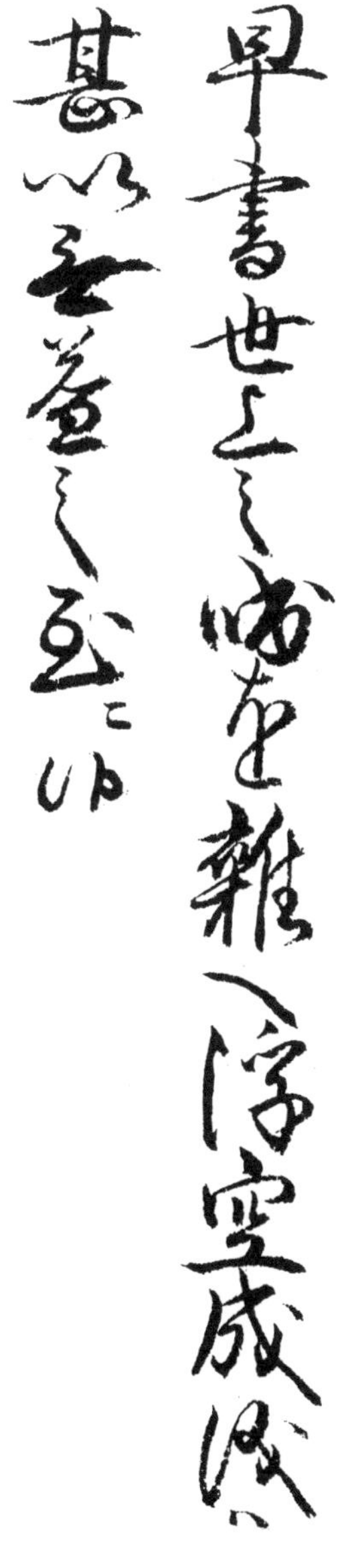

⑧

解読 早書世上之咄を雑へ浮空成儀ハ、甚以無益之至ニ候（はやがき、せじょうのはなしをまじえうわのそらなるぎは、はなはだもってむえきのいたりにそうろう）

文意 **早く終わらせてしまおうと大急ぎでいい加減に書いてしまったり、世間話をしながら上の空で書くようなことは、まったくもって意味のないことである。**

師匠は実によく寺子たちを観察していますね。「あの子は、とっとと終わらせてしまおうとばかり考えて書いている」とか「ほら、あそこでまたおしゃべりしている。あれじゃあせっかく書いていても身につかない」などと思いながら、こどもたちを温かく見ている師匠の目を感じます。

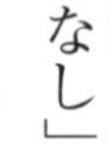は、「くちへん」に「出」で「咄（はなし）」。今でも「小咄（こばなし）」などと使いますね。「はなし」は他に「噺」も時々出てきます。ところで「口（くち）」のくずしは、このようにたいてい下の一画がありません。わたしは「〝しまりのないくち〟と覚えてください」と講座で（高座ではありません）言っています。

「浮空」＝「うわのそら」も愉快ですね。こういうのを見てしまうと、今の字はどう書くのか思わずわからなくなってしまいます。今は「うわのそら」→「上の空」でしたね。でも、「浮空」もすてきな表現だと思いませんか。気持ちがふわふわと浮いていてそこにあらず、という様子が実によく表れていますね。

は「儀」。ここでは「にんべん」がある「儀」ですが、ない「義」もよく出てきます。その下の小さな字＝「ハ」を読み落とさないようにしてください。古文書には漢字もひらがなもカタカナもすべて出てきます。

は「甚」。一字で「はなはだ」と読ませてしまいます。＝「以（もって）」。これは、以上・以下・以後・以之外（もってのほか）・猶以（なおもって）・弥以（いよいよもって）などいろいろ出てきますので、ここでくずしを覚えてしまうといいですね。

は「無」。「無」にはもうひとつというくずしのパターンがあります。「無二御座一（ござなく）」のように、たいてい上に返って読みますが、この場合は下に続けて「無益之（むえきの）」と読ん

でしまっていいですね。

＝「至（いたり）」も至極（しごく）・至而（いたって）などよく使われる字です。の「候」が、また出てきました。⑦のでは、筆が止まっているだけで「候」でしたね。

⑨ **解読** **附り、手本之読毎日懈怠有間敷候**（つけたり、てほんのよみ、まいにちけたいあるまじくそうろう）

文意 **付け加えて言うと、手本を読む事は**（とても大切なことなので）**毎日怠りなく続けなければならない。**

「附り」は、付記のことですね。本文に付け足して書いたものです。「こざとへん」があってもなくても（「附り」でも「付り」でも）同意と考えてください。近世文書では他に「并ニ（ならびに）」「但し（ただし）」「訳而（わけて）」などの付記や但し書きが出てきます。

さて、この付記では「読み」（音読）の大切さを述べています。わたしも大賛成です。音読することによってこどもたちも文字を覚え、意味を理解し、イメージをふくらませていったのでしょう。

は旧字体「讀」のくずしですので、常用漢字の「読」に直してくださってけっこうです。

はむずかしいですね。「りっしんべん」のくずしに「解」で「懈」。その次の字は「台」

のくずしの　の下に「心」のくずしの　で　「怠」。「懈怠（けたい）」とは怠けおこたることで、「無二懈怠一（けたいなく）」という表現がよく出てきます。
　＝「敷」は、④の　「長敷」のところで説明した近世文書頻出の字です。「まじく」はこのほかに「間鋪」という「かねへん」の「鋪」　もよく出てきます。「有間敷」は「あってはならない」、つまり禁止です。おこたることを、禁止して諌めています。

⑩ **解読** **是又高からす下からす、差別分明に可レ被レ読事**（これまた、たかからずひくからず、さべつぶんめいによまるべきこと）

文意 **そしてまた、読む時の声の大きさは、大き過ぎないように、かといって小さ過ぎもしないように、そしてだらだらと読まないではっきり一言一言明らかに読みなさい。**

いつもながらの師匠の丁寧なこのご注意のなかにも、寺子たちの実像が見え隠れしますね。とてつもなく大きな声で読む子がいたり、蚊の鳴くような声で読む子がいたり、いい加減にだらだら読んでいたり…。善正寺の一室でのこどもたちの姿が目に浮かぶようです。

くずし字もすてきですね、「高からす」と「下からす」の「からす」が違うくずしを使っているのがわかりますか。の方は「可良須」、の方は「加良寿」です。「可」には⑦で説明したように二つのパターンがあり、ここではの方のパターンがもっとくずれてになっています。もうひとつのパターンは、そのちょっと先に書かれているので、ひらがなの「て」のようになってしまいます。「須」の旁の「おおがい」に注目してください。頭・願・頼・順・頂・頃・類などに共通するくずしです。

＝「差」。差出・差上・差支（さしつかえ）などとこれもよく出てくる字です。下の部分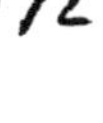が「左」のくずしになっています。は「分」の典型的なくずしです。＝「明」は⑥の＝「明ケ」の「明」とまったく同じくずしですね。「分明」は「ぶんめい」「ぶんみょう」のどちらに読んでくださってもけっこうです。

これで一つ目の「一つ書き」を読み終わりました。

「ひとつ、まいにちそうちょうより…」から「…よまるべきこと」まで、是非音読してみてください。文意と古文書のリズムが溶け合って、心を満たしてくれると思います。このあとも、一区切りごとに、あるいは「一つ書き」ごとに音読を楽しんでいただければと思います。

ちょっと確認

[早]

[朝]

[明]

[取]

[直]

[迄]

[可]

[被]

[相]

[以]

[無]

[至]

[候]

[差]

[分]

[里(り)]

古文書の背景❷　当て字

行儀→形儀、上の空→浮空、皆さんはこういう表現をどう思われるでしょう。「おもしろい」と感激されるでしょうか、それとも「間違ってる、けしからん。」と憤慨なさるでしょうか。

古文書には、このほかにもいろいろな表現が出てきます。たとえば、留守→留主、親切→深切、面倒→面働…などきりがありません。

「空腹之上、十方を失（くうふくのうえ、とほうをうしない）」などという書き方が出てくると、思わず共感してしまいます。「途方」に暮れる、なのでしょうが、空腹のあまり自分が行くべき方角さえわからなくなった、というのが「十方」を失う、の実感なのでしょう。

「演舌」（演説）にいたっては、「確かに舌が演じている！」と、納得してしまいます。第二章でご紹介する「白木屋文書」のなかには、『演舌』という表題の文書がいくつかあります。京都にいる主人が代理の者を江戸に行かせて、自分の意思を表明した文章を、読み伝えさせる文書の表題です。主人の代わりに、使者の「舌」が演じていると考えると、ぴったりの表現です。

「早速」が、「しんにょう」のない「早束」で書かれていると思ったら、「堅約速相極（かたくやくそくあいきめ）」と「約束」の方が「しんにょう」を付けて書かれていたりします。「ゆくえ」は、「行方」より「行衛」で書かれることが多いです。

このような書き方をすべて「当て字」と括ってしまったり、誤字と切り捨ててしまうのは、もったいないと思います。異体字のところ（一五頁）でお話した事とも共通しますね。

これから古文書を読んでいかれる楽しみの一つに、こういったいろいろな漢字表現に注目することも付け加えてください。古文書が、さらにおもしろくなります。

3 ✣ 読書は静かに

⑪ **解読** 一、読書ハ随分静ニ可レ被レ読候（ひとつ、どくしょは、ずいぶんしずかによまるべくそうろう）

文意 **ひとつ、書物を読むときには、できるだけ静かに読むようにしなければならない。**

ここは、くずし字も意味もわかりやすいですね。「読書」は、文書自体にルビがふってある場合、「よみかき」とふってある場合と「どくしょ」とふってある場合の両方が出てきます。ここでは、下の「静かに読むように」という指示に対応して、「書を読む」の意味の「どくしょ」と読んでおきます。

随分の分＝「分」は⑩の分明＝「分明」の「分」と同じです。

可被も、慣れていただけたでしょうか。「可レ被」ですね。⑦の可被相守と同じです。

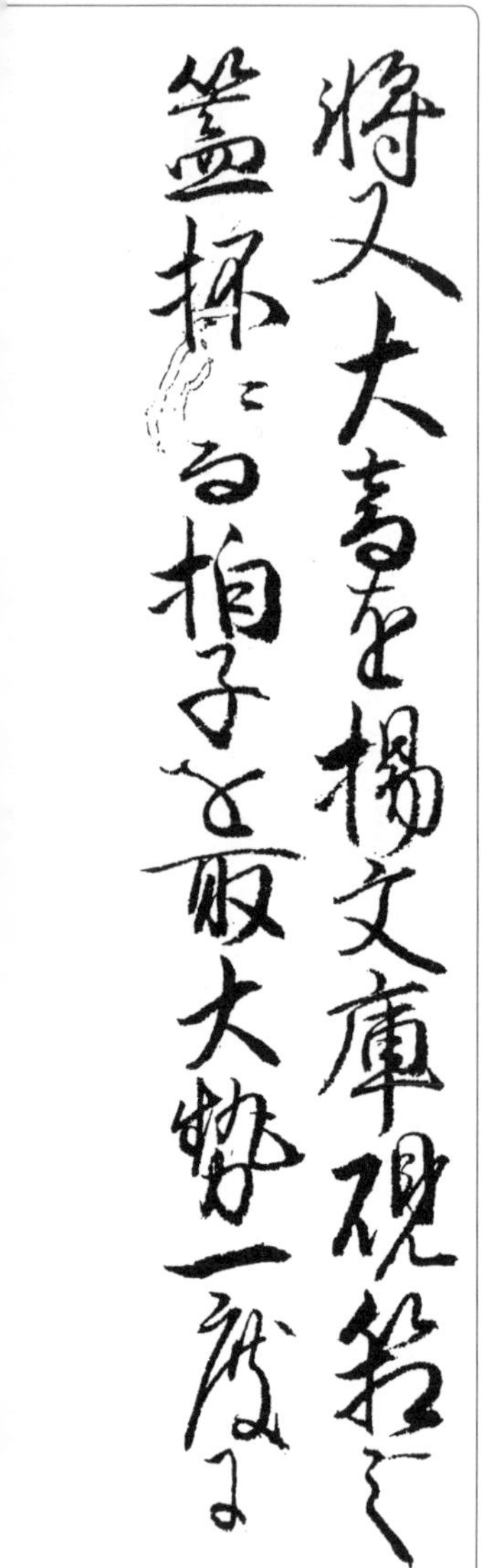

⑫ **解読**　将又、大音を揚、文庫硯箱之蓋抔ニ而拍子を取、大勢一度に相読候儀、可レ為二無用一候

（はたまた、おおおとをあげ、ぶんこすずりばこのふたなどにてひょうしをとり、おおぜいいちどにあいよみそうろうぎ、むようたるべくそうろう）

文意　**あるいは、文庫や硯箱のふたなどをたたいて大きな音をたてながら拍子をとって、おおぜいで一度に読むような事は、してはならないことである。**

今ならさしずめ…筆箱のふたで机をたたきながら、お経を唱えるように教科書を読んでいる生徒の姿…を思い浮かべていただくといいですね。これでは、現代の先生も、寺子屋の師匠も苦笑いしながら「やめてくれ」と叫びたくなりますね。

＝「音」です。「大音を揚」の「あげ」は、天ぷらをあげるの「揚」が使われていて愉快ですね。

「蓋」は、現在の字は「くさかんむり」ですが、ここでは「たけかんむり」、「去」、「皿」と、きれいな三段のくずしから成り立っています。「たけかんむり」と「くさかんむり」は混用して使われることが多いのです。

「てへん」に「不」の「抔（など）」は「等（など）」と同意でよく出てきます。少し虫損（虫クイが入っている）になっていますが、充分読めますね。

カタカナの「ニ」と「而（しこうして）」で、「ニ而（にて）」これもよく使われる表現です。「ニ」

も「而」も右上寄せに小さめに筆写します。＝「尓」は、③の「に」がもう少しくずれた形です。

は「可」です。＝「為」は、「ため、たり、たる、させ」などいろいろに読ませます。この場合は「むよう〝たる〟べくそうろう」です。必要がない→意味がない→してはいけない、の禁止事項です。

⑬

解読　無二覚束一処、其儘被二差置一間鋪事（おぼつかなきところ、そのままさしおかれまじきこと）

文意　**はっきり理解できていないところを、わからないままに残しておかないこと。**

不明な箇所は、師匠に質問するなり友達に聞くなりして解決しなさい、わからない所をそのままにしておいてはいけませんよ、という注意ですね。これも、いつの時代にも共通の「学びの原点」ですが、まあいいやと思ってしまったり、質問するのがはずかしかったりして、なかなか実行はむずかしいものです。

→「無二覚束一」は、いいでしょうか。＝「覚」のなかには「見」のくずしが見えます。＝「束」。「しんにょう」が付くと＝「速」になります。「にんべん」に「尽」のくずしで、＝「侭（まま）」ですね。これは略字で、正字は「儘」

となりますが、近世文書ではほとんど「俔」で出てきます。「置」のくずし の下の部分に、の「取直し」の「直」＝ が含まれていることに注目してください。⑦

ここの「まじき」の「しき」は敷物の「敷」ではなくて  「かねへん」の「鋪」ですね。でお話したように、近世文書では「間敷」「間鋪」の両方が出てきて、同じ意味です。⑨

ちょっと確認

[杯]　[而]　[為]　[覚]　[東]　[置]

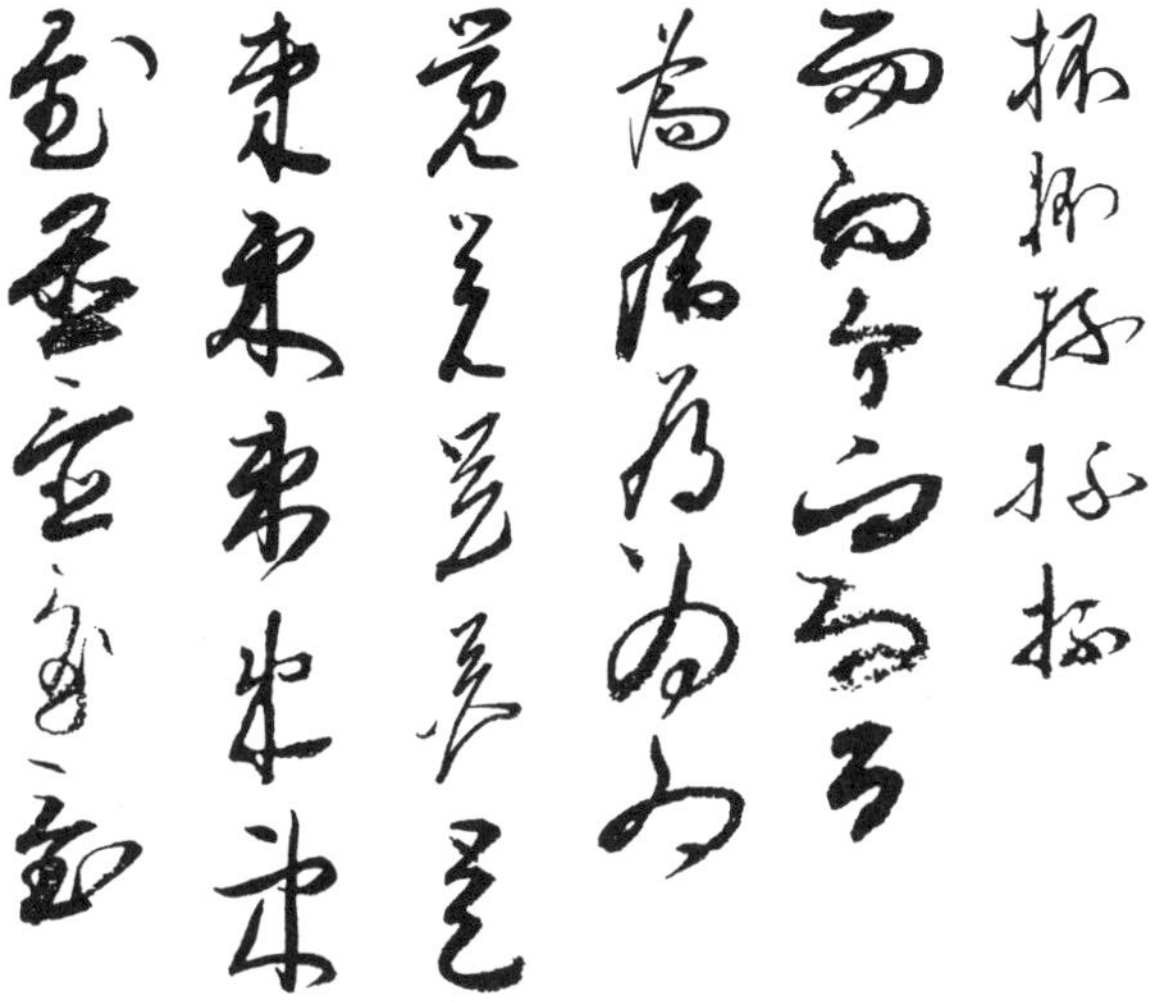

[鋪]

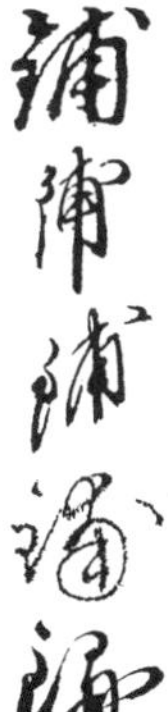

寺子屋への入門の図　（『江戸府内絵本風俗往来』より）

古文書の背景❸　寺子屋と手習所

江戸時代には庶民教育が非常に発達しました。農業生産力が増大して商品経済が展開し、流通機構が整備され、生活水準が向上するにつれて、庶民が生活したり生計を営む上で文字の使用や計算能力がさらに必要とされてきたのです。農民が「農書」を読むためにも、商人が帳簿をつけるためにも、職人が技能を身につけるためにも、それらは必要だったのです。そもそも、幕府や藩が庶民に向けて出す多くの法令や触書は、人々が文字を読めることを前提としていた、と言えます。

この需要に応えた初等教育機関が寺子屋でした。「寺子屋」という呼び名は、教養がある僧侶の所に読み書きを学びにいく者を「寺子」、その寺を「寺子屋」と呼んだためです。しかし、江戸時代の実情を見てみると師匠は僧侶に限らず、上層農民、下級武士、医者、神官など多様で、女師匠も数多くいました。したがって、教場も寺とは限りません。これらの実情をふまえて、本書の史料から三十数年後の寛政の改革の時に、松平定信から意見を求められた儒学者の中井竹山は、これからは「寺子」「寺子屋」ではなく「手習子」「手習所」「手習師匠」と呼ぶべきであると述べています。そして、それ以降幕府から出される触書などには総称して「手習所」「手習師匠」が使われるようになります。

しかし、「寺子」「寺子屋」という呼び名はそれ以後も江戸時代の庶民の間で使われていますし、現在のわたしたちにも馴染みのある言葉ですので、本書でもおもに「寺子」「寺子屋」と表記しました。明治政府が編纂した『日本教育史資料』から、明治初期には全国に約一万五千の寺子屋があったことがわかります。しかし、筆子塚（寺子屋師匠の墓）の調査などから、江戸時代末期から明治初期の時点で、小規模なものを含めるとその五倍程度の寺子屋があったのではないかと言われています。

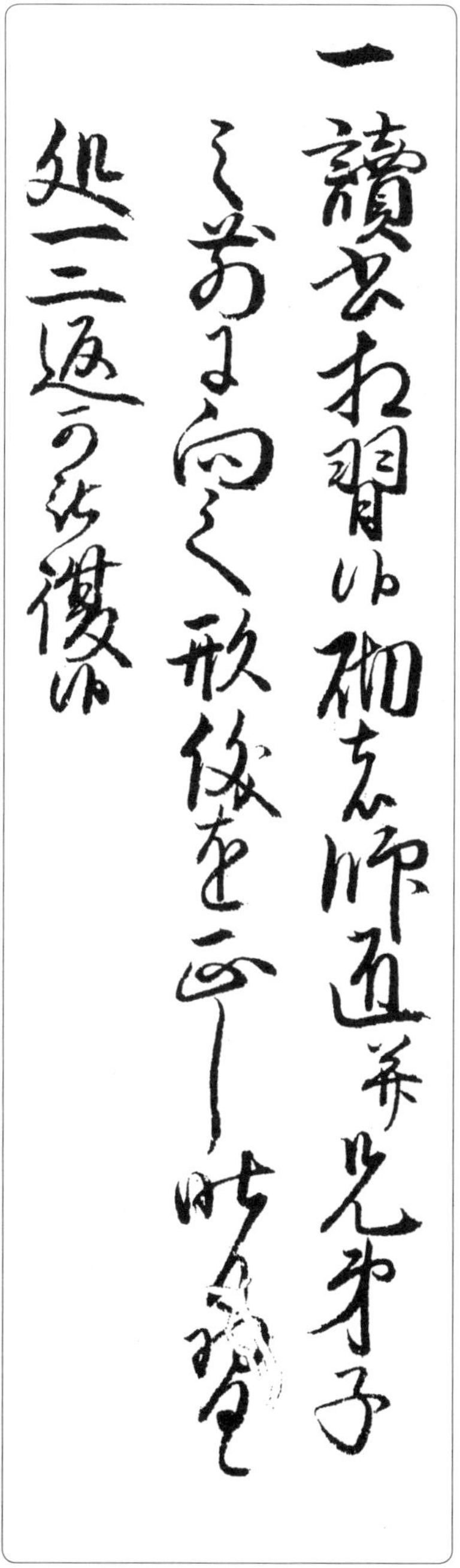

⑭ **解読**

一、読書相習候砌者、師匠并兄弟子之前に向て形儀を正し、昨日習候処一二返可レ被レ復候（ひとつ、どくしょあいならいそうろうみぎりは、ししょうならびにあにでしのまえにむかいてぎょうぎをただし、さくじつならいそうろうところ、いちにへんふくさるべくそうろう）

文意

ひとつ、寺子屋で読書を習うときには、師匠と兄弟子の前に向かって行儀正しく座り、前の日に勉強した箇所を一、二回復習しなければならない。

やはり、復習第一なのですね。きちんと理解してから先に進む。これが学問の王道、鉄則のようです。

は「書」です。今までの「書」よりだいぶくずれたこの形は、よく出てくるくずしですので覚えてしまいましょう。＝「いしへん」のくずし（⑥⑫硯、⑤破で出てきましたね）に＝「切」で「砌（みぎり）」。「何々の折、時」という意味です。

は「者」のくずしです。これは「かな読み」の時には「は」と読みます。「もの」と読むか「は」と読むかは、その時々の文意から判断しなければなりません。例えば、「此者」とあっても「このもの」と読む場合と「これは」と読む場合があります。「これは」と読むとき、つまり「者」を助詞（は、ば）として読ませる時には「此者」のように右上に小さめに書きます。⑫の助詞「ニ而（にて）」を筆写の時に小さく書くのと同じですね。

は「前」の典型的なくずしです。＝「尓」＝「に」は⑫の「大勢一度に」の「に」と同じです。は、「天」のくずしの「て」です（③にもありましたね）。「にして」）。

のところは虫くいが入っていますが、読んでしまいましょう。一番上のは「昨」のくずし、左は「ひへん」です。その下のは「日」のくずしです。は、⑦の「習候」とまったく同じですね。

＝「可レ被」も、だいぶ慣れていただけたでしょうか。「らるべく、らるべき」とひっくり返って読みます。

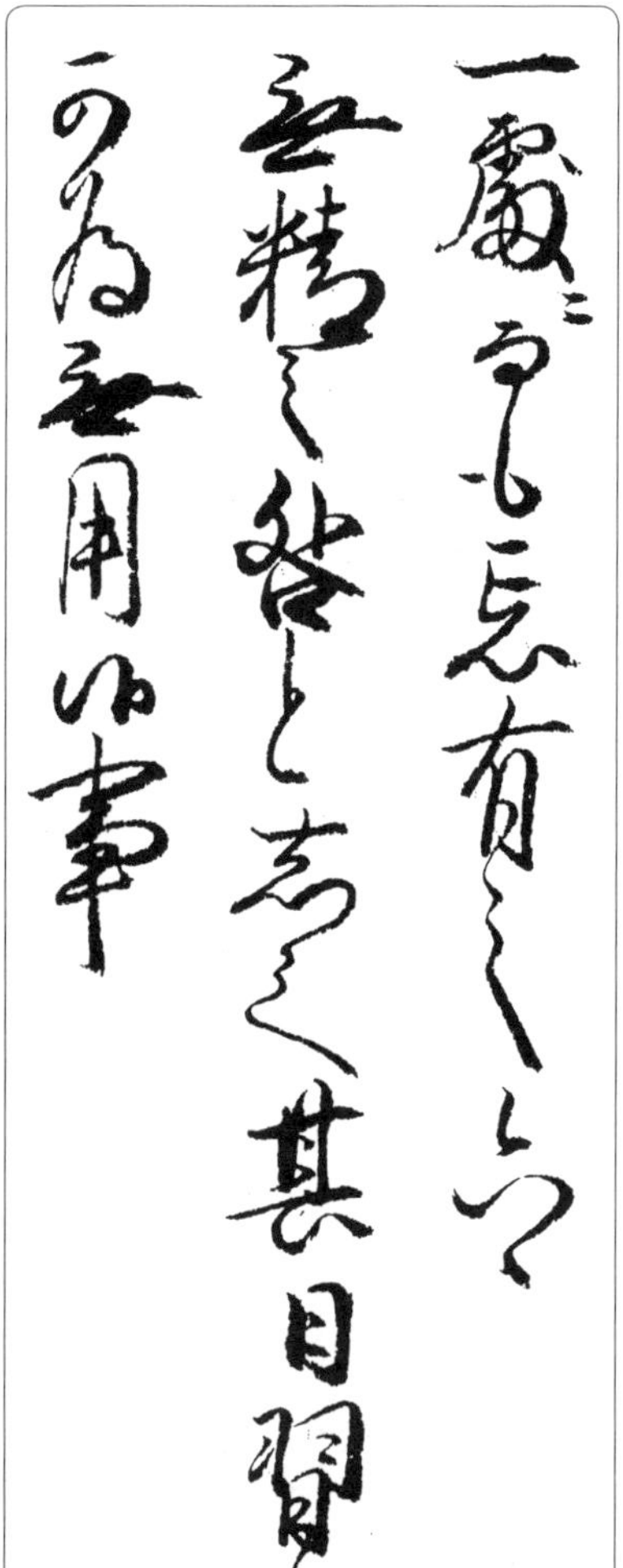

⑮ **解読**　**一処ニ而も忘有レ之候ハヽ、無精之咎として其日習候儀、可レ為ニ無用一候事**（ひところにてもわすれこれありそうらわば、ぶしょうのとがとしてそのひならいそうろうぎ、むようたるべくそうろうこと）

文意（前の日までに習った事で）**一か所でも忘れていることがあったら、なまけた罰としてその日に教わることはできない。**

これは大変！　こんなことを言われてしまったら、いまどきの小・中・高・大学生はだれも教えてもらえなくなってしまう…と言ったら言い過ぎでしょうか。

さて、ここを読まれて「ずいぶん厳しいんだな、こどもたちがかわいそうに」とか、あるいは「このぐらい当然、江戸時代は意外ときちんとしていたらしい」など、いろいろ感想を持たれたと思います。

しかし、その前に、どういう現実があったからこの条項が生まれたのか、そこを考えましょう。たぶん寺子たちは自宅に帰ってから家の手伝いをしたり遊んだり…でなかなか復習まで手が回らなかったのでしょう。師匠が新しいことを教えようとしても前のことがわかっていないからどうしようもない、という現実が多かれ少なかれあったからこそこの条項が生まれてきた、ということは確かです。むしろ師匠の方がどうしたものかと困っている、ここはこのぐらい厳しく言っておかなくては収拾がつかないと思案してこの決まりになった、と見るべきです。

ですから、実際に一か所でも忘れていたら本当に教えてもらえなかったのか、は別問題。もしかしたら「しょうがないね。では今から復習して覚えたら教えてあげよう」という現実的な解決になったのかもしれないし、本当にその日はどんなことをしてもだめで、家に帰されたかもしれない。これは、文書からだけではわかりません。タイムマシンにでも乗って見に行きたいところですね。

文書からわかることは二点。ひとつは、この決まりの背景には寺子たちが覚えてこないという現実があるということ、もうひとつは、それに対して師匠がそれでは次の日は教えないという意志があったこと（実行は不明）です。

さて、文字の解説に入りましょう。

は、⑤のの＝𠩄＝處＝処と同じくずしです。は「忘」。下に「心」のくずしがあります。

これが近世文書頻出のとても大切な表現。このなかに三文字入っています。まずが、いわゆる筆が止まっている「候」。この場合は前の字に続いているのではなく、独立した点のよう

に書かれます。その下のはカタカナの「ハ」、その下のはそれをもう一度繰り返してほしいという意味で、踊り字の「丶」。続けて書くと「候ハヽ」で「そうらわば」と読みます。「何々ならば」の意味です。

かなの「として」のところはいいでしょうか。「と」はもうひらがなになってしまっていますが、もともとは「止」のくずしです。は「志」ですね。は先ほど⑭で出てきた「向て」の「天」です。

「可レ為二無用一候（むようたるべくそうろう）」という表現は、⑫とまったく同じです。

ちょっと確認

[書] 

[御] 

[前] 

[復] 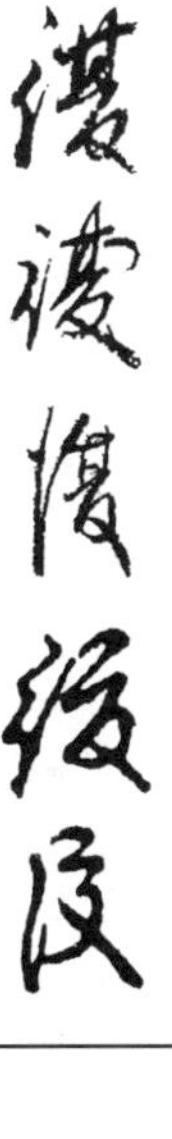

[志（し）] 

[者（は）] 

古文書の背景❹ 禁令

「芝生に入るな」という立て札がある時、それはいったい何を示しているのでしょうか。一人も芝生に入る人がいなければ、そもそもそんな立て札は必要ありません。「芝生に入っている」という現実があるから、その立て札が存在しているのです。史料もそう読むべきです。

こどもたちは、時にはみんなで元気いっぱいに大声をあげて、硯箱のふたで拍子をとりながら読んでいた。わからない所をそのままにしている寺子もけっこういたようだ。「昨日のことがわかっていないね」と注意されている子もいる。そんな寺子屋風景を、頭に思い浮かべてください。今の教室風景とあまり変わらないようですね。

幕府や藩が出している禁令や、村法度、店(たな)の定法なども、制定者の意志はともかく、現実の姿はどうだったのかや、その禁令の強制力はどの程度だったのかを丁寧に見ていく必要があります。

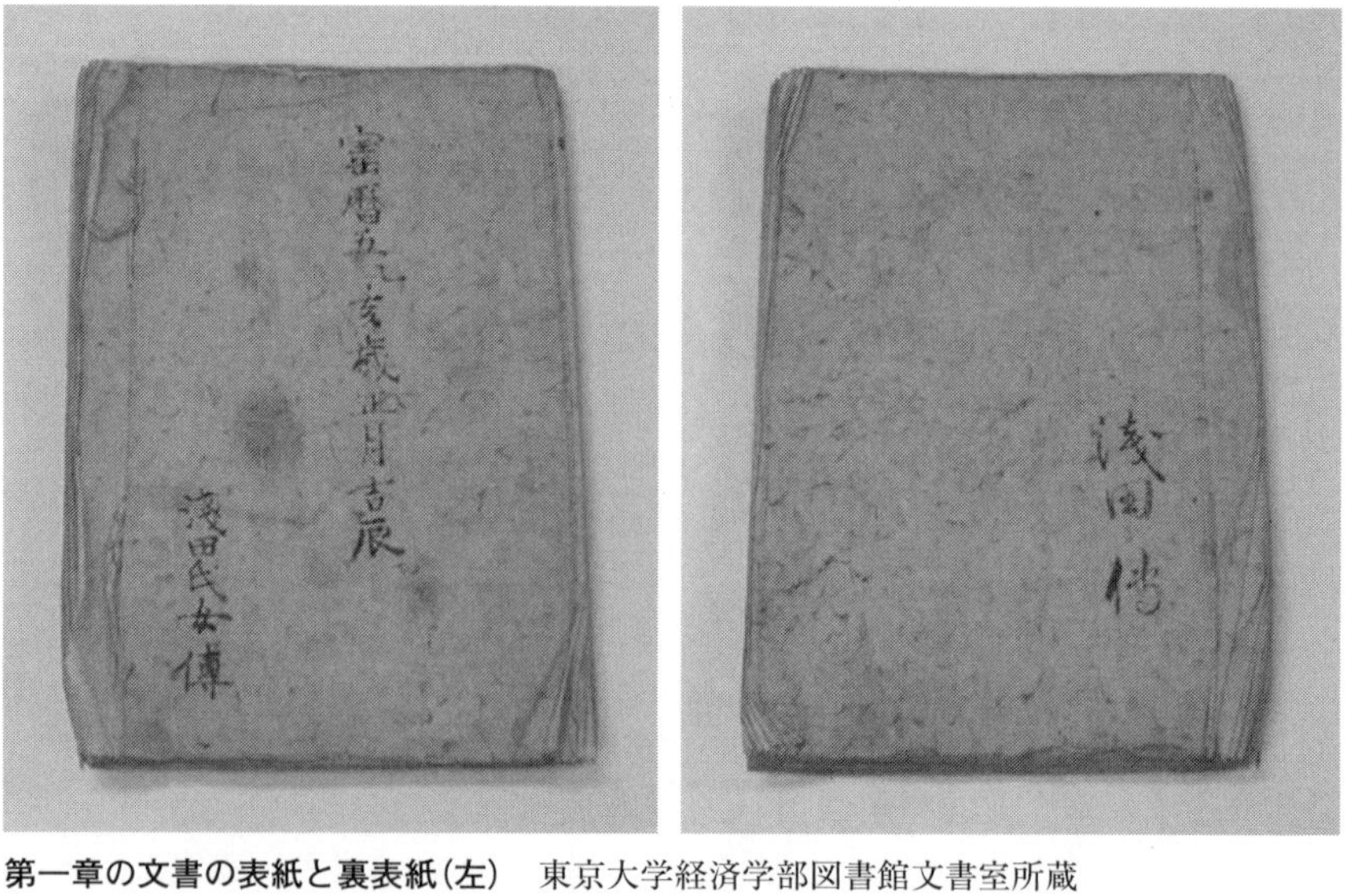

第一章の文書の表紙と裏表紙(左)　東京大学経済学部図書館文書室所蔵

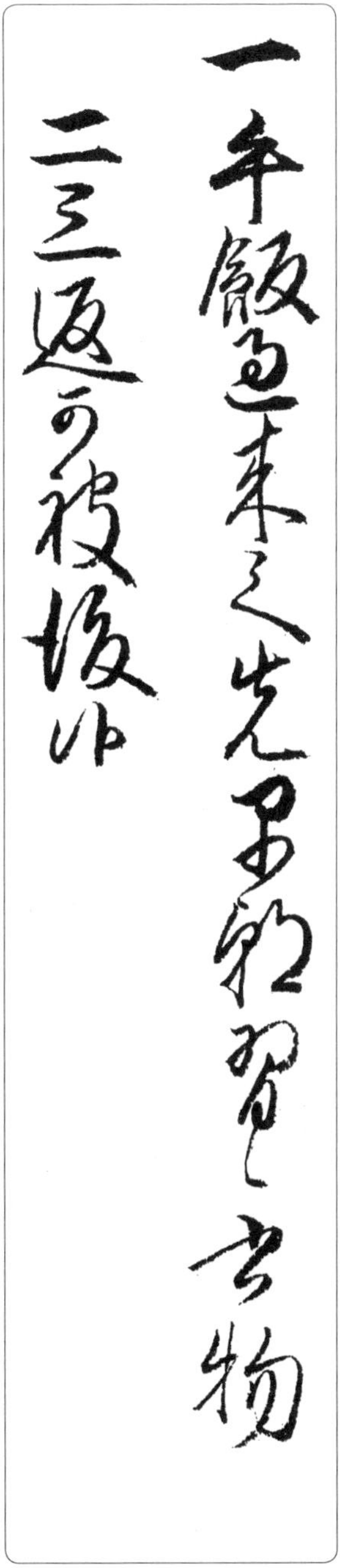

⑯ **解読** 一、午飯過来て、先早朝習候書物二、三返、可レ被レ復候（ひとつ、ひるめしすごしきたりて、まずそうちょうならいそうろうしょもつ、にさんべん、ふくさるべくそうろう）

文意 **ひとつ、いったん帰宅して昼食をとって、また寺子屋に来たら、まず始めに早朝に勉強した書物を二、三回復習しなさい。**

寺子屋は、午前中だけではありませんでした。午後だけでもありません。善正寺では昼ごはんを食べに帰宅してから、また登校するのです。それが「午飯過来て（ひるめしすごしきたりて）」で、わかりますね。

なぜ「午飯」で「ひるめし」なのでしょうか。「午」は「うま」です。「子、丑、寅、卯、辰、巳、午、未、申、酉、戌、亥」の十二支の「午（うま）」ですが、これは年だけでなく方位にも時刻にも使われます。時刻の場合「子」は真夜中の午前零時をはさむ二時間、つまり午後十一時から午前一時までを指します。その後「丑、寅…」と二時間ずつ進んでいきますから「午」はちょうどお昼の十二時をはさむ二時間、つまり午前十一時から午後一時までということになります。そのころに食べる「飯（めし）」ですから、「午飯（ひるめし）」と読んでおこう、というわけです。だいたいが、「午（うま）」の前だから「午前」、あとを「午後」というわけです。時刻から出てきた言葉は、このほかにもたくさんあります。

「二、三返」というところも、おもしろいですね。前日習ったことは次の日の早朝に一、二回（⑭）、午前中に習ったことは午後に二、三回復習しなさい、というわけです。かなり丁寧な、細かい指示ですね。

さて、字を見てみましょう。＝「過」。下の部分のは「しんにょう」です。「しんにょう」はこのようにたいてい短い横棒一本になってしまいます。例えば＝「遣」、＝「近」、＝「遠」、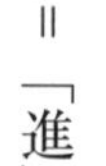＝「進」など。少しずつ慣れていってください。

は、例の「天」＝「て」ですね。＝「早朝」は⑥で、＝「習候」は⑦に出てきたくずしと同じです。もうだいじょうぶですか。の＝「書」は、⑭の＝「読書」の「書」ですね。

＝「復」。この「復」は⑭の「復」よりだいぶくずれていますね。は「ぎょうにんべん」のくずしです。「にんべん」のくずしにもう一画入って「ぎょうにんべん」になっています。ただし、で「にんべん」の事もありますので、要注意。

⑰**解読**　**相忘候歟、無㆓覚束㆒処、早速可㆑被㆓相尋㆒候**（あいわすれそうろうか、おぼつかなきところ、さっそくあいたずねらるべくそうろう）

文意　（午前中に習ったことで）**忘れてしまったか、しっかり理解できていないところがあったら、すぐに質問して解決するように。**

ここもなかなか味があるところですね。つまり、前日の学習の忘れに対しては家庭学習の怠慢として「教えませんよ」と述べていますが⑮、午前中の勉強に対しては、まだ復習時間がなかったでしょうということを前提にして「覚えていなかったらすぐに聞きなさい」としています。とにかく師匠は寺子をよく見ている、寺子の状況をよく把握している、と感心させられます。

さて、字です。ここで一番むずかしいのはでしょうか。これは「歟」の異体字「欤」のくずしで「か」あるいは「や」と読みます。この場合は「か」がいいでしょうね。

次にむずかしい＝「尋（たずね）」も近世文書によく出てくる字です。むずかしいですが特徴のある字ですので、かえって覚えやすいかもしれません。ヨの部分が上に見えますね。「寸」の部分は下ではなく、右側に書かれています。

他の字を見ておきましょう。「忘」は⑮、「無㆓覚束㆒」は⑬に同じくずしがありますので確認しておいてください。

「早速」の「早」は、⑥、⑯の「早朝」と同じくずしですね。「速」は「無二覚束一」の「束」のくずし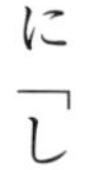に「しんにょう」がついています。

⑱ 解読 **附り、当前習候手本、数返念入可レ有二稽古一候**（つけたり、とうぜんならいそうろうてほん、すうへんねんいれけいこあるべくそうろう）

文意 **付け加えての注意。今習ったばかりの手本を、数回念を入れて稽古しなければならない。**

「当前習候」は、「たった今、教わったばかりのこと」つまり午後になってから勉強した分についてでしょうね。昨日の復習、午前中の復習、午後の分と区別してきちんとやるべきことを指示していますね。今習ったばかりのことは、定着させるために「数返」（数回）と今までより回数が多くなっているのが納得できます。

くずし字は、だいたい今までに出てきた字ですね。ここまで来ると、だいぶ読めるようになっていただけたでしょうか。は「当」の典型的なくずしですので覚えておきましょう。＝「数」

は、異体字「敉」のくずしです。「数」はこの異体字のくずしが多く、下の「女」が書かれることがほとんどありません。

は「念」のくずし。上の部分が「今」のくずし、下が「心」のくずしになっています。

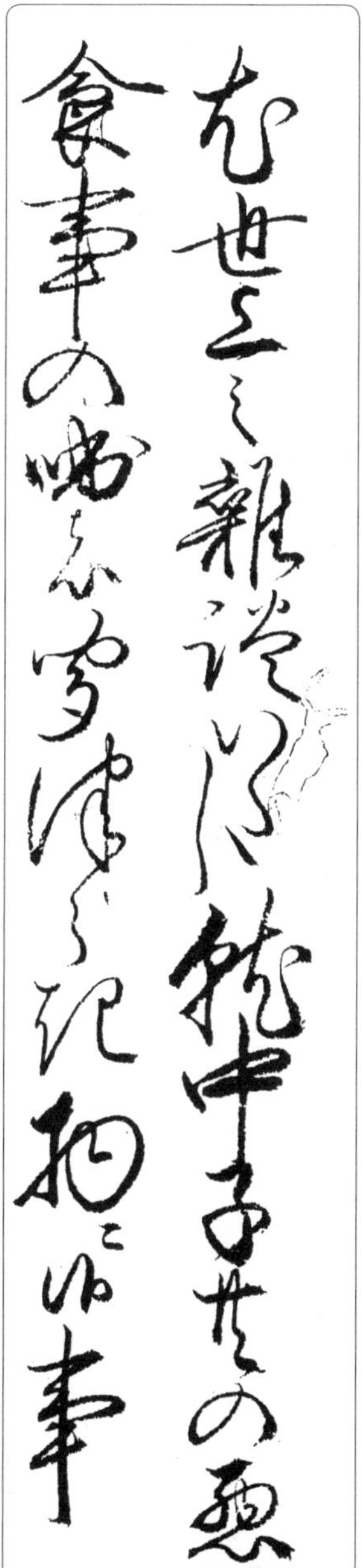

⑲ **解読**　**尤、世上之雑談いたし、就中子共の悪口食事の咄者聞つらき物ニ候事**（もっとも、せじょうのざつだんいたし、なかんずくこどものあっこうしょくじのはなしは、ききづらきものにそうろうこと）

文意　**もっとも世間話・噂話をすること、とくにお互い友達同士の悪口を言ったり、食事の話をしたりすることは、聞きづらいことなのでしてはいけない。**

これもなるほどもっともなご注意ですね。せっかく何回も復習をしていても、おしゃべりをしながらでは身につきません（楽しそうに話しながら復習していたからこそ、この注意書きがあることをお忘れなく）。

「世上之雑談」とは、いわゆる世間話ととらえましょう。そのなかでも特に師匠が禁じているのは何でしょう。二つありますね。一つ目は、「子共の悪口」。これは友達同士の「わるぐち」、お互いを悪し様に言っている言葉でしょう。「悪口雑言（あっこうぞうごん）」などという形で出てきますので、「あっこう」と読みましたが、「わるぐち」と読んでくださってもかまいません。

もうひとつは「食事の咄」。何が食べたいとか、おなかがすいたとか、何はおいしい何はおいしくない、何は好きだけど何は嫌いだ、など食事に関する会話は、聞いていて感じがよくないのでやめなさい、ということですね。今はテレビなどでもグルメ番組が全盛で、「食」に関する話題がオープンになっていますが、ひと昔前までは人前で食事の話をすることは憚られた面もありました。

さて、くずし字に行きましょうか。いきなり＝「尤」がむずかしかった思いますが、実はこれ、ちゃんと今までに出てきているのですよ。②⑱の「稽古」の「稽」のくずしの右上を見てください。ここに、確かに「尤」のくずしが書かれています。これだけおもしろい形をしているとかえって覚えやすいと思いますので、このままの形で丸ごと覚えてしまいましょう。

次にに注目してください。は「ごんべん」の典型的なくずしです。右側の上の部分は「火」です。その下のは、それをもう一度繰り返してくださいという踊り字の「々」ですので、その指示通りに「火」をもう一度書いてみると「談」になる、というわけです。一つの字のなかの一部に踊り字が出てくることもあるというのは驚きだと思いますが、とてもおもしろいですね。

「いたし」は、④に出てきたものと同じです。

は「就」。またまた、「尤」のくずしが含まれていますね。「就中」で「なかんずく」と読ませ（ナ

カニックの音便です）、「そのなかでもとりわけ、特に」といった意味になります。

は「共」。これは近世文書によく出てくる字です。⑤でお話したように縦棒が二本あることで見分けてください。というのは、「者（は・ば）」がかなりくずれるとこれに似てきますので、たとえば、頻出する「候得共（そうらえども）」か「候得者（そうらえば）」かで迷った時、「共」なら縦棒二本、「者」なら一本と覚えておくと便利で見分けられます。「子共」＝「子供」です。

は「悪」。上の部分が「西」のくずしになっています。下のは「心」で、⑮⑰の＝「忘」の下の部分と同じです。は「くちへん」に「出」の「咄（はなし）」ですが、⑧で出てきましたね。「者（は）」は⑭の「砌者」と同じ助詞としての使われ方。このくらいのくずしですと「共」と迷うこともありませんね。

は「聞」。「もんがまえ」は上に行ってしまってひらがなの「つ」のようになってしまうのでしたね。そこに「耳」のくずしが入って「聞」になっています。

は「つらき」。が「津」、が「良」、が「起」のくずしです。は「そうにょう」ですので注目しておいてください。「趣」や「越」が「そうにょう」の文字としてよく出てきます。

ちょっと確認

［過］［歎］［速］［尋］［当］［返］［数］［念］

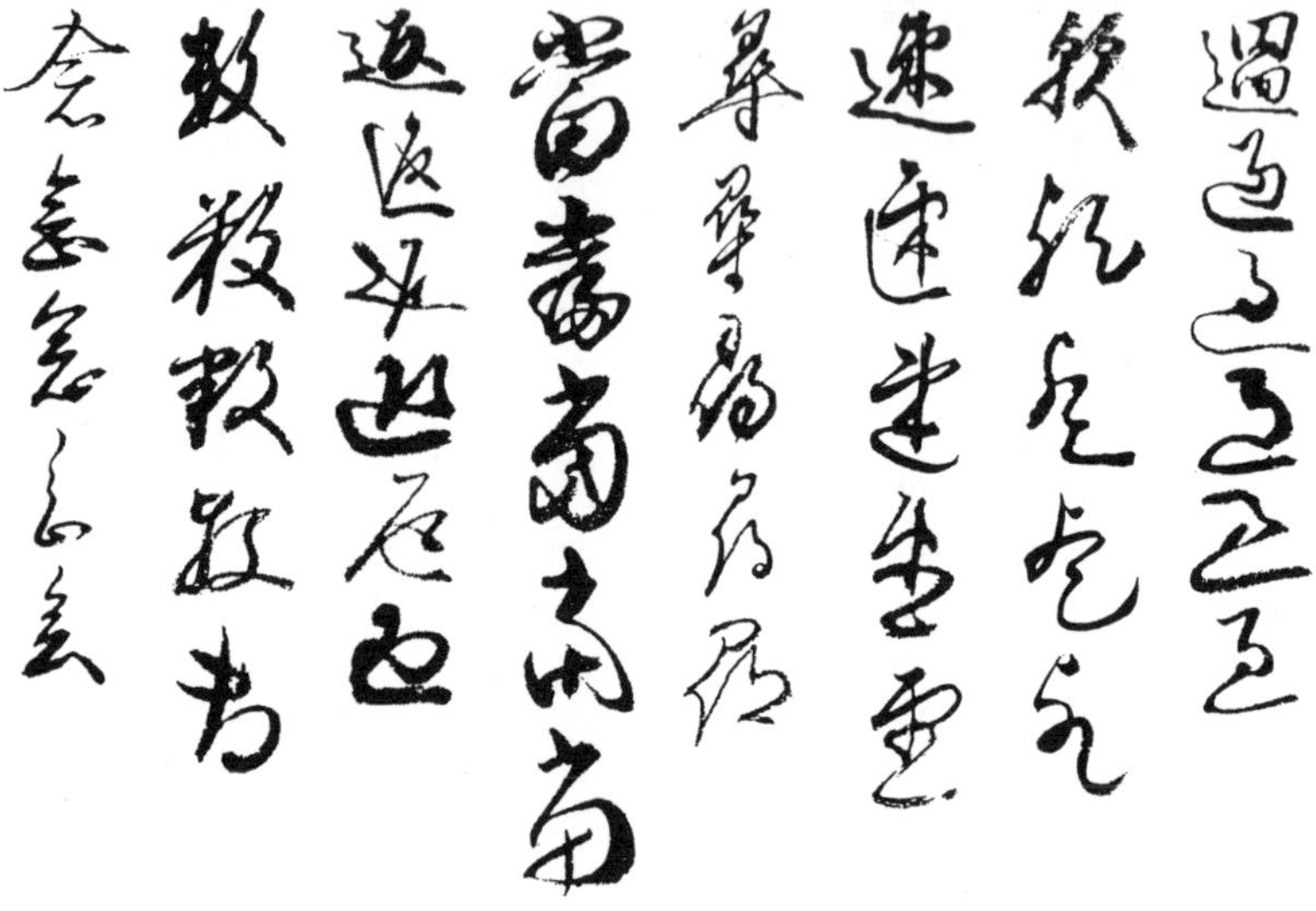

［尤］［談］［就］［悪］［咄］［聞］［起（き）］

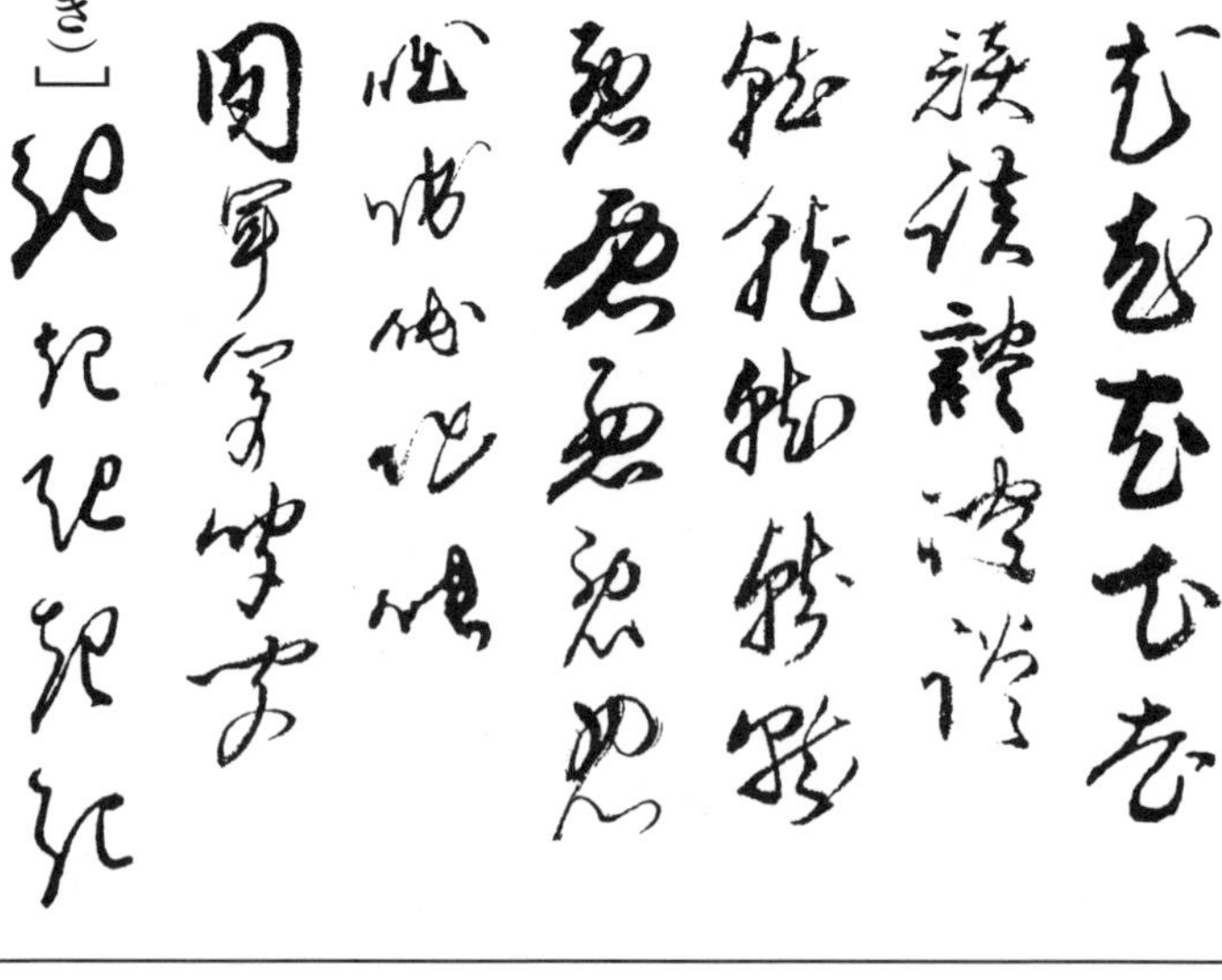

古文書の背景⑤ 江戸時代の時法と、時刻に由来する言葉

江戸時代には、定時法と不定時法が使われていました。定時法は、一日を十二等分したものです。民間で使われていた不定時法では、夜明け（日の出の約三十六分前の薄明かりが始まる時刻）から日暮れ（日の入りの約三十六分後の薄明かりが終わる時刻）までを昼とします。そして昼・夜をそれぞれ六等分しますので、季節によって時刻の長さに変動がありました。たとえば、夏至のころの昼の一刻は二時間四十分ぐらいですが、冬至のころは一時間五十分ぐらいということになります。また、夜だけを五等分する時法もありました。

このような不定時法は、現代の分刻み秒刻みの生活から見ると、とてもわかりづらく不合理に見えると思います。しかし、時計がなくてもわかる夜明け（明け六つ）と日暮れ（暮れ六つ）を基準とし、季節の移り変わりにも本来の人間の活動時間にも合った時法、と言えそうですね。

さて、本文で午飯（ひるめし）のお話をしましたが、他に時刻に由来する言葉の例を挙げてみましょう。「草木も眠る丑三つ時」は、丑刻（午前一時から三時）を四等分し、その三つ目という意味ですので、午前二時から二時半ごろのことです。

時刻法（定時法）

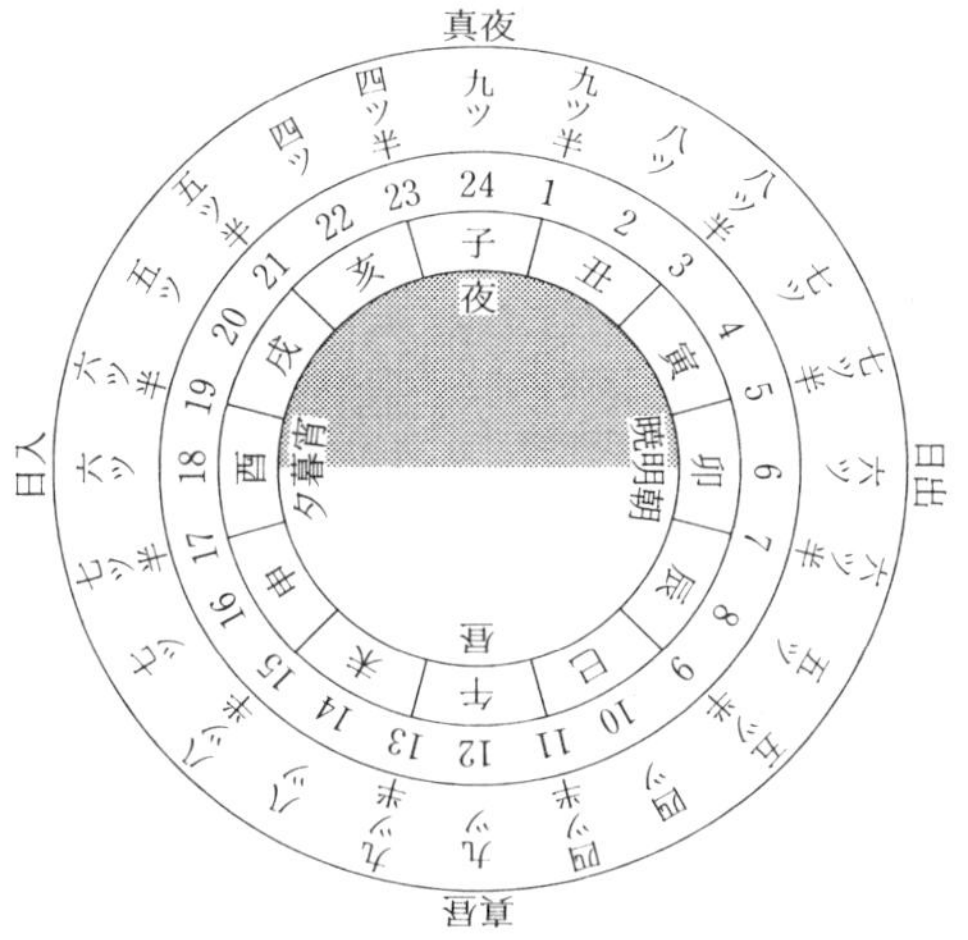

時刻法（不定時法）

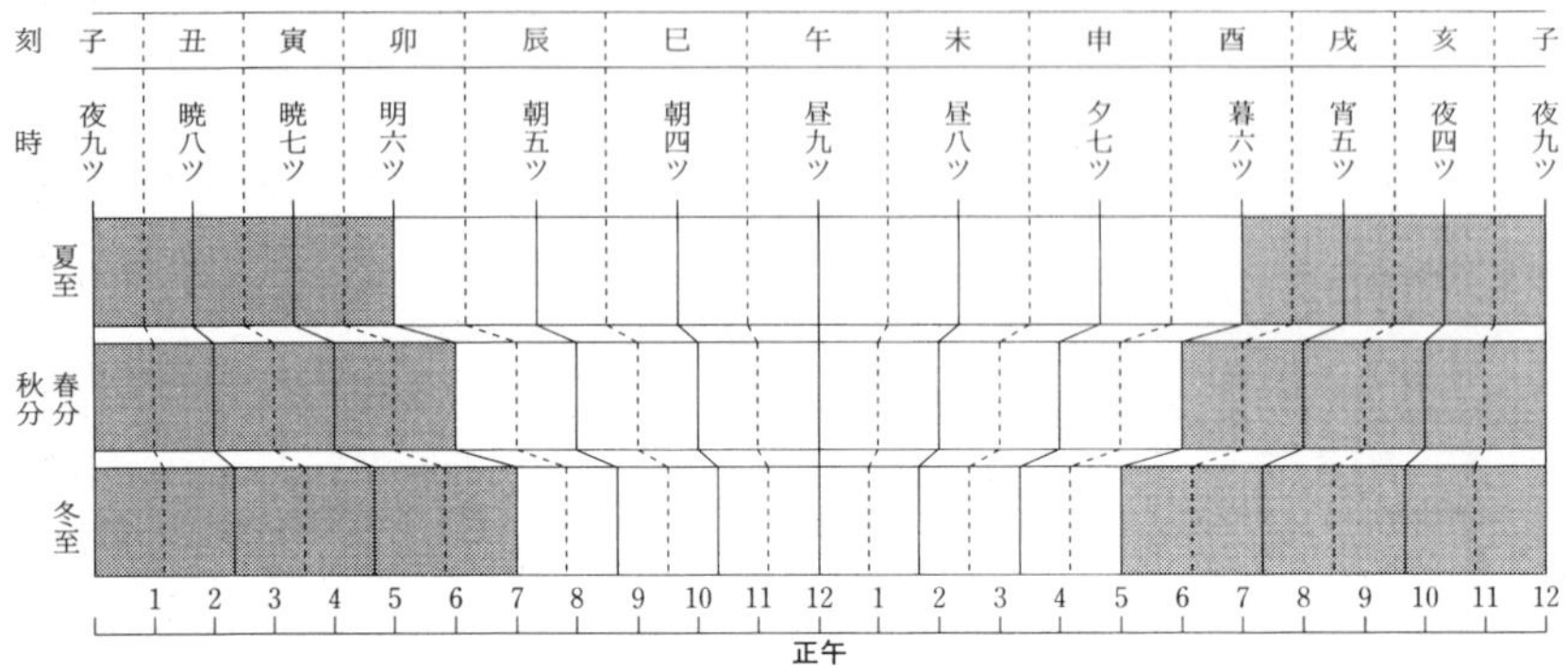

確かにお化けが出てもおかしくないような時間帯です。「おやつ」は「お八つ」です。昼の八つの鐘は、季節によって違いますが午後二時頃から三時近くの間に鳴りましたので、「おやつ」の時間にあたりますね。

寺子屋の午後のお稽古は、その「八つ」に終わることが多かったようです。『誹風柳多留（はいふうやなぎだる）』から古川柳に読み込まれた「八つ」をご紹介しましょう。

　手習の跡は野分の八つ下がり

手習子たちが八つに帰宅（八つ下がり）していくときは嵐（野分）のような騒ぎなのでしょう。台風が吹きすさぶように、ばたばたと後片付けをしながら帰っていき、その後は嵐の後のような静けさなのでしょう。源氏物語の第二十八帖「野分」と、第五十三帖「手習」を意識したものでしょうね。

八つ下がりかしくを以上なぶる也

「かしく」（かしこ）は女性が手紙の末尾に書き、「以上」は男性が使うことが多いですから、それぞれ女児と男児を表わしているのでしょう。帰り道で、男の子が女の子をいじめたり、からかったりしながら帰っていっている情景ですね。

6 ❖ 清書は入念に

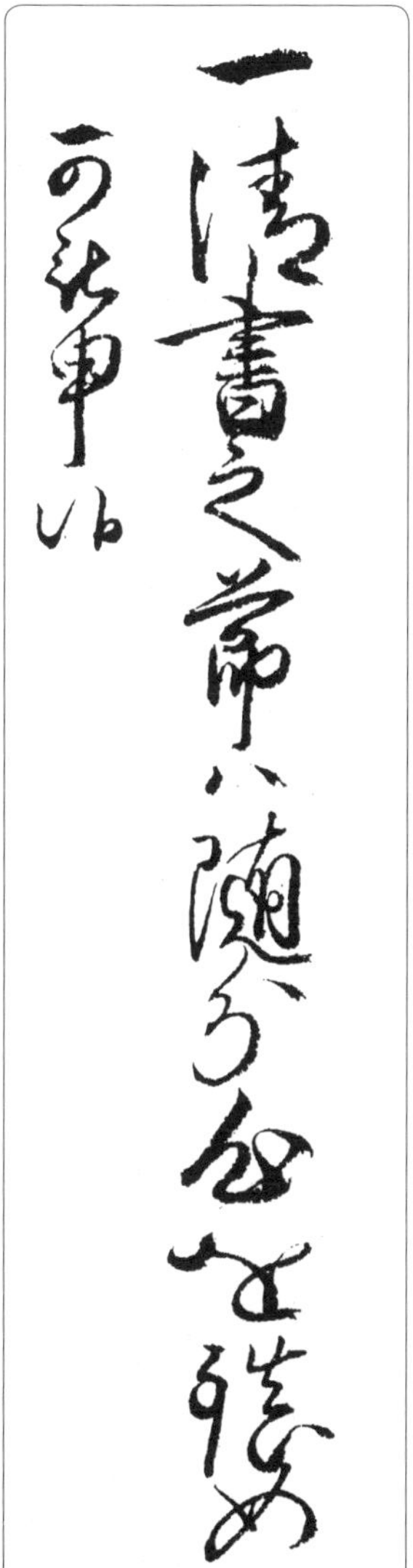

⑳ **解読** 一、清書之節ハ随分心を鎮め、入念可レ被レ申候（ひとつ、きよがきのせつは、ずいぶんこころをしずめ、にゅうねんにもうさるべくそうろう）

文意 **ひとつ、清書をする時には、できるだけ気持ちを落ち着けて、念を入れて清書しなければならない。**

数回練習をした後に、さていよいよ清書（当時は「きよがき」と言いました。「せいしょ」のことです）という時の心構えですね。⑱では「念入」でしたが、ここでは「入念」と書いてあります。**解読**の読みは「にゅうねんに」と「に」を補って読みやすくしました。筆写する時に原文書にない字を書き足してはいけませんが、音読する時にはこのように助詞を補うこともあります。

は「節」。「何々の折、時」の意味でよく出てくる表現です。⑭の「砌（みぎり）」と同意ですが「節」の方がよく使われます。⑫でお話したように「たけかんむり」と「くさかんむり」は混

用されることが多く、ここでも「くさかんむり」が書かれています。は「心」。これが結構むずかしい。実は今までに「したごころ」として⑨の「怠」、⑮⑰の「忘」などで出てきているのですが、「心」だけで独立してこれだけ大きく出てくると、かえってわかりづらいかもしれません。字形の特徴をここで覚えてしまいましょう。

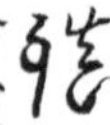は「鎮」。が「かねへん」のくずしで、が「真」のくずし。「かねへん」の字も「真」を含む字もたくさんありますのでよく見ておいてください。の「可レ被」はもうすっかり得意になられたことでしょう。

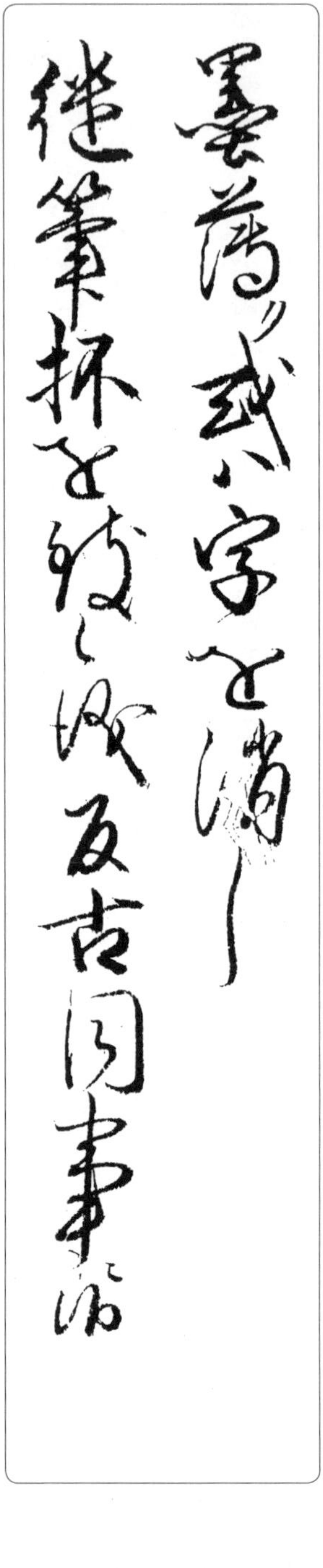

㉑

解読　墨薄ク、或ハ字を消し、継筆抔を致候儀、反古同事ニ候（すみうすく、あるいはじをけし、つぎふでなどをいたしそうろうぎ、ほごどうじにそうろう）

文意　墨が薄かったり、いったん書いた字を消し、止めたところからまた筆を継ぎ足して書いたりしたものは清書とは言えず、書き損じの紙と同様にみなされる。

やってはいけないことで、いかにもこどもたちがやってしまいそうなことが書かれていますね。「あ、しまった」と思って、もう少し伸ばしてみたり、上からなぞってみたり…。そういうものは清書とは言えませんよ、という訳ですね。

は「墨」。上の＝黒、と下の＝土、がはっきり見えます。は「薄」。右のの部分は「専」のくずしです。「或」も時々出てくる字ですので、覚えてしまいましょう。⑫に出てきた「てへん」に「不」の「抔（など）」がまた出てきましたね。

近世文書によく出てくるは「致（いたし）」。今までなぜ出てこなかったかというと、④⑲もとひらがなで書かれていたからですね。

は、筆が止まっていると見る「候」です。普通は「致」からそのまま続けて伸びた筆が止まる、という形になるのですが、このように独立している場合もあります。⑮でお話した「候ハヽ」と同じケースですね。

は「儀」。⑯の「復」のところで、「にんべん」にもう一画入ると「ぎょうにんべん」ですが、自体で「にんべん」のこともあります、とお話しましたがこれがその例です。③⑧⑫⑭の「儀」の「にんべん」と比較して、もももも「にんべん」のくずしだと覚えておいてください。

「同事」は「同然、同様、同じこと」の意味です。

ちょっと確認

【節】【随】【心】【鎮】【或】【致】【同】

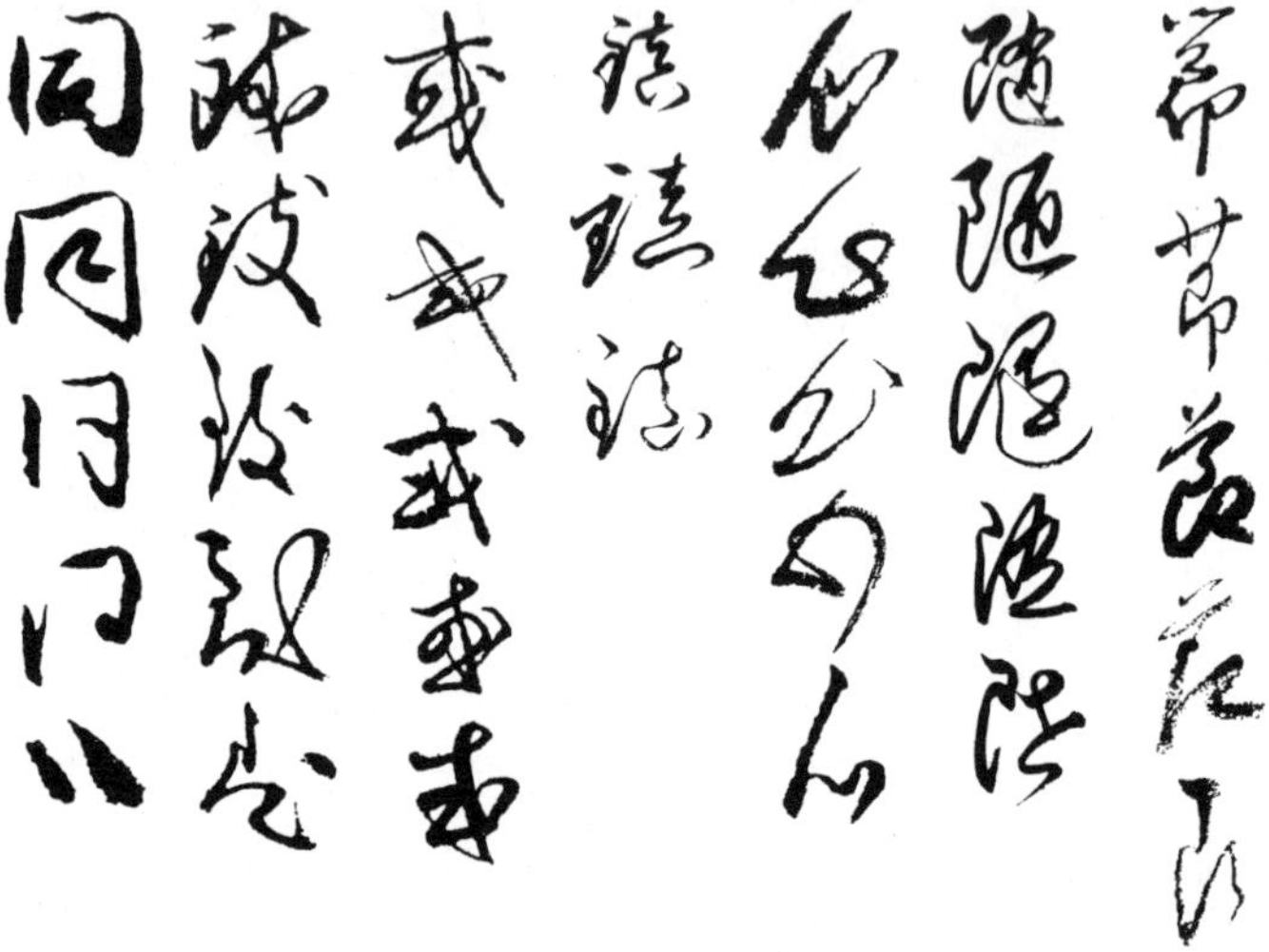

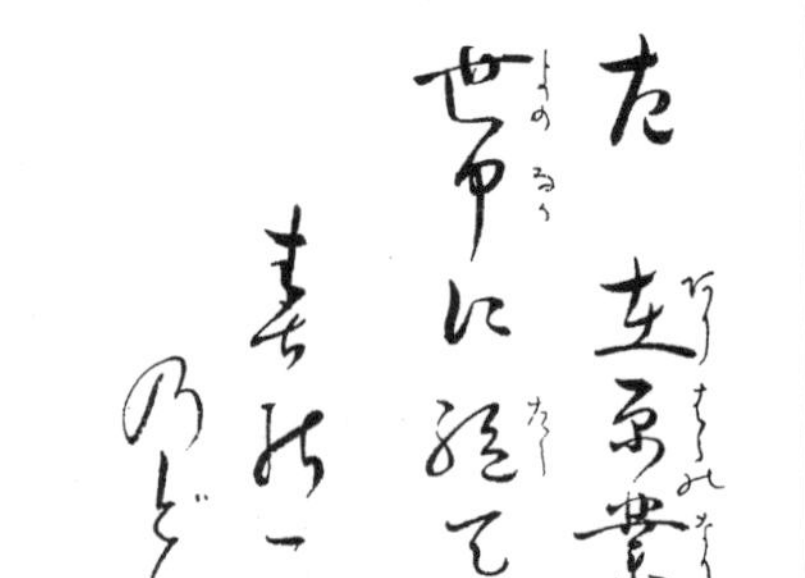

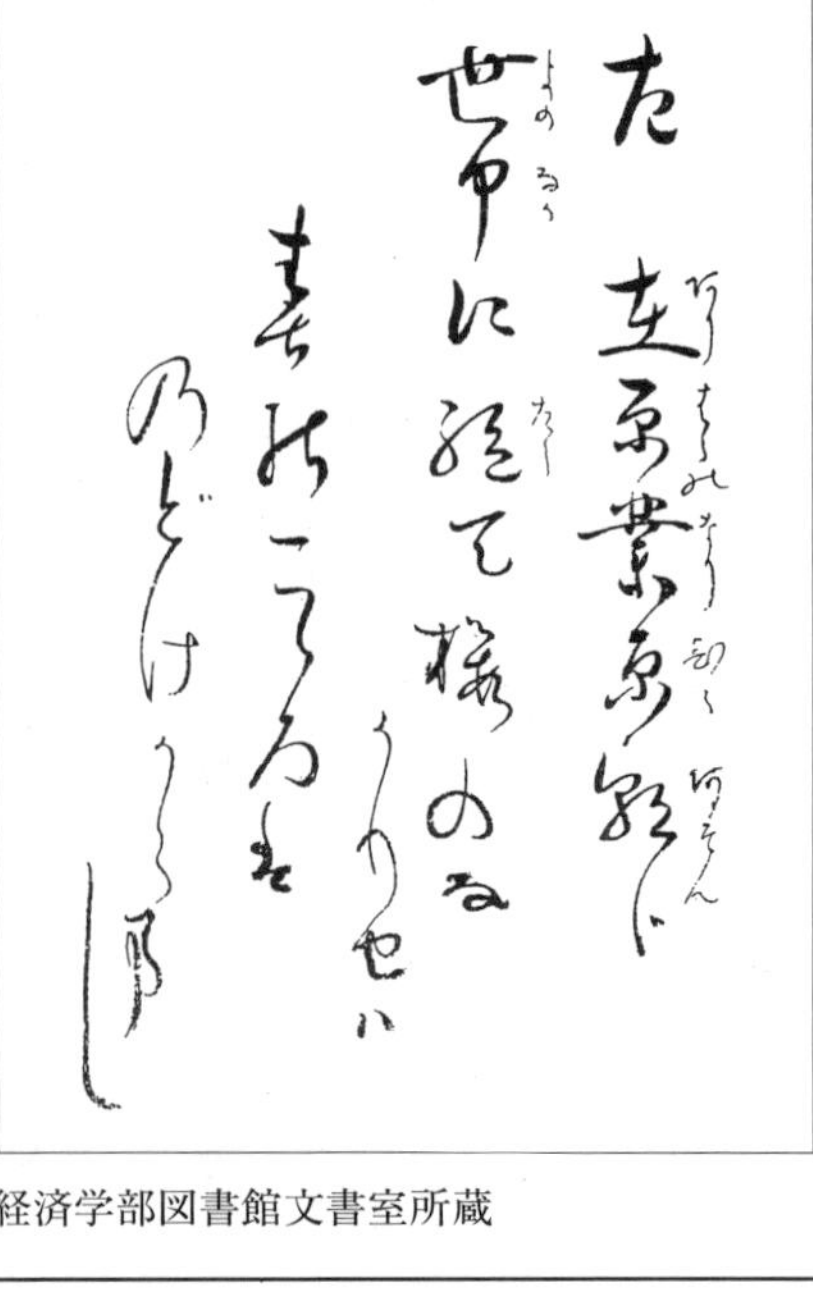

左　在原業平朝臣（ありはらのなりひらあそん）
世中（よのなか）に絶（たえ）て桜のな
かりセハ
春のこゝろは
のどけからまし

淺田傳ちゃんが使ったお手本より　東京大学経済学部図書館文書室所蔵

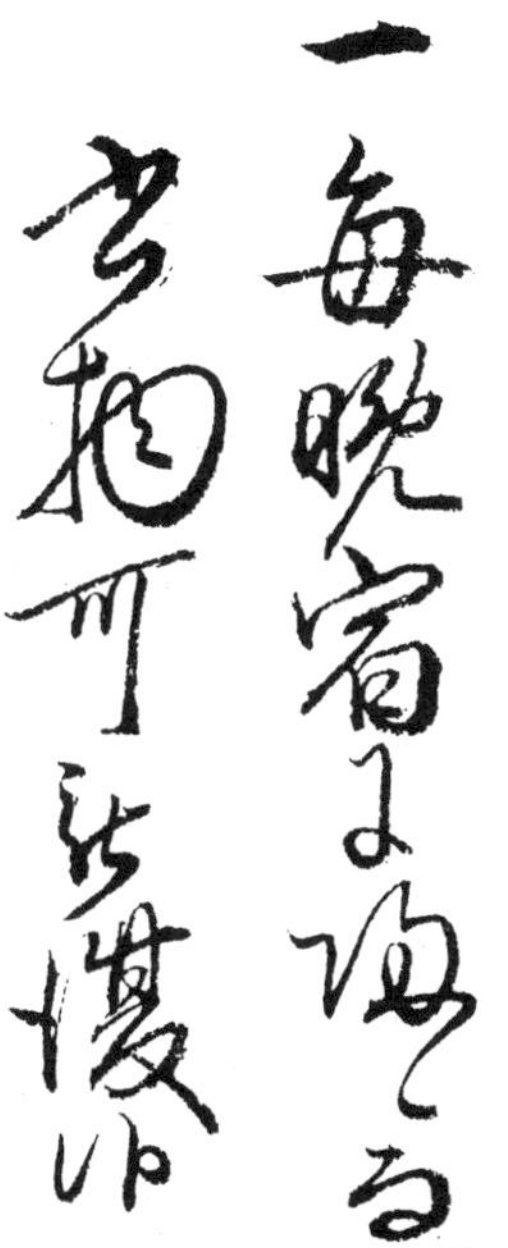

㉒ **解読** 一、毎晩宿に帰候而あけ候書物可レ被レ復候（ひとつ、まいばんやどにかえりそうろうて、あげそうろうしょもつふくさるべくそうろう）

文意 **ひとつ、毎晩自分の家に帰ってから、その日仕上げた書物の復習をしなさい。**

さて、寺子屋での一日が終わり、夜の自宅学習についてですね。その日師匠から「ここまでは修了」と言われたところを更に復習して自分のものにする。その日その日にやったことをしっかり定着させていく、これが地道な「学問の王道」でしょうね。「宿」とは、自分の家のことです。では、字を見てみましょう。は「晩」で、左側のは「日」、右側のは「免」のくずしです。は⑫⑭などに出てきた「尔」＝「に」です。は「帰」の典型的なくずしですが、どこがどうくずれているか見分けにくい字です。こういうくずしは、丸ごと形で覚えてしまいましょう。「帰」はほとんどこのくずしで出てきますので、

頭のなかに今、定着させてしまいましょう。

「帰」から続いていて筆が止まっているの部分が「候」です。は⑫⑮に出てきた「而」で「て」と読ませるのでしたね。「而」はくずれていくと、ひらがなの「る」のようになります。は「阿計」の「あけ」で、「あげ」。⑦の「上候手本」の「上」のことですね。ここではひらがなで「あけ」と書いてくれてあったので、⑦で「あげ」と読んだのは正しかった、と確認することができます。「書」のこの型のくずしは、⑭⑯に続いて三回目ですので、もう慣れていただけたでしょうか。

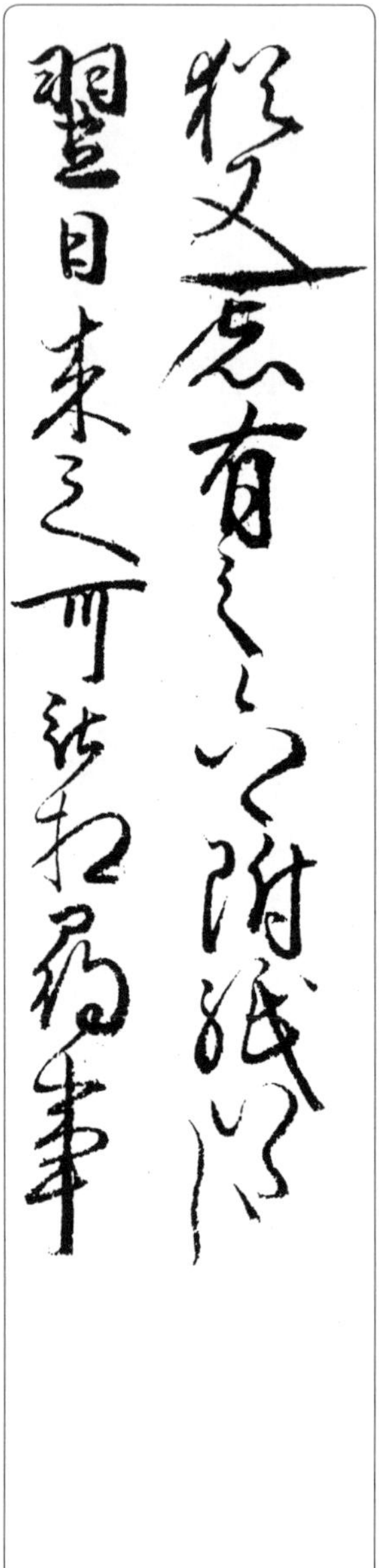

㉓ **解読** 猶又忘有レ之候ハヽ、附紙いたし、翌日来て可レ被二相尋一事（なおまた、わすれこれありそうらわば、つけがみいたし、よくじつきたりてあいたずねらるべきこと）

文意 自宅で復習している時に、もし忘れているところがあったら、その箇所に付紙して、その翌日寺に来た時に尋ねなさい。

いやはや、勉強方法は江戸時代も現代も基本的に変わらないのですね。付紙は、今で言えば付箋で、わたしもよく使います。江戸時代もこどもたちが付紙を使って勉強していた…これだけでも想像してみると何かわくわくしますね。

字はどうでしょう。は「猶（なお）」。は「けものへん」です。ここでは「猶又」ですが「尚又」でも同意で、近世文書では両方見られます。この文書のなかだけでも今までに、「夫（それ）」「将又（はたまた）」「甚以（はなはだもって）」「就中（なかんずく）」などいろいろな表現が出てきましたね。

「忘」は⑮⑰にもありました。ここの「忘」の上に横一本に墨の跡があるのは、汚れです。は、⑮で出てきた近世文書頻出の「候ハ、（そうらわば）」でした。筆が止まっている「候」、カタカナの「ハ」、踊り字「ゝ」で「ハ」をもう一度読む、ということでしたね。

「いとへん」のくずしは、ここの「附紙」の「紙」と、⑦の「双紙」の「紙」の二つを覚えておいていただくといいですね。ひらがなの「いたし」が、また出てきています。は「天」＝「て」でしたね。は、覚えていらっしゃいますか。「尋」でしたね。⑰で確認しておいてください。

ちょっと確認

[帰] 

[猶] 

[紙] 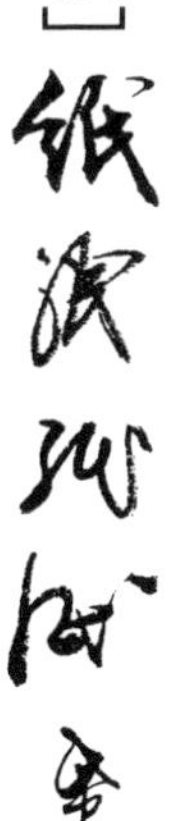

古文書の背景❻　寺子屋での教え方

寺子屋の机の向きはどうなっていたでしょうか。いっせいに師匠の方を向いていたのでしょうか。

いいえ、そうではありません。数多く残っている江戸時代の絵を見ても並び方はばらばらです。下の絵にあるように、寺子同士が向き合うことはあっても、師匠に対して全員が正面を向いていることはありません。机の上には、それぞれのこどもがその時に学んでいる教材が置かれていて、各自によって違います。机の向きからも教材からも、個別指導をしていたことがわかります。

そして、わたしたちが読んでいるこの史料にもあるように、おもに寺子の方から師匠や兄弟子の前に出向いて、読みのおさらいをしたり、手習いを見せたりします。絵でもその様子がわかります。次の順番を待っているらしいこどもの姿も、描かれています。

師匠は寺子と対面して、驚くべきことに逆さに文字を書いて指導していました。わたしたちから見るとすばらしい特技ですが、これができなければ手習い師匠ではなかった、というわけです。

寺子屋の机の向き

（享和3年『撫育草』より）

8 ✣ 来客の時は静かに

㉔ **解読** 一、客来在レ之候時（ひとつ、きゃくきたりこれありそうろうとき）

文意 ひとつ、寺にお客様が来た時には

さあ、「一つ書き」も七つ目になりました。今までは学び方の基本について述べられていましたが、ここからは諸注意の条項です。一つ一つの項目を読んでいくと、寺子たちの様子が生き生きと思い浮かびますので、そのつもりで情景を想い描いていきましょう。

まずはじめは、来客の時の注意ですね。音読する時に、ひっくり返って「らいきゃくこれありそうろうとき」と読んでしまってもかまいません。

字はどうでしょうか。「客来」は読みやすいですね。

「これあり」は⑮㉓では「有レ之」でしたが、今回は「在レ之」です。もともと「在」の方は「存在する、いる」の意味が強いのでしょうが（この場合もそうですね）、近世文書では「在」と「有」の住み分けがそうはっきりせず、ほぼ同じ使われ方をしています。「在レ之」よりは「有レ之」のほうが多く出てきます。

は「时」と書いてあり「時」の異体字です。「時」はこのくずしか、「ひへん」に「寺」のく

ずしで時、このどちらかで出てきます。

来客の時にはどうしなさいというのでしょうか。先を読んでみましょう。

㉕ **解読** **雑言并高声ニ時花小歌之類、急度可レ被ニ相嗜一候**（ぞうごんならびにたかごえにじかこうたのたぐい、きっとあいたしなまるべくそうろう）

文意 **いろいろな悪口を言ったり、流行している小唄などを大声で歌ったりするようなことは、絶対に慎まなければならない。**

来客があっていつもより静かにしてほしい時に限って、こどもというものはわいわい騒ぐものですね。お寺は来客が多いところです。師匠が少しの間、接客で席を外していると、わいわいがやがや始まるのでしょう。お互いの悪口を言ってつつき合ったり、大きな声で流行歌（はやりうた）を歌ったり…。騒ぎはとどまるところを知らず、といった感じでしょう。師匠は来客と話しながら、気が気ではなかったでしょう。その様子が目に浮かぶ条項ですね。

⑲には「雑言」が出てきました。どちらもほぼ同じ意味と考えられます。の「并」は⑥のがもう少しくずれた形です。は「声」の旧字「聲」のくずしですので、常用漢字の「声」に直してしまいましょう。下の部分に「耳」のくずしがみえます。は㉔に出てきたばかりの「時」ですね。は「歌」の略体としての「哥」のくずし、あるいは「歌」そのものもこのようにくずします。「時花（じか）」とは「その時期の流行」を意味します。「時花小歌」で「はやりこうた」と読んでしまってもいいでしょう。

は「類」。「おおがい」がになっているところがポイントでしたね（⑩の「須」がそうでした）。「急度（きっと）」は必ず覚えておきましょう。「必ず」「確かに」「厳しく」の意味でよく出てくる表現です。「急」の下の部分の「心」のくずしも確認しておいてください。「度」は「たく・たし」と読み「仕度（つかまつりたく）」「申度（もうしたく）」などが頻出です。

は「嗜（たしなみ）」。「くちへん」があって「老」のくずしのがあって、その下に「日」のくずしがあります。さて、この「嗜」をどう解釈しましょうか。わたしたちが「たしなむ」というと、「酒を嗜む」「武芸を嗜む」のように、好んで親しむとか、好きなことに打ち込むというイメージを持ちます。もちろん近世文書の「嗜」にもその意味はありますが、もうひとつ「つつしむ、遠慮する、我慢する」の意味があります。ここは、そちらの方の「嗜」です。つまり「そういうことはしてはいけない、慎みなさい」という禁止事項です。急度嗜め＝急度禁止＝絶対にしてはならない、というわけです。

寺子たちの「雑言」「高声の時花小歌」の勢いはさぞかしすばらしかったのでしょう。師匠は、ほとほと困っていたのかもしれませんね。

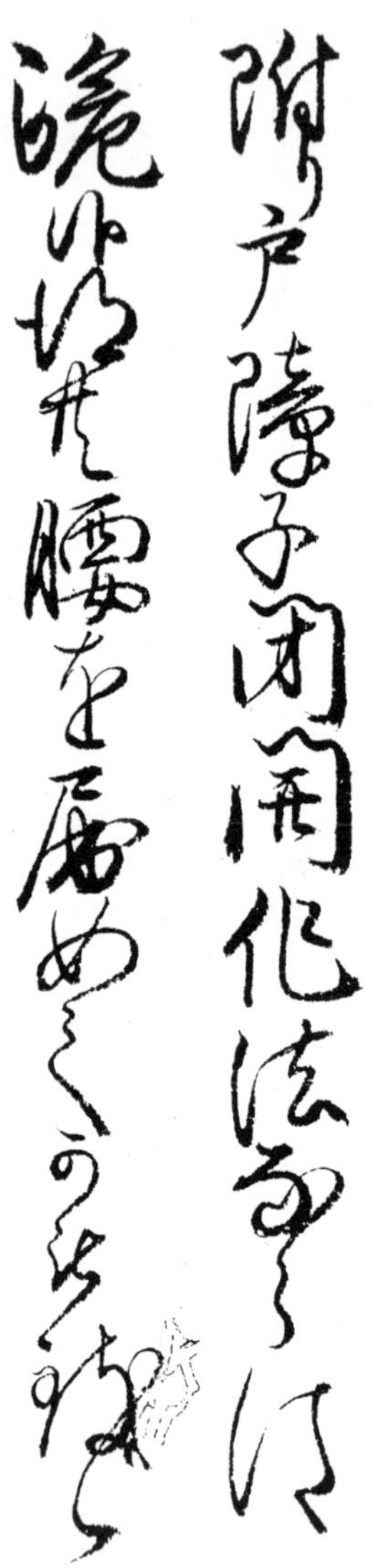

㉖ **解読**　**附り、戸障子閉開作法ならば跪候得共、腰を屈めて可レ被レ致候**（つけたり、としょうじへいかいさほうならば、ひざまずきそうらえども、こしをかがめていたさるべくそうろう）

文意　**付け加えて言っておくと、戸や障子の開け閉めの時の行儀作法はひざまずくのが本来であるけれども、**（ひざは付かなくていいけれども）**腰を屈めて開け閉めするようにしなさい。**

付記がありましたね。お寺には引き戸や襖、障子など、こどもたちが開けたり閉めたりしなければならない箇所がたくさんあったことでしょう。たぶん、立ったままで開け閉めしたり、開けっ放しで走っていったり…、これが日常ありがちな姿だったのかもしれません。せめて腰を屈めなさい、それが行儀作法ですよ、と師匠は述べています。

は「障」。「こざとへん」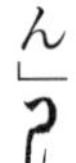はだいぶ慣れていただいたでしょうか。そのすぐ上に出てい

る「附り」、㉓の「附紙」、⑪⑳の「随分」と、「こざとへん」をまとめて見て、目に慣らしておきましょう。

「閉開」の「もんがまえ」は随分まともに書いてあるほうです。もっとくずれると「もんがまえ」が上に行って「つ」のようになってしまう、というのは⑲でお話しましたね。

は「ならは」（ならば）。もとの漢字が何かわかりますか。は「奈」、は「良」、は「波」です。

「跪」はむずかしいですね。「危」の部分が見えるでしょうか。特に「あしへん」は是非覚えたいものです。「あしへん」の字は、ほかに「跡」、「路」、「踊」、「踏」、などが時々出てきますので、ここで目を慣らしておいてください。

の「そうらえども」が、出てきましたね。「候」と「ぎょうにんべん」の「得（える）」と「共」で、「そうらえども」です。⑲で少し先走って説明してしまいましたが、これがその「候得共」です。「得」のくずしも典型的なくずしですので、覚えてしまいましょう。

「屈」のなかのは「出」のきれいなくずしです。の「可レ被レ致候」は、もう完璧ですね。

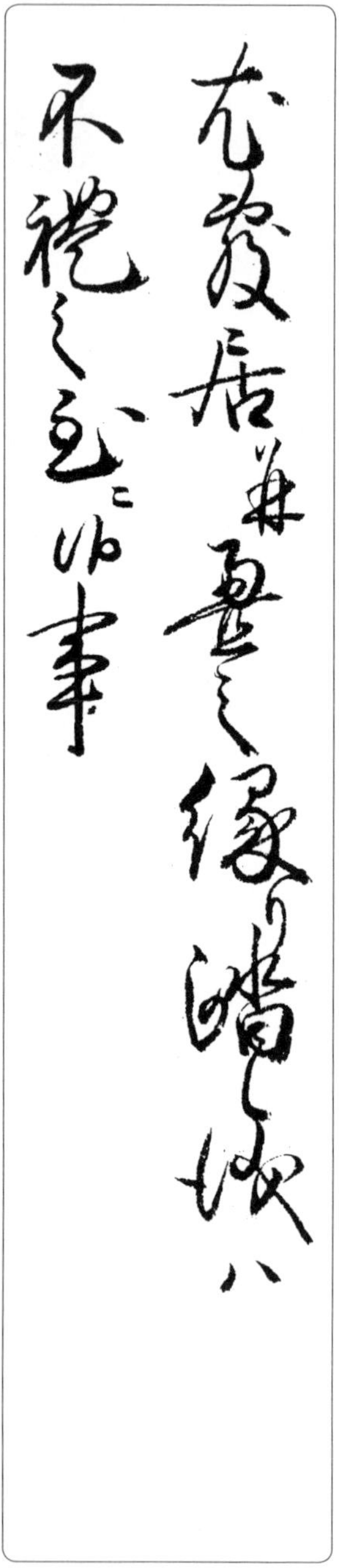

㉗ **解読** 尤、敷居并畳之縁り踏候儀ハ、不礼之至ニ候事（もっとも、しきいならびにたたみのへりふみそうろうぎは、ぶれいのいたりにそうろうこと）

文意 **もっとも、敷居や畳の縁を踏むようなことは、非常に礼儀に外れたことなので、してはいけない。**

小さいころ「敷居はまたぎなさい。畳の縁を踏んではいけません」と言われた覚えがあります。このごろは、あまり聞かない言葉かもしれません。「敷居」も「畳」も生活の場から減ってきた、ということもあるでしょう。善正寺には「敷居」も「畳」もたくさんあったはず。寺子たちはどうしていたのでしょうね。たぶん「そんなこと気にしていられない」とばかりに平気で踏んでいるこどもたちもいたことでしょう。

師匠から見ると「不礼之至」。勉強だけでなく行儀作法や生活習慣も身につけさせなければならない師匠。今の学校教育現場の先生方と同じご苦労ですね。

では、くずし字にいきましょう。尤はどこかで見ましたね。⑲で出てきた「尤」です。今度はすぐわかりましたか。特徴のあるおもしろい形ですので、そのまま覚えてください、と申し上げたあの字です。「敷居」の「敷」も、④「長敷」、⑨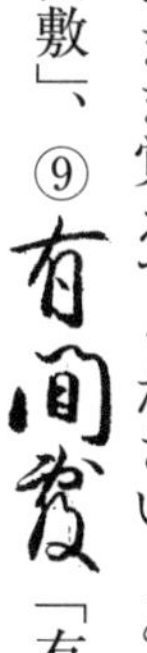「有間敷」でおなじみですね。

は「畳」。田のくずしの下に「わかんむり」と「且」のくずし書かれています。一文字で「へり」と読みますが、ここでは「り」をおくっていて、で「へり」と読ませています。このような例は古文書では他にもたくさんあります。「然ル所」と「然所」。「商」と「商内」（どちらも「あきない」）など、みなさんがこれから古文書を読んでいくにつれて、おもしろい例がたくさん出てきます。

「あしへん」の「踏」が早速出てきましたね。㉖の「跪」の「あしへん」と同じです。

その下のは、例の筆が止まっている「候」です。

「ぶれい」は、現在は「無礼」と書きますね。ここでは「不礼」と書かれています。古文書に慣れれば慣れるほど、これを不思議だとも思わなくなってきて、抵抗なく自然に読んでしまえるようになるのが、少し恐ろしいようなうれしいようなところです。前にも言いましたが「音（オン）」が合い、意味が通じれば、むしろいろいろな字を使って多様性を楽しんでいる文化、その奥深さを共感していただければと思います。

は「禮」のくずしですね。は「豊」のくずしです。旧字「禮」＝「礼」ということで、常用漢字で筆写します。

は⑧で出てきた「至」です。「極致」の意味で、⑧では「無益之至」、ここでは「不礼之至」。

どちらも師匠の怒りがふつふつと湧き上がっている感じがうかがえます。元気なこどもたちと、一所懸命指導している師匠、その両方を応援したい気持ちになります。

ちょっと確認

[来]
[在]
[時]
[高]
[類]
[急]
[度]
[得]
[礼]
[奈(な)]
[波(は)]

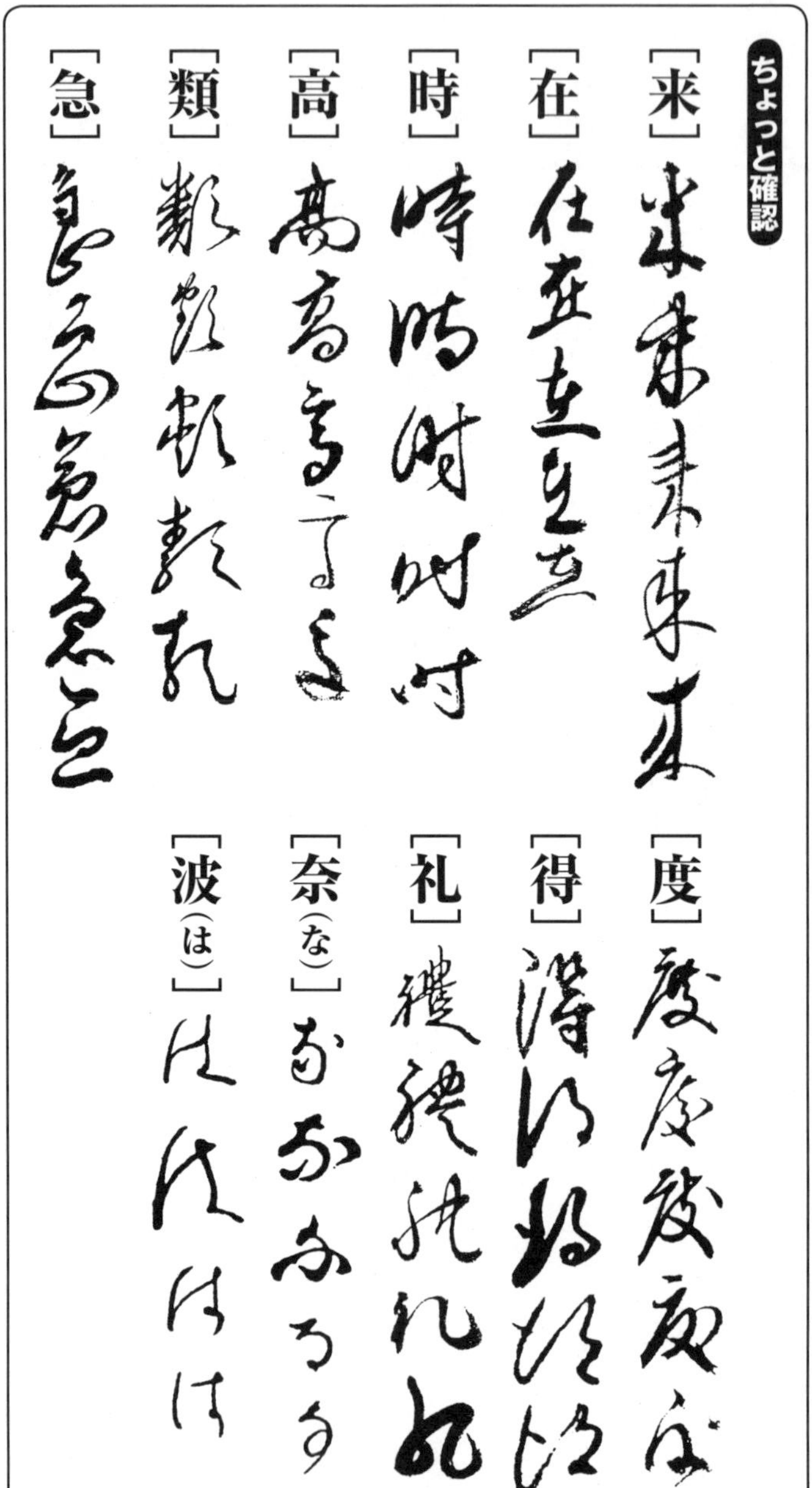

9 ✣ 所持品の注意

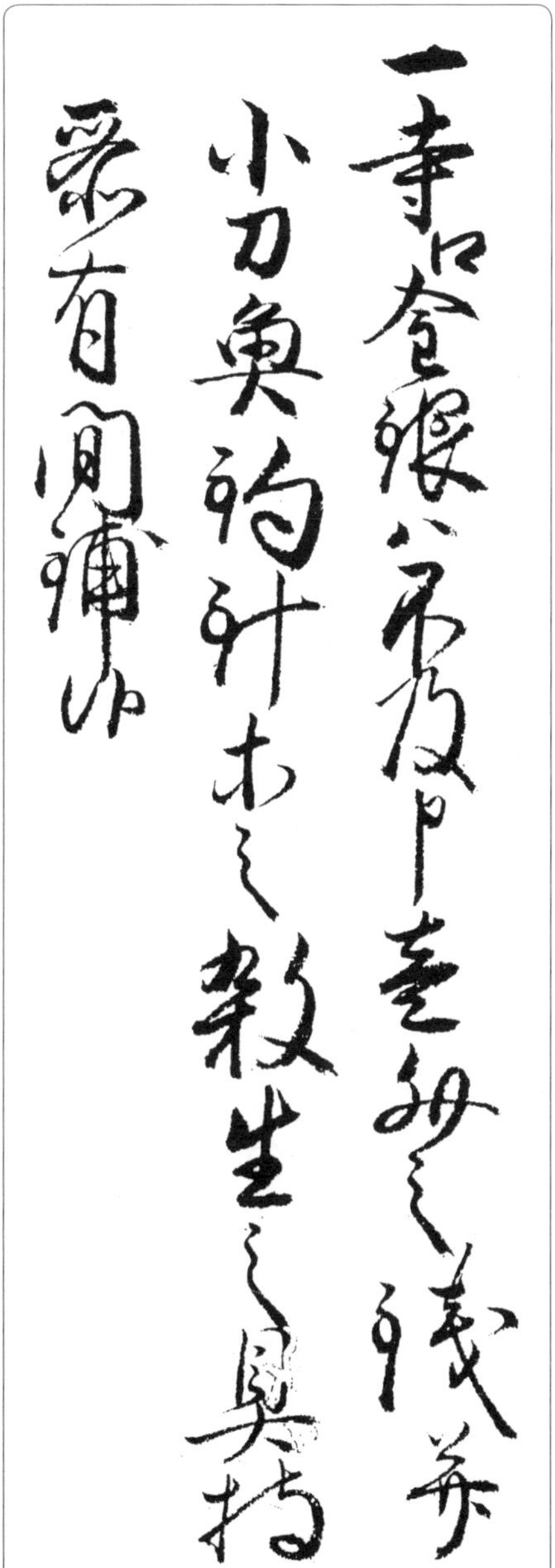

㉘解読

一、寺江金銀ハ不レ及レ申、壱文之銭并小刀魚釣針等之殺生之具、持参有間鋪候（ひとつ、てらえ、きんぎんはもうすにおよばず、いちもんのぜにならびにこがたな、うおつりばりなどのせっしょうのぐ、じさんあるまじくそうろう）

文意

ひとつ、寺子屋に来る時には、金貨銀貨はもちろんのこと、一文の銭も持ってきてはいけない。小刀や魚釣りの釣針などの殺生に使う道具も、持参してはならない。

所持品の注意ですね。今の学校でも深刻な諸事件の発生と関連して、ナイフ等の所持とその扱いが大きな問題になっています。寺子屋の師匠も、ちょっとした喧嘩が思わぬ大事故や大怪我に結びつかないように、細心の注意を払っていたのでしょうね。

は縦棒と横棒がくっついてしまって、まるで「口」のように見えてしまいますが実は「江」です。「江」→→→のようにくずれていきます。この「江戸」の「江」は、「どこどこ江（え）」というように、方向を示す助詞として使われます。現在のわたしたちは「どこどこへ」と表記していますが、この「へ」に当たります（古文書では⑤で見たように「どこどこへ」という表現も多く見られ、「どこどこ江」と併用されています。もちろん意味は同じだと考えてください）。そしてこの助詞「江」を筆写する時には、前にお話した「二而（にて）」「者（は、ば）」同様に、右上に少し小さめに書きます。これはたとえば、「近江（おうみ）」なのか「近江（ちかくえ）」なのか、「其者（そのもの）」なのか「其者（それは）」なのかをはっきり区別する必要があるからです。その必要のない「へ」については、たとえ古文書内で小さい字で書かれていても、普通の字の大きさで筆写します。

ちょっと説明が長くなってしまいましたが、他の字を見てみましょう。この㉘は「かねへん」の宝庫ですね。「金」をはじめとして、「銀」、「銭」、「釣」、「針」、「鋪」と六つも「かねへん」のくずしがあります。ここはじっとにらんで覚えてしまって「かねへん」の「プロ」になってしまいましょう。

は「申」。⑳のよりくずれていますが、近世文書の「申」はこのように左半分がなく、しかも真んなかの横棒がないのが普通ですので、以後お見知りおきください。

は漢数字の「壱」。は「文」でこの場合は銭（ぜに）の単位ですので「もん」と読みます。⑥⑫の「文庫」の「文」とはだいぶ印象が違うでしょうが、という「文」の典型的なくずしの右側に飾りの付いたもので、時々見られるくずしです。

は「等」。まるでカタカナの「ホ」のように見えますね。まったくもとの字と違って見えてしまいますが、これは「等」の異体字です。カタカナの「ホ」に見えたら「等」、これも頭に入れておきましょう。

は「参」。「参」の典型的なくずしはですが、こんなくずしもあります。「かねへん」の方の「間鋪」が、また出てきていますね。

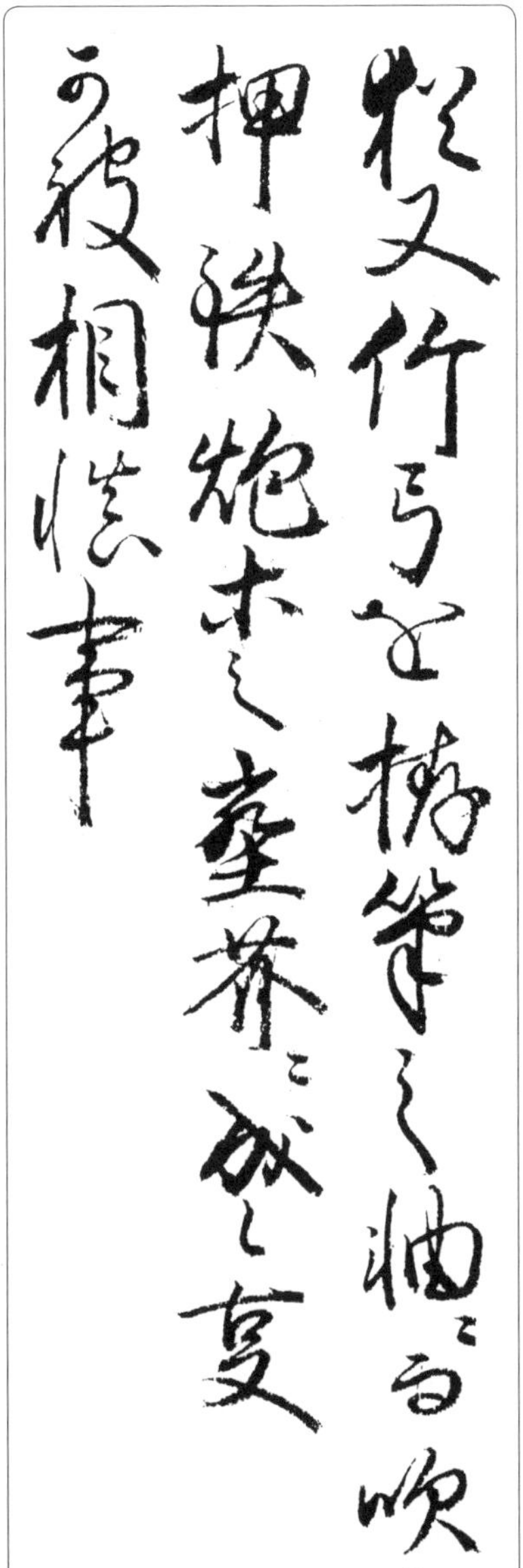

㉙ 解読

猶又、竹弓を拵、筆之軸ニ而吹矢押鉄炮等之塵芥ニ成候事、可㆑被㆓相慎㆒事（なおまた、たけゆみをこしらえ、ふでのじくにてふきやおしでっぽうなどのじんかいになしそうろうこと、あいつつしまるべきこと）

文意　**さらにまた、竹で弓を作り、筆の軸を使って吹矢や押鉄砲などを作ってごみを出すようなことは、やめなければならない。**

思わず笑いがこぼれてしまいます。寺子たちは、こんなことまでしていたのですね。古くなってしまった筆の穂を取って吹矢にする、押鉄砲にする…。紙つぶての玉や矢で、お寺の床の上はごみ（塵芥）だらけになってしまったことでしょう。「手習いに来ているのやら、遊びに来ているのやら…」という、師匠の溜息が聞こえてきそうです。

は「猶又」。㉓で見ましたね。は「てへん」に「存」で「拵（こしらえ）」。「筆」の「たけかんむり」、「軸」の「くるまへん」に注目しておいてください。「くるまへん」には「東」に似たくずしもあり、たとえば「軽」であればの場合もあるしの場合もあるわけです。一つの偏や旁に複数のくずし方があるというのが古文書のおもしろいところでもあります。

「てっぽう」の「ほう」は、「ひへん」の「炮」が使われています。（「ホ」に似た形）の「等」が、また出てきました。の「塵」はむずかしいですね。「土」のくずしは、はっきり見えます。ここでは少し小さく書かれていますが、「广」（まだれ）の形を覚えてしまいましょう。「座」、「庄」、「度」、「序」などがよく出てきますよ。

の「成」はだいじょうぶでしょうか。ここは「なしそうろう」「なりそうろう」のどちらでもよさそうですが、「わざわざごみを作っている」という師匠の怒りを酌んで、「なしそうろう」にしました。その下のは、独立して筆が止まっている「候」でしたね。

は、「古」の下に「又」といやにはっきり書いてありますが、はて、なんという字でしょう。これは「事」の異体字で、近世文書にはよく出てきますので、覚えていただけるとうれしいです。その五字下のと同じに、「事」と筆写します（一五頁の〈**おもな異体字**〉参照）。は「慎」。「りっしんべん」に「真」のくずしです。⑳の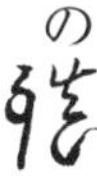「鎮」の「真」のくずしと同じです。

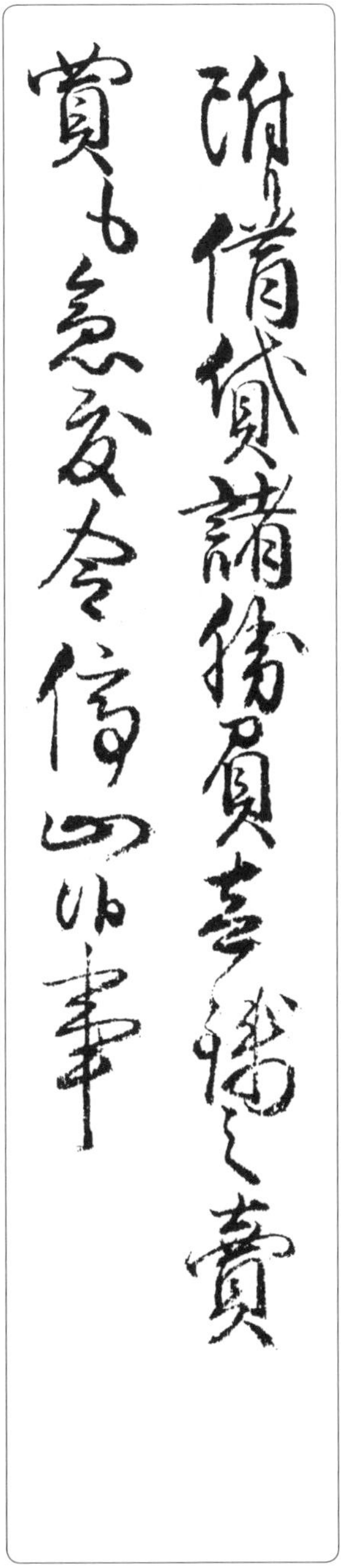

㉚解読　**附り、借貸諸勝負壱銭之売買も、急度令二停止一候事**（つけたり、かりかししょしょうぶ、いっせんのうりかいも、きっとちょうじせしめそうろうこと）

文意　**付け加えて注意するが、友達同士で金品の貸し借りをしたり、勝負事をしたり、わずかな金銭でも売り買いをすることは、絶対に禁止にする。**

禁止事項の付記ですね。前段の㉙で「可レ被二相慎一事（あいつつしまるべきこと）」とありましたが、ここの「令二停止一候事（ちょうじせしめそうろうこと）」という言い方は、もっと厳しく強い禁止です。

「停止」は近世文書では「ていし」と読まずに「ちょうじ」と読み、「差し止めること、禁止すること」を意味します。さらに「急度（きっと）」（必ず、きびしく）が入っていますので「きびしく禁止」です。

何を「きっと、ちょうじ」しているのでしょうか。「借貸」「諸勝負」「売買」ですね。前段で「壱文之銭」も持参してはならないはずになっていますので、それが守られていればこれらの事は起こりえないはずなのですが、この付記があるということは…。「壱文之銭」どころか「多く之銭」を寺へ持ってきていたのかもしれません。

では、字にいきましょう。六、七文字目のは「勝負」。このように「勝負」と続けて出てきてくれるとよいのですが、一字一字が単独で出てくると、を「勝」、を「負」と読むのは意外とむずかしいですから、注目しておきましょう。どちらも典型的なくずしです。「勝」は「勝手」「不勝手」（生計が成り立たないこと）などでよく出てきます。は「負」の異体字「貟」をくずしたものです。

㉘の「壱文」も、ここの「壱銭」も、「ごくわずかな金銭でも」の意味ですね。㉘で出てきた「銭」と、この「銭」の旁の違いに注目してください。同じような例は「浅」や「残」などでも見られます。

「急度」のくずしは㉕で見ました。は「令（せしめ、せしむ）」。上に返って読む使役の助動詞としてよく出てきます。

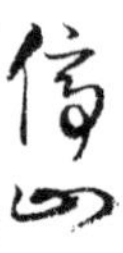の「停止」は、先ほど説明しましたが、字もいいでしょうか。「にんべん」に「亭」のくずし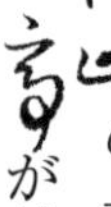が付いています。「止」は「心」のようにも見えますが、このようにくずれますので、

目に焼き付けておいてください。「武」、「歳」などのなかにも「止」が見えます。

ちょっと確認

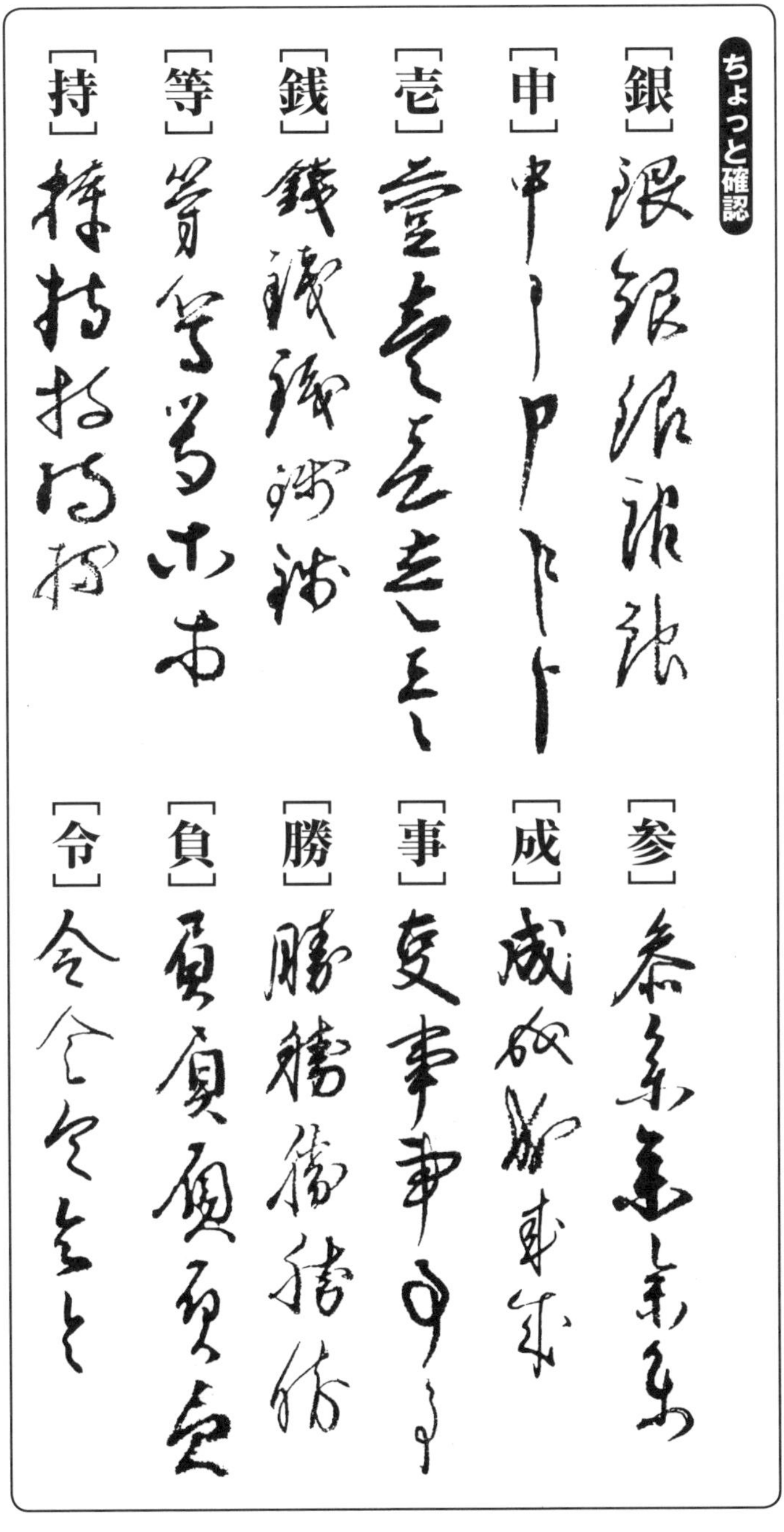

古文書の背景⑦ 金・銀・銭

江戸時代には、金貨・銀貨・銭貨の三貨が使われていました。金貨と銭貨は計数貨幣（枚数で数える貨幣）であり、銀貨は秤量貨幣（重さで量る貨幣）です。

古文書を読んでいると、関東の文書には「給金」、関西の文書には「給銀」と書かれていることが多いように、基本となる貨幣が「金遣い（きんづかい）」か「銀遣い（ぎんづかい）」かの違いがあります。また、身分によっても日常おもに使用していた貨幣は違いますが、いずれにせよこの三貨の両替は不可欠でした。

江戸時代の両替商は、各種貨幣の両替という本来の仕事のほかに、大名や商人への貸付、手形の発行などを通じて大きく成長していきました。

金貨の単位は両・分・朱で四進法です。つまり小判一枚（一両）＝一分金四枚（四分）＝二分金二枚（四分）＝一朱金十六枚（十六朱）＝二朱金八枚（十六朱）となります。大判一枚は相場による変動が若干ありますが、小判七枚と二分金一枚とされていました。

銀貨は匁（もんめ）という単位を使います。ただし端数のない場合には、文書には二十目、百目のように「目」と書かれていることが多いです。

銭貨の単位は文（もん）です。一文銭千枚（千文）を銭一貫文と言います。また、一文銭九十六枚を「緡（さし）」という紐にくくってまとめたものを「百文緡」と言って、九十六文しかないのに百文として通用させる習慣がありました。これを九六銭（くろくせん）、または九六百（くろくひゃく）と言っていました。

相場は江戸と大坂では違い、また年代によっても変化していますが、元禄十三（一七〇〇）年の金銀銭三貨の幕府による公定相場は、金一枚（一両）＝銀六十匁（目）＝銭四貫文です。

㉛ 解読 一、相傍輩、懈怠之内、文庫硯箱猥ニ被レ明間鋪候（ひとつ、あいほうばい、けたいのうち、ぶんこすずりばこみだりにあけられまじくそうろう）

文意 **ひとつ、友達同士で悪ふざけをして、他人の文庫や硯箱をわけもなく勝手に開けてはいけない。**

これも、大切なことですね。友達といえども、人の持ち物に許可なく触れてはいけないのは当然。思慮が足りなかったばかりに大変なことを引き起こしてしまったり、友情を失ってしまったりすることは、古今東西共通して見られたことでしょう。寺子たちを実に細やかに見つめていた師匠にとって、とても気になったことと思われます。

字を見ていきましょう。は「傍輩」。は「にんべん」に「旁」のくずしで「傍」。「旁」も上の「立」の部分と、下の「方」の部分がきれいに書かれています。は「輩」の異体字「輩」のくずしです。は「北」、は「車」です。

は「懈怠」。⑨では「懈怠有間敷（けたいあるまじく）」という表現で出てきましたね。この条項では、本来やらなければならないことを怠けて脇道にそれて（悪ふざけをして）といった意味でしょう。は「猥」。「けものへん」に注目しておいてください。あとの字は何度か出てきた字ですのでだいじょうぶでしょうか。

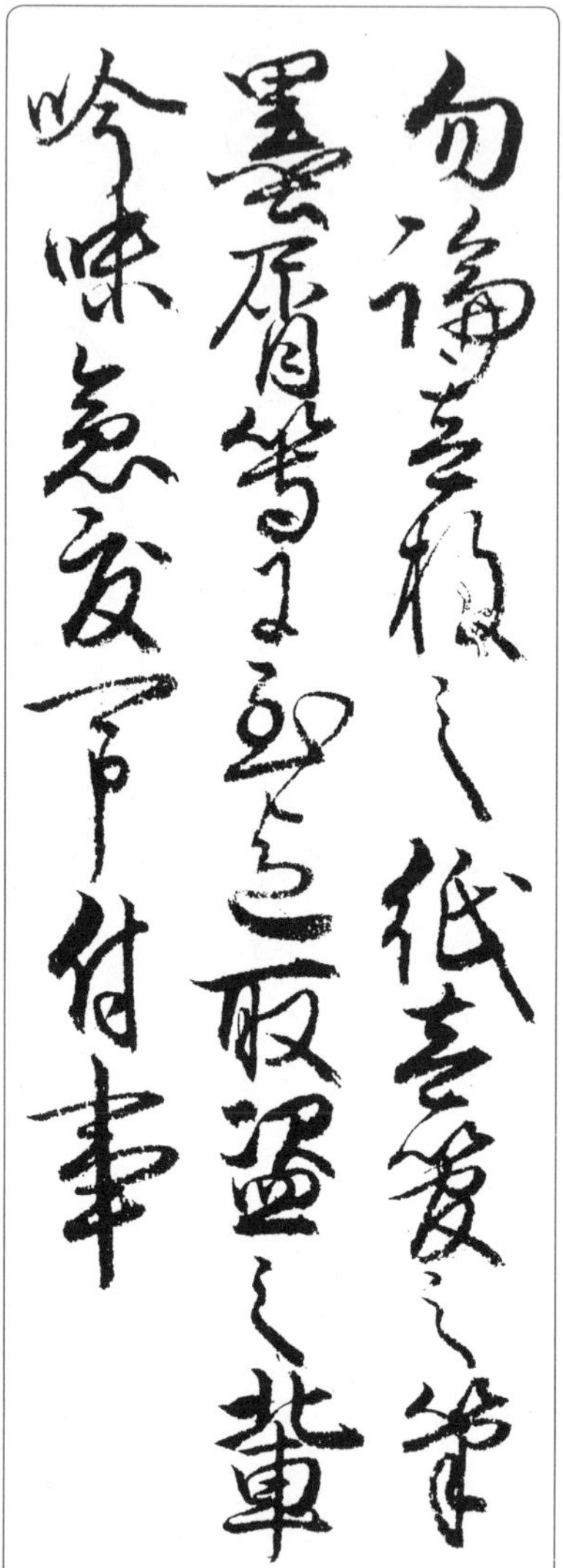

㉜ **解読**

勿論壱枚之紙、壱管之筆、墨屑等に至迄、取盗之輩ハ令二吟味一急度可二申付一事（もちろんいちまいのかみ、いっかんのふで、すみくずなどにいたるまで、とりぬすみのともがらはぎんみせしめ、きっともうしつくべきこと）

文意

もちろん、一枚の紙・一本の筆・墨のかけらに至るまで、他人の物を盗み取った者は、取り調べてきびしく叱責する。

友達の持ち物を許可なく勝手に開けるのはもちろんのこと、なかにある物をほんのわずかでも取ってしまえばりっぱな泥棒です。「自分のが無くなってしまったから、ちょっと借りておこう」とか、「この位ならわからないから、もらっておこう」ましてや「困らせてやろう」は不届き千万。「親しき仲にも礼儀あり」です。

ここを見ても、寺子屋では単に「読み書きそろばん」「手習い読書」を教えるだけでなく、しつけも心構えも生きる姿勢も伝えていることがわかります。しかも、寺子たちの実態に即してわかりやすく説いていたのでしょうね。

では、くずし字にいきましょう。は「論」。きれいな「ごんべん」のくずしです。漢数字の「壱」は、何度も出てきましたので目に慣れていただけたでしょう。「壱文」「壱銭」「壱枚」「壱管」、いずれも「ほんのわずかな」の意味で使っています。ところで、筆を数える単位が「管」であることをご存知だったでしょうか。「管」は筆のほかに笛などを数える語として出てきます。＝「管」。「たけかんむり」の下にあるは、「官」の典型的なくずしです。「代官」がよく出てきますよ。

余談ですが、伊勢参りの史料を読んでいた時に「菅笠壱かい」と出てきて、「笠」などのかぶりものを数える単位が「天蓋（てんがい）」の「蓋」であることを知りました。

「屑」は、きれいなくずしです。は「尓」で「に」でしたね。「至」も⑧㉗で見ました。は⑦に出てきた「迠」＝「迄」です。㉛で出てきた「輩」は、ここでは「ともがら」または「やから」と読みます。

の「吟味」も近世文書によく出てきます。両方とも「くちへん」で、それに「今」と「未」

が付いています。「急度可$_{二}$申付$_{一}$事（きっともうしつくべきこと）」は、何を申し付けるのか、と思われたと思います。取り調べ（吟味）をした上で、厳しい叱責や場合によっては処罰を申し渡す、との意味です。間違った事は許さない、という師匠の姿勢を示しています。

ちょっと確認

［輩］

［怠］

［論］

古文書の背景⑧ 手習い手本

江戸時代の手習いの教材には、どのようなものが使われたのでしょうか。

地域、時期、寺子の性別や階層、師匠の考えや力量などによっていろいろな例が見られます。それらの実情にあわせて、教科内容に違いがあったわけです。これからの個別の研究に待たなくてはならないことも多いのですが、おもなものを挙げてみましょう。

入門するとまず、「いろは」から学びます。その後「国尽」「村尽」「名頭」などで、身近な地名や人名を覚えながら手習いをします。

写真の右下にある『国尽』（元文一〈一七三六〉年）は、五畿内五か国名（山城、大和、河内、和泉、摂津）とそれぞれの郡名、東海道十五か国名とその郡名などを書いたものです。浅田傳ちゃんの父親で、後に大庄屋になる浅田俊省の名前が書かれています。

その隣の『人名頭　天』（寛政七〈一七九五〉年）

には、「松竹鶴亀幾千代長久…」と、人名に使われる字が書かれています。その隣の『亥歳大復書』（寛政三年）は、おでんちゃんの甥にあたる淺田三蔵（当時十一歳）自身が書いたもので、最後のページに師匠の字で「よし、目出度」と書かれてあります。

このように身近な熟語で漢字に慣れていったあとは、『庭訓往来』『消息往来』などで短文や手紙文の文例を習ったり、『商売往来』『諸職往来』（写真上段左の二冊）などで実際の職業知識、士農工商の役割や位置づけを学びました。女子は『女大学』『女今川』や様々な和歌や古典などから、おもに仮名を中心に教養や教訓を学んでいく、というシステムがとられていました。

これらの手習い教科書は一般的に「往来物」と呼ばれていました。「往来物」は、現在確認されているものだけで約七千種（そのうち女子用は一千種）ありますが、おそらく数万種あったのではないかとされています。

淺田家で使われた手習い教科書　東京大学経済学部図書館文書室所蔵

11✣友達とは仲良く

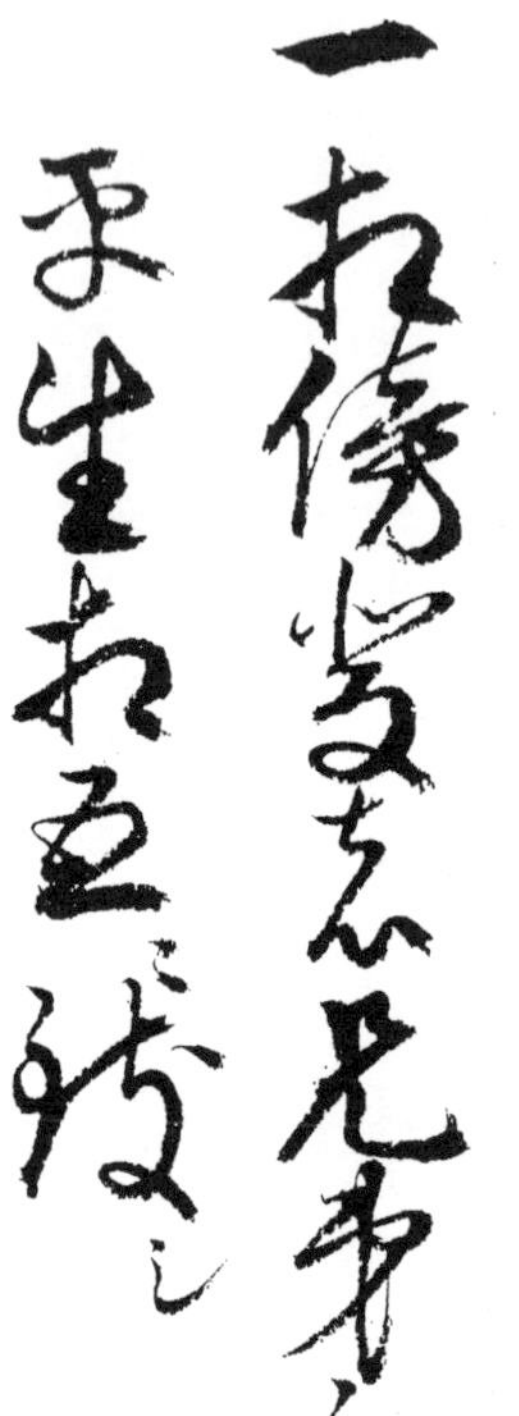

㉝**解読**　一、**相傍輩**者**兄弟之親ミに候間、平生相互ニ致シ**（ひとつ、あいほうばいは、きょうだいのしたしみにそうろうあいだ、へいぜいそうごにいたし）

文意　**ひとつ、友達はお互いに兄弟のように親密なものだから、普段から仲良くし、**

朝から夕方まで一緒に学んでいた寺子たちは、家も近所だと思われますし、お互いのことを知りつくしていたことでしょう。それだけに遠慮がなく、逆にいろいろな問題も起きてきたことでしょう。

でも、それではいけない。「兄弟之親ミ」であるからこそ、日頃から助け合って仲良くしていかなくてはいけない…という師匠の教えです。前の「一つ書き」同様「友達関係」に配慮した条項ですね。

「相傍輩」は㉛のより「相」が少しくずれていますので、見比べてみるのにちょうどいいですね。「相」はこのが、典型的なくずしです。「相互」にも同様

のくずしが見られます。「互」のくずしはもっとくずれるとのようになってしまいます。は、どこかで見ましたね。⑭で「兄弟子（あにでし）」が出てきました。今度は「兄弟（きょうだい）」です。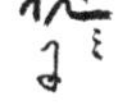「親ミ尔」→「親ミに」の「ミ」は、小さく書かれていますので、読み落とさないようにしましょう。

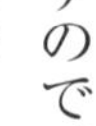の「間」が、やっと出てきてくれました。⑲などでお話したように「もんがまえ」は上にいってしまってひらがなの「つ」のようになってしまいます。この部分がそうです。その下に「日」のくずしがあって「間」というわけです。⑨⑬㉘㉛のよりこのやもっとくずれたが、「間」の典型的なくずしです。

意外にむずかしいのが「平」。現在の筆順と違って、下の横棒を最後に引く筆順なので、下のほうが丸まった形になります。「平」は人名でも「平助」「平兵衛」などこのくずし字でよく出てきます。

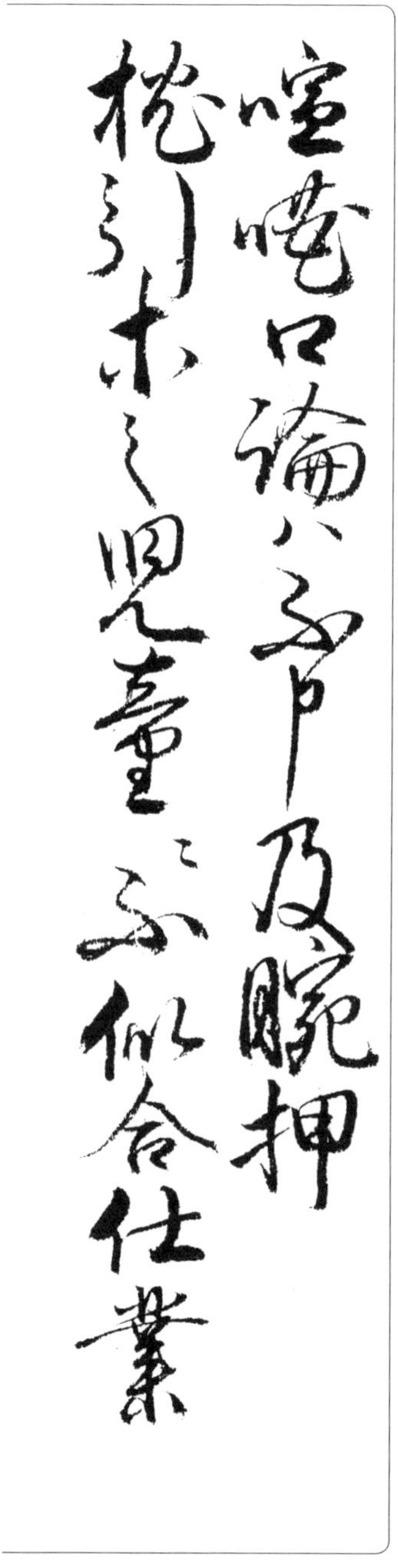

㉞ **解読** **喧嘩口論ハ不二申及一、腕押枕引等之児童ニ不二似合一仕業、沙汰之限ニ候**（けんかこうろんはもうすにおよばず、うでおしまくらひきなどのじどうににあわざるしわざ、さたのかぎりにそうろう）

文意 **友達同士で喧嘩や言い争いをしてはいけないのはもちろんのこと、腕押しや枕引きなどのこどもらしからぬ遊びをすることは厳禁である。**

「腕押」「枕引」がなぜいけないのか、なぜ「児童ニ不二似合一」なのか。そもそも「腕押」「枕引」とは何なのか、気になるところだと思います。「腕押し」は「腕相撲」のこと、「枕引き」は「木枕の両端を二人が指先でつまんで引っ張り合う遊び」のことです。

奥郁政信の紅絵折本『吉原壽々女』のなかの「髯男と少女枕引きの図」には、吉原遊郭内で客が少女を相手にして「枕引き」で戯れている様子が描かれています。そのそばに、大杯と銚子が書かれているのは、負けた方が盃を重ねることを表しているのでしょう。

福沢諭吉の『学問のすゝめ 十七編』には、次のような記述があります。「…筋骨の丈夫なる者は、腕押し枕引き足角力も一席の興として交際の一助たるべし。腕押しと学問とは道同じからずして相与に謀るべからざるようなれど…」。

これらのことから、師匠が禁じている「腕押」「枕引」は酒席での座興、あるいは客と遊女の戯れ合いの意味合いが強く、寺子たちには真似をしてほしくないもの（「児童ニ不二似合一」）であったことがわかります。しかし、そういうものこそ、こどもたちは背伸びして真似をしたがるものです。実際に「木枕」を使わなくても、何かの代用品で「枕引きもどき」をしたのでしょう。いつの世も、こどもたちはおとなをよく見ているし、こどもの社会はおとなの社会の反映ですね。

「沙汰之限」という言い方は「言語道断」に近く、理非をわきまえないとんでもないことだ、もってのほかだ、といった意味です。「不似合」は「ふにあい」とそのまま読んでも、「にあわざる」と返って読んでも、どちらでもかまいません。

さあ、字を見ていきましょう。「喧哶」は両方とも「くちへん」です。それに「宣」のくずしがついて「喧」。は、「華」ではなくて「花」のくずしです。「くちへん」に「花」の「哶」は「嘩」の異体字です。

「枕」には㉗の「尤」に似たくずしが見えます。カタカナの「ホ」に似た「等」がまた出てきました。「童」は、「立」のくずしと、「里」のくずしの組み合わせになっています。

はひらがなの「ふ」に見えますね。打ち消しの「不」が、ひらがなの「ふ」で出てきたら漢字の「不」に直してくださってけっこうです。は「似」。の部分は「以（もって）」のくずしで、これは近世文書頻出の字です。「沙汰」は、「さんずい」に「少」のくずしと、「太」のくずしですね。

㉟

解読　附り、往来之道筋ニ而（つけたり、おうらいのみちすじにて）

文意　付け加えての注意、寺への往復の道では

基本的な心構え、寺での勉強の仕方、家庭学習の仕方、行儀作法、所持品、友達関係、と筆が進んできて、ここの付記は登下校時の注意です。

⑯に「午飯過来て（ひるめしすごしきたりて）」とあったように、いったん帰宅しますから、早朝に寺に行って昼帰って、午後行って最終的に帰宅して、と四度の「道筋」ということになります。字はだいじょうぶでしょうか。きれいなくずしですね。「往」のは、典型的な「ぎょうにんべん」のくずしの一つです。⑯に出てきた「復」のと合わせて覚えていただけると、ほとんどの「ぎょうにんべん」は読めます。なお、「往」という字は異体字「徃」のくずしとなるのが一般的なので、ここでもつくりは「生」となっています。

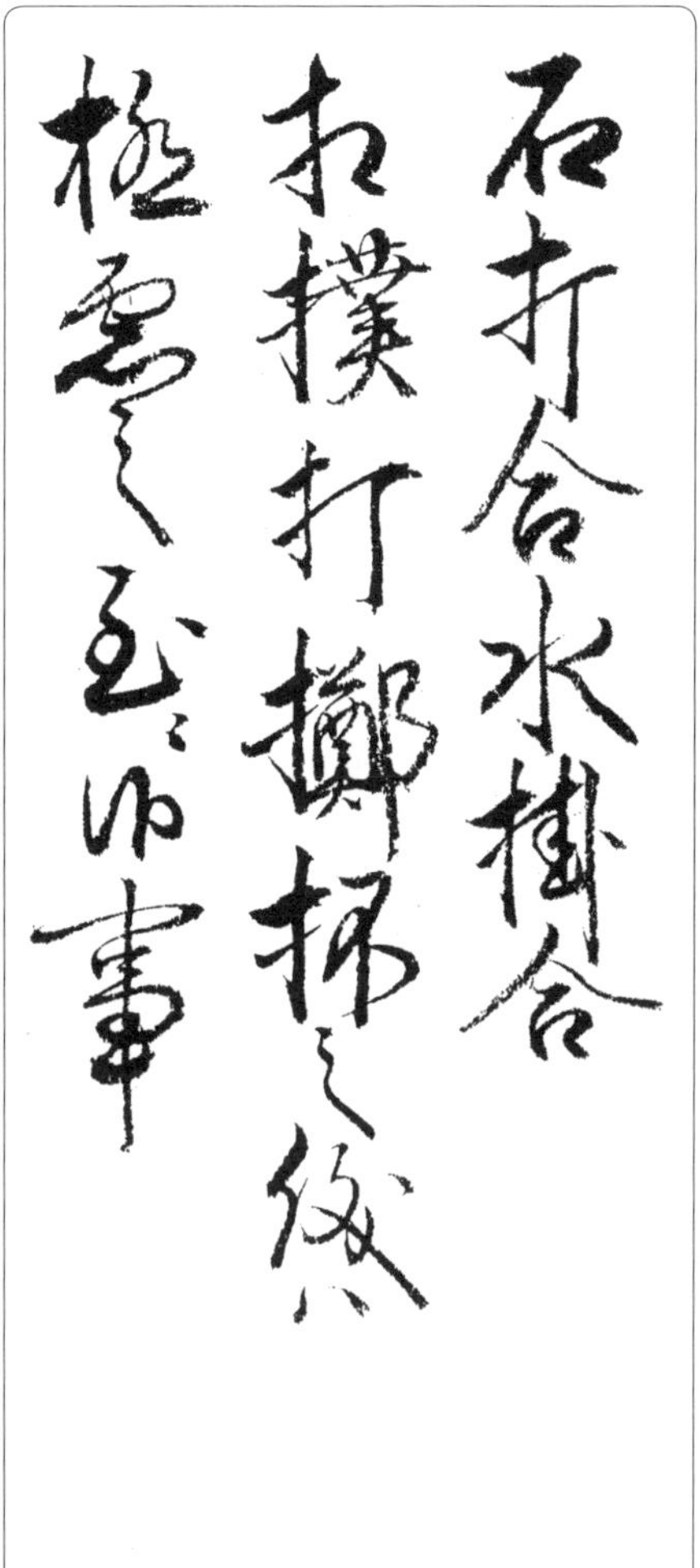

㊱解読 石打合水掛合、相撲打擲抔之儀ハ、極悪之至ニ候事（いしうちあいみずかけあい、すもうちょうちゃくなどのぎは、ごくあくのいたりにそうろうこと）

文意 **友達同士で石を投げあったり水を掛け合ったり、相撲や殴り合いをするなどということは、この上もなく悪いことである。**

目に浮かびますね。まっすぐ行けばすぐ着く道のりを、二倍も三倍もかかって遊びながらふざけながら行ったのでしょうね。追いかけたり、追いかけられたりしながら、時には喧嘩になって泣き出す子もいたり…。通行人の邪魔になって叱られることもあったでしょう。今の学校のように、寺に苦情が持ち込まれたかもしれません。でも、こどもたちはとにかく元気いっぱいに村道を駆け回っている…。そんな風景が浮かび上がる条項です。

「打擲（ちょうちゃく）」は、こぶしや棒などでたたき殴ることをいいます。それにしても、とうとう「極悪之至」が出てきてしまいました。師匠も心痛はなはだしかったのでしょう。今まで

⑧無益之至（むえきのいたり）
㉗不礼之至（ぶれいのいたり）
㉙可㆑被㆓相慎㆒事（あいつつしまるべきこと）
㉚令㆓停止㆒候事（ちょうじせしめそうろうこと）
㉜急度可㆓申付㆒事（きっともうしつくべきこと）
㉞沙汰之限（さたのかぎり）

と、いろいろな禁止表現が出てきましたが、いっきにエスカレートした感があります。次はどんな表現が出てくるか興味津々ですね。

さあ次は字です。は「相撲」。の方は㉝の「相傍輩」、「相互」の「相」と同じくずしです。「てへん」に「不」は「抔（など）」でしたね。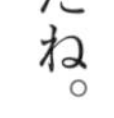は「極」の典型的なくずしです。つくりの「亟」のくずしがむずかしいですが、よく出てくる字なので覚えてしまいましょう。は「悪」。⑲の「悪口」で出てきましたね。「西」のくずしの下に「心」のくずしで「悪」と読ませています。

ちょっと確認

[間]

[平]

[互]

[不]

[沙]

[汰]

[極]

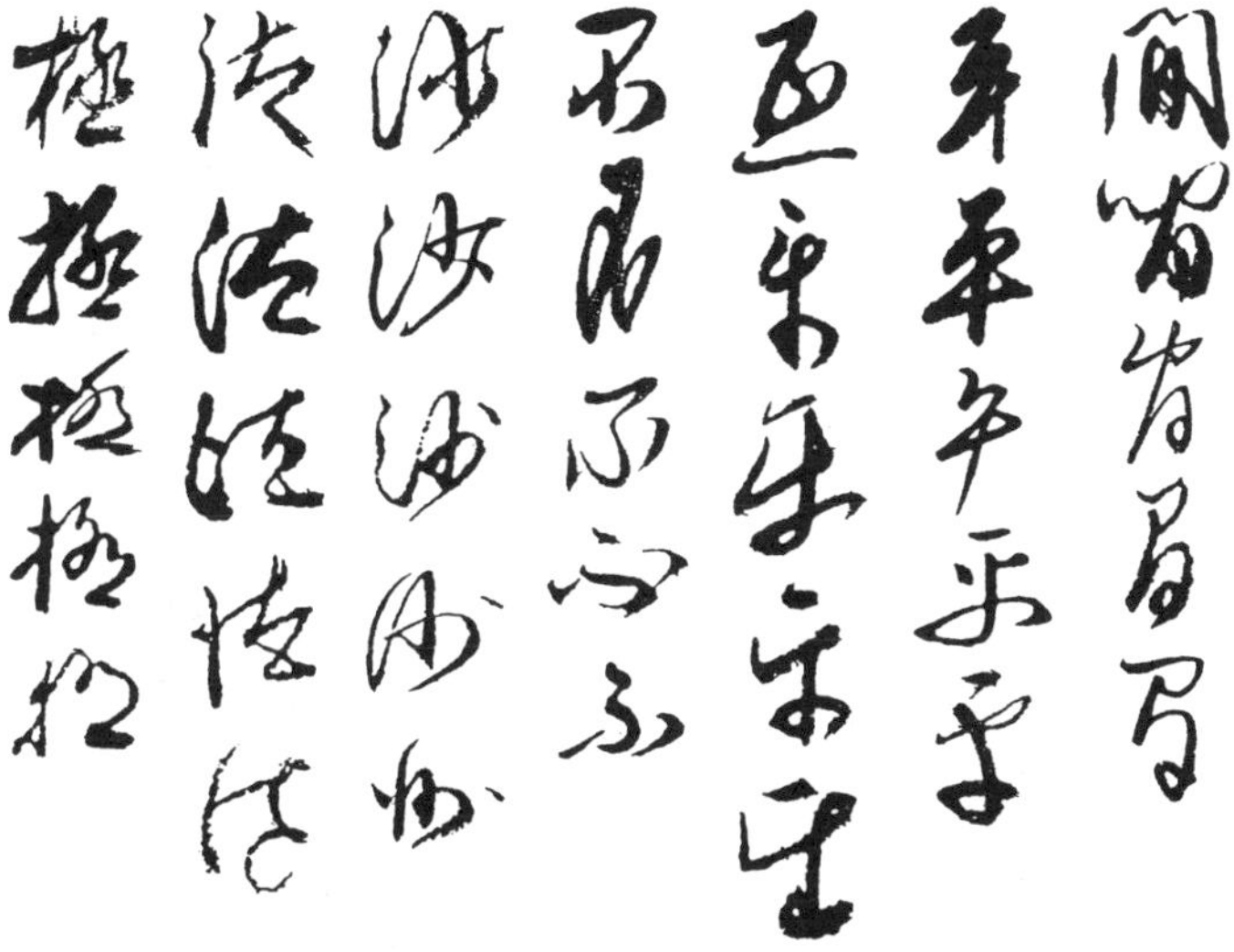

現在の善正寺

12✣落書き禁止

㊲ **解読**　一、**絵を書習双紙を切、人形細工等被レ致間鋪候**（ひとつ、えをかきならいそうしをきり、にんぎょうざいくなどいたされまじくそうろう）

文意　**ひとつ、いたずら書きをしたり、手習い双紙をちぎって紙人形を作ったりなどしてはいけない。**

㉙の「吹矢」「押鉄炮」で遊んでいたのが主に男の子だとしたら、ここの「人形細工」は主に女の子の姿を映したものかもしれませんね。

「手習い」をするべき双紙にいろいろな絵をいたずら書きしているのでしょうね。現在にも受け継がれているノートの落書きです。「人形細工」とあるのは、着せ替え人形でも作って友達と楽しんでいたのかもしれませんね。この禁止条項から読みとれる現状をいろいろ思い描いてみてください。

くずし字にいきましょう。は「絵」の旧字体「繪」のくずしです。筆写するときは「絵」に直してくださってけっこうです。「いとへん」と「會」のくずしを別々に覚えておくと応用がききます。は⑦で見たように「雙紙」＝「双紙」です。の「形」と、③⑭の「形」とは、くずし方がかなり違いますが、両方とも覚えておきましょう。「細」の「いとへん」は、典型的なきれいなくずしです。「工」が「細」の左横に薄く書いてありますが、読み取れるでしょうか。「等」の「たけかんむり」も、「寺」も、お手本のような典型的なくずしですので、ぜひ目に焼き付けておいてください。

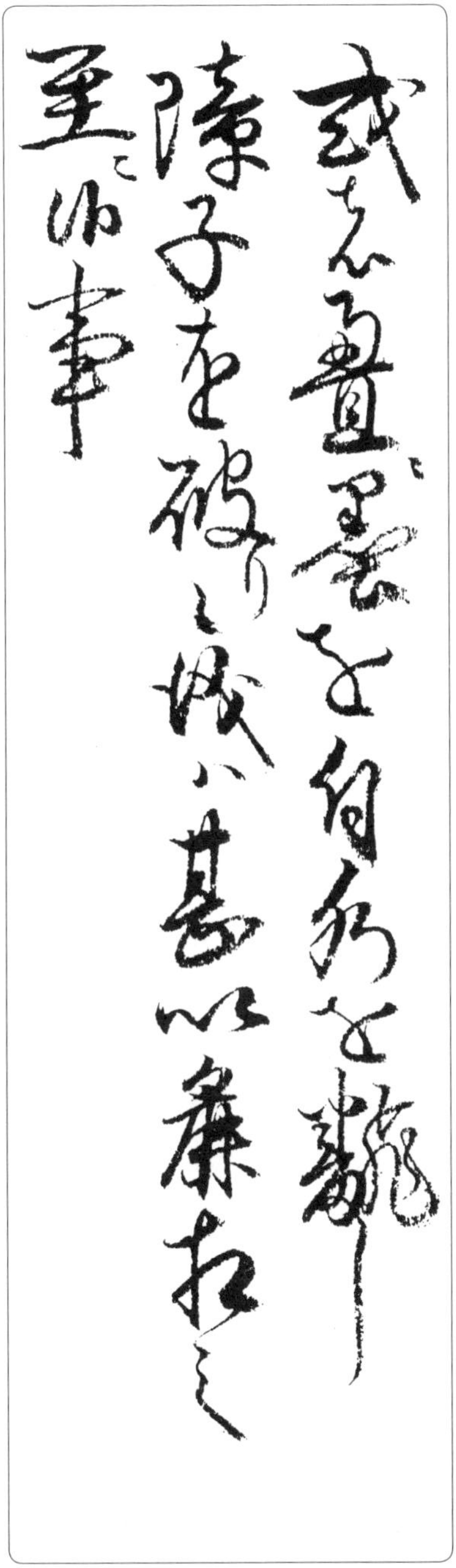

㊳ **解読**

或者畳ニ墨を付、水を瓢し、障子を破り候儀ハ、甚以麁相之至ニ候事（あるいはたたみにすみをつけ、みずをとばし、しょうじをやぶりそうろうぎは、はなはだもってそそう

のいたりにそうろうこと）

文意

また、畳に墨を付けたり水をひっくり返してとばしたり、障子を破ったりすることは、これ以上ないほど軽率な行為である。

寺子たちが不注意でお寺の畳に墨をつけてしまったり、水をこぼしてしまったりすることはよくあったでしょうね。筆を畳に落としたり、書いたばかりの乾いていない双紙を畳に置いたり、ぶつかって水や墨をこぼしたり…。わざわざ墨を付け合ったり、水を飛ばして遊んだりもしたでしょう。あれあれ、という状況が目に浮かぶようです。

それだけでなく、障子もだいぶ破れていたようですね。㉞の「喧嘩口論」や「腕押」「枕引」の末か、障子まで「人形細工」の犠牲になったのか…。いつどこででも元気に動きまわるこどもたちと、躾と学習を徹底させようとする師匠とのせめぎ合いですね。

では、字を見てみましょう。は㉑で出てきた「或」。「口（くち）」の部分が一直線になってしまっています。は「水」の典型的なくずしの一つです。は「飜（ひるがえす）」のくずしです。は「番」のくずしで、は「飛」のきれいなくずしです。「飜」は「翻」と同じ字で、「ひるがえす」ですが、この場合「水をひるがえし」ではしっくりきません。「飜（翻）」には、「飛ぶ」という意味と「ひっくりかえす」の意味があります。音読の時には「とばし」と読んでおきましょう。

「いしへん」に「皮」のくずしの「破」は⑤で既出です。⑤のように「破」一文字で「やぶれ（やぶり）」と読んでしまうこともあれば、この場合のように「り」を送ることもあります。

その下に「筆が止まっている候」がありますね。
「甚以（はなはだもって）」は、⑧で出てきました。「そそう」は、現在は「粗相」と書きますね。ここでは「麁相」と表されています。そそっかしいこと、軽率なことですね。この「麁」は「麁末（そまつ）」という熟語でよく出てきます。⑧「無益之至」、㉗「不礼之至」に引き続き、ここで「何々之至」の第三弾、「麁相之至」が登場してきました。

ちょっと確認

［形］［細］［水］［付］［麁］

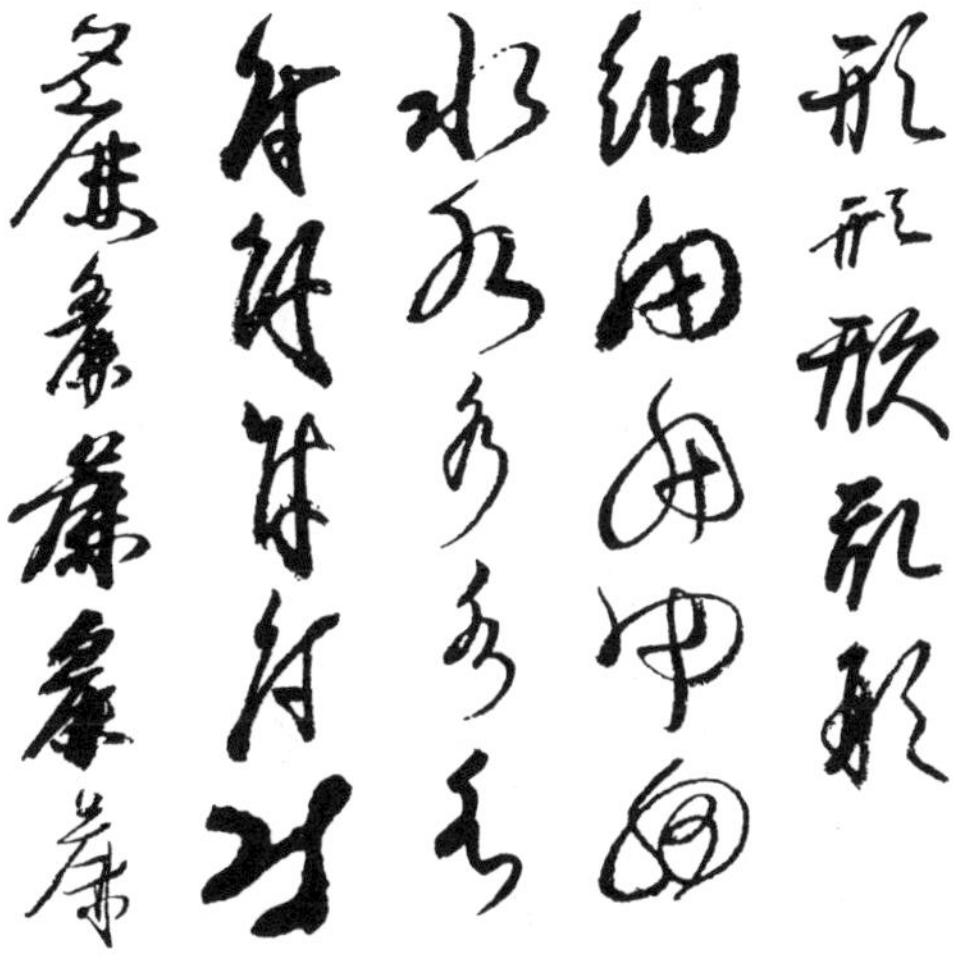

天保14年『幼心学図絵』より

13✣火の用心

㊴**解読**　一、火用心肝要ニ候（ひとつ、ひのようじんかんようにそうろう）

文意　**ひとつ、火の用心をすることはとても大切なことである。**

江戸の町のみならず、近世の村や町では火事が多かったので、おでんちゃんの住む環濠集落でも夜回りが行われていました。『南組夜番帳』（正徳五、一七一五年）というとても興味深い帳面が残っていますが、それには二人ずつで組になって番屋に詰めること、二時間おきに交代で一人は番屋に残り、もう一人は拍子木を打ちながら巡回すること、などが書かれています。

また、享和三（一八〇三）年に稲小屋が燃えた火事については、火を出してしまった本人（火元人）からだけでなく、向隣・西隣の住人、年寄・庄屋などから複数の文書が藩の役人宛に提出されています。それには、自火（失火）であり意趣遺恨による付け火でないことや、今後火事を出さないように充分念を入れるので今回はお許し願いたい、などの記載が見られます。

寺でも火事には細心の注意をはらう必要があったのでしょうね。「肝要」という言葉に重みを感じます。

「心」は読めていただけたでしょうか。⑳の「心を鎮め」と同じくずしです。

は「にくづき」に「干」の「肝」。きれいな「にくづき」のくずしですので、覚えておいてください。「にくづき」はほかに「脇」、「脚」などでよく出てきます。また、㉚で見た「勝」も同じくずしになっています。の「要」には「西」と「女」のくずしが見て取れます。「西」の部分は㊱の「悪」と同じです。「女」のくずしはひらがなの「め」になっていきます。

㊵ **解読** **留守之内、火燵并袖炉之火も大切ニ可レ被レ致候**（るすのうち、こたつならびにしゅうろのひも、たいせつにいたさるべくそうろう）

文意 **席をはずす時には、こたつや袖炉の火も気をつけて大切に取り扱うようにしなさい。**

「火燵」も「炬燵」同様に「こたつ」です。「袖炉（しゅうろ）」は「袖香炉」を指す時には、着物のなかに入れて薫を留める球型の香炉を指しますが、こどもに香炉は〝不似合〟ですので、この場合「手炉（しゅろ、しゅうろ）」（手あぶりの小さな火鉢）と考えられます。

「るす」は近世文書では「留守」のほか「留主」とも書かれることが多いです。本来そこにいるべき人がいないことを意味しますから、この場合は師匠あるいは寺子が席をはずす時の火の管理・始末を言っているのでしょう。

では、字を見てみましょう。で「留守」。はもう少しくずれると、ひらがなの「る」になるのは②で見た通りです。は「守」の典型的なくずしです。は「袖爐」と書いてあります。「爐」は「炉」の旧字体です。

「茂」ですが、助詞として「も」と読ませるときには、ひらがなで書いてしまいます。

の「可ㇾ被ㇾ致候（いたさるべくそうろう）」は、もうだいじょうぶですね。の「被」は、ますますくずされて小さくなってしまっています。この「被」が読めるようになれば、どのような「被」が出てきても恐るるに足らずです。

㊶ **解読**

附り、炎天之時分水泳ニ参候事、怪我之基ニ候（つけたり、えんてんのじぶんすいえいにまいりそうろうこと、けがのもとにそうろう）

文意　**付け足して言っておくが、夏の焼けつくような暑いころに水泳に行くことは、怪我をする原因になる。**

「火の用心」はおもに冬の注意、「炎天下の水泳」は夏の注意と、この条項は季節ごとの留意点を述べています。近くには木津川とその支流が流れています。暑くてたまらない夏には、こどもたちはきっと泳いだでしょうし、怪我をしたりおぼれたりすることもあったかもしれません。朝早くや寺から帰った後、また昼食をとりにいったん帰った時にも水浴びしたり泳いだりしたでしょう。「水泳は怪我の基」という師匠の言葉は、いくつかの実例をふまえているのかもしれません。

くずし字を見てみましょう。は「炎」。「火」のくずしの下に、繰り返しの踊り字「々」がついています。「⿱火々」→「炎」となるわけです。⑲に出てきた＝「談」に「炎」が含まれているので、その時お話しした通りですが、覚えていていただけたでしょうか。

「天」はここでは漢字読みですが、今まで「て」とかな読みして何度か出てきました。（③⑭⑮⑯㉓㉖）

「時分」もどこかで見たくずしですね。は「时」＝「時」で㉔㉕の「在レ之候時」「時花小歌」で、「分」は⑩の「分明」、⑪⑳の「随分」で出会ったことのある字です。

「水」は、㊳の「水」より随分読みやすいですね。「参」は難しいですが、㉘で出てきたくずしと似ています。

は「怪」。これは「りっしんべん」のくずしに「在」のくずしを書いた「恠」という異体字です。「恠」＝「怪」というわけです。㉔で出てきた「在」がもう少しくずれたのがこの左で一番よく出てくるくずしです「我」、「基」はきれいですので、そのまま読めますね。

㊷ **解読** 随分可レ被ニ相慎一事（ずいぶんあいつつしまるべきこと）

文意 **従って水泳は極力避けるようにしなければならない。**

危険ゆえに禁止というわけですね。

くずし字はすべて今までに出てきた字ですので、だいじょうぶでしょうか。「慎」は㉙にありましたので、確認しておいてください。

ちょっと確認

[肝] 

[要] 

[留] 

[守] 

古文書の背景⑨ 手習いこども

寺子屋には七歳くらいで入門（寺入り、寺上がり）して、四～五年間ほど在籍するのが一般的でした。入門時期は、正月、二月の初午（はつうま）、六月六日などが多かったようですが、いろいろな例が見られます。

入門料である束脩（そくしゅう）や師匠への謝儀を、各家はそれぞれの経済事情に応じて支払っていました。一応の決まりはあったようですが、銭で納めるとは限らず、農村部では農作物が多かったようです。同じ寺子屋に通っていても、謝儀を月々納めている家もあれば、収穫期に渡す家、たまにしか渡せない家…と納入額も納入期も様々でした。

このため、かなり経済的に苦しい層からの就学も可能で、江戸時代の庶民の識字率はおそらく同時代の世界の中でトップクラスだったと思われます。

そのことは、江戸後期から幕末期にかけて来日した外国人たちの記述からも明らかです。ゴロウニン、ペリー、オールコック、シュリーマン、ラナルド・マクドナルドなど多くの外国人たちが、「最も教育の進んだ国民」「読み書きできない人間や、祖国の法律を知らない人間は一人もいない。」「日本人のすべての人─最上層から最下層まであらゆる階級の男、女、子供─は、紙と筆と墨を携帯しているか、肌身離さず持っている」などと書き残しています。

遅れていると思っていたアジアの果てに、こんなに読み書きに堪能な国があった、とさぞや驚いたことでしょう。その分、多少の褒めすぎはあるかもしれませんが、これは現実をかなり反映した記述と思われます。江戸時代のこの教育力が、近代になってからの日本の成長を支えたと言えます。

14 ✣ 登下校時の注意

㊸ **解読** 一、二度之寺上り并来候節も、騒敷無レ之様ニ可レ被レ致候（ひとつ、にどのてらののぼりならびにきたりそうろうせつも、さわがしくこれなきようにいたさるべくそうろう）

文意 **ひとつ、午前と午後の二度寺に上ってくる時も、寺に着いてからも、うるさく騒ぎ立てないようにしなければならない。**

⑯の「午飯過来て（ひるめしすごしきたりて）」から、午後もう一度寺上り（登校）することがわかりました。㉟㊱の「附り」からは、「往来之道筋」で「石打合水掛合相撲打擲」などをしている様子がうかがえましたね。師匠はこれを「極悪之至」と言っていました。

こんなことをしていたら、「騒敷（さわがしく）」ないわけがありません。寺に着いてからもそれが尾を引いてしばらくは落ち着かなかったでしょう。「往来之道筋」の農家や、寺の周りの家々から注意を受けたり、苦情が持ち込まれたかもしれませんね。師匠としては「お願いだから整然と登下校してくれ」と、祈るような気持ちでしょう。

くずし字を見ていきましょう。は「二度」。の方は、㉕㉚㉜で見た「急度」の「度」です。は「寺」の典型的なくずしですので覚えてしまいましょう。これに「てへん」がつくと「持」、「ぎょうにんべん」なら「待」、「ひへん」なら「時」となります。「節」は⑳で既出です。は「騒」。ここでは、旧字「騷」のくずしとなっており、「うまへん」、「叉」、「虫」の三つが組み合わさっています。

は「間敷（まじく）」で何度か出てきた「敷」ですね。

は「様」。「様」のくずしは、色々なくずしがあって、慣れないうちはむずかしいと思います。

ちょっと確認に何例か出しておきますので、指で何度かなぞってみてください。

㊹ **解読**

猶又、草履下駄雪踏木履傘等迄、不レ替様ニ可レ致事（なおまた、ぞうり・げた・せった・ぽっくり・かさなどまで、かえざるようにいたすべきこと）

文意 **さらに草履や下駄、雪駄、ぽっくり、傘などを他人の物とまちがえないようにしなければならない。**

今と同じですね。最後に帰る人の傘がなかったり、自分の物ではない靴が残っていたり…。現在のように多種多様な製品があったわけではないので、似たような下駄、同じような傘ばかりで間違えやすいということもあったでしょう。

「雪踏（せった）」は「雪駄」とも書き、竹皮草履の裏に獣皮を張って表に水気が染みとおらないようにしたものです。「木履（ぽっくり）」は女の子が履いたのでしょうね。ご存知のように下駄の一種で、台の底をくり、後方を丸く、前方を前のめりにしたものです。黒または朱の漆を塗ることが多かったようです。こどもといえども、季節や天候などによって履物を変えていたことがわかります。これらの履物をはいて「二度之寺上り」の際、元気に走り回っていたわけです。

さて、字にいきます。「けものへん」の「猶又」は㉓㉙と同じくずしです。もうだいじょうぶでしょうか。「草」には「くさかんむり」のくずしの下に「早」のくずしが入っています。「早」は⑥の「早朝」、⑰の「早速」の「早」です。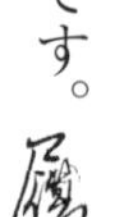「履」は初めて出てきましたが、の部分は⑭の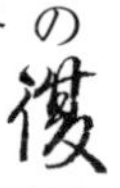「復」と同じですね。

「駄」は、「うまへん」（㊸の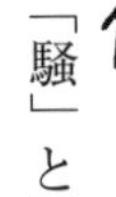「騒」と同じ）に「太」のくずし。このように、偏や旁をはじめとする漢字の部分に注目することは、解読の大きな手がかりになります。

「雪踏」のは、㉗の「畳之縁り踏候儀」は不礼（無礼）の至である、の「踏」で出てきました。はずいぶん派手な「傘」ですが、このくずしが典型的なものです。は「替」。

この一文字のなかにも踊り字が入っています。左上の「夫」に対して、右上でそれを繰り返すようにゝが書かれています。「談」の場合と同様ですね。

ちょっと確認

［寺］［騒］［様］［草］［替］

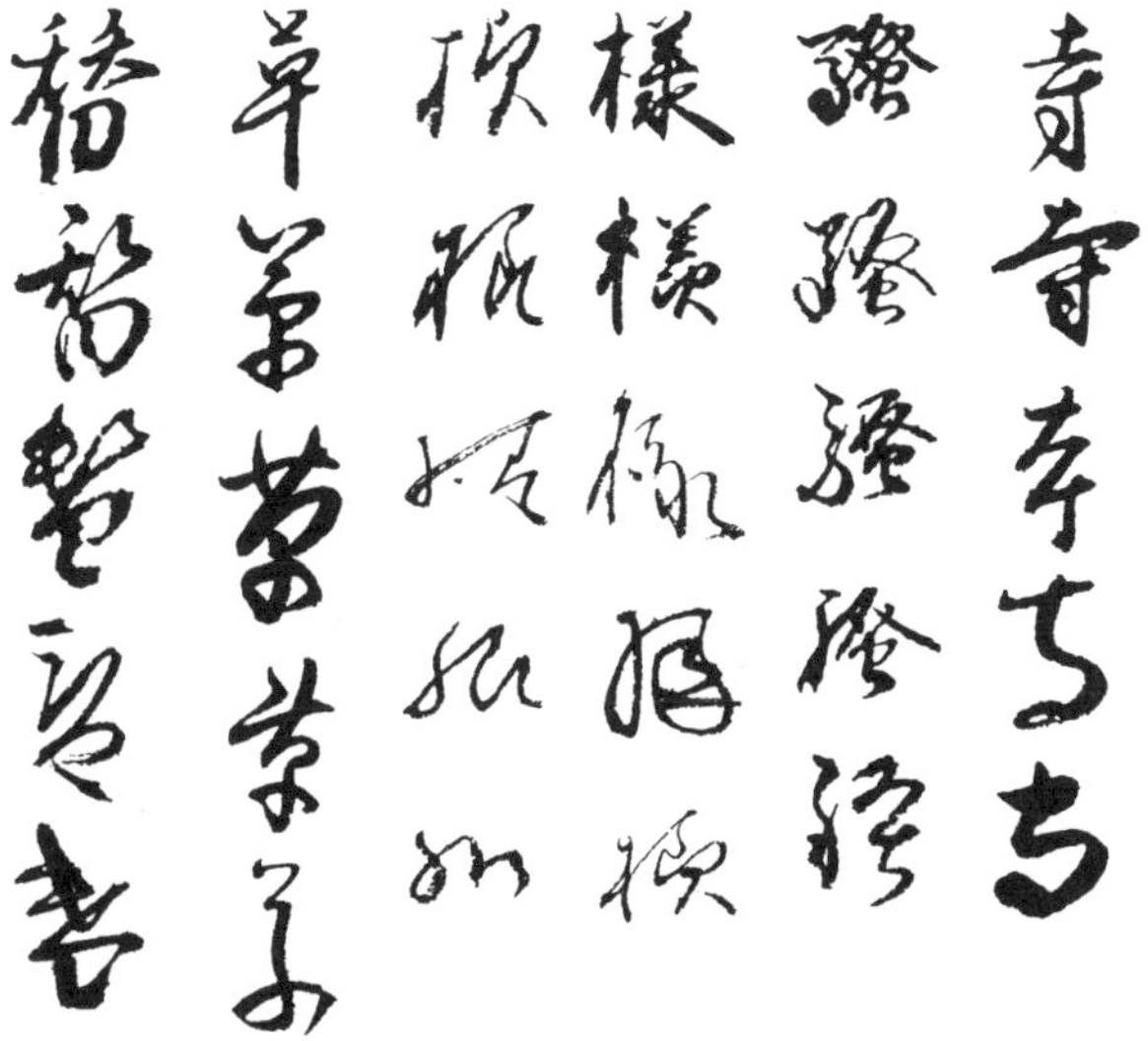

おでんちゃんの通学路（現在の地図上で）

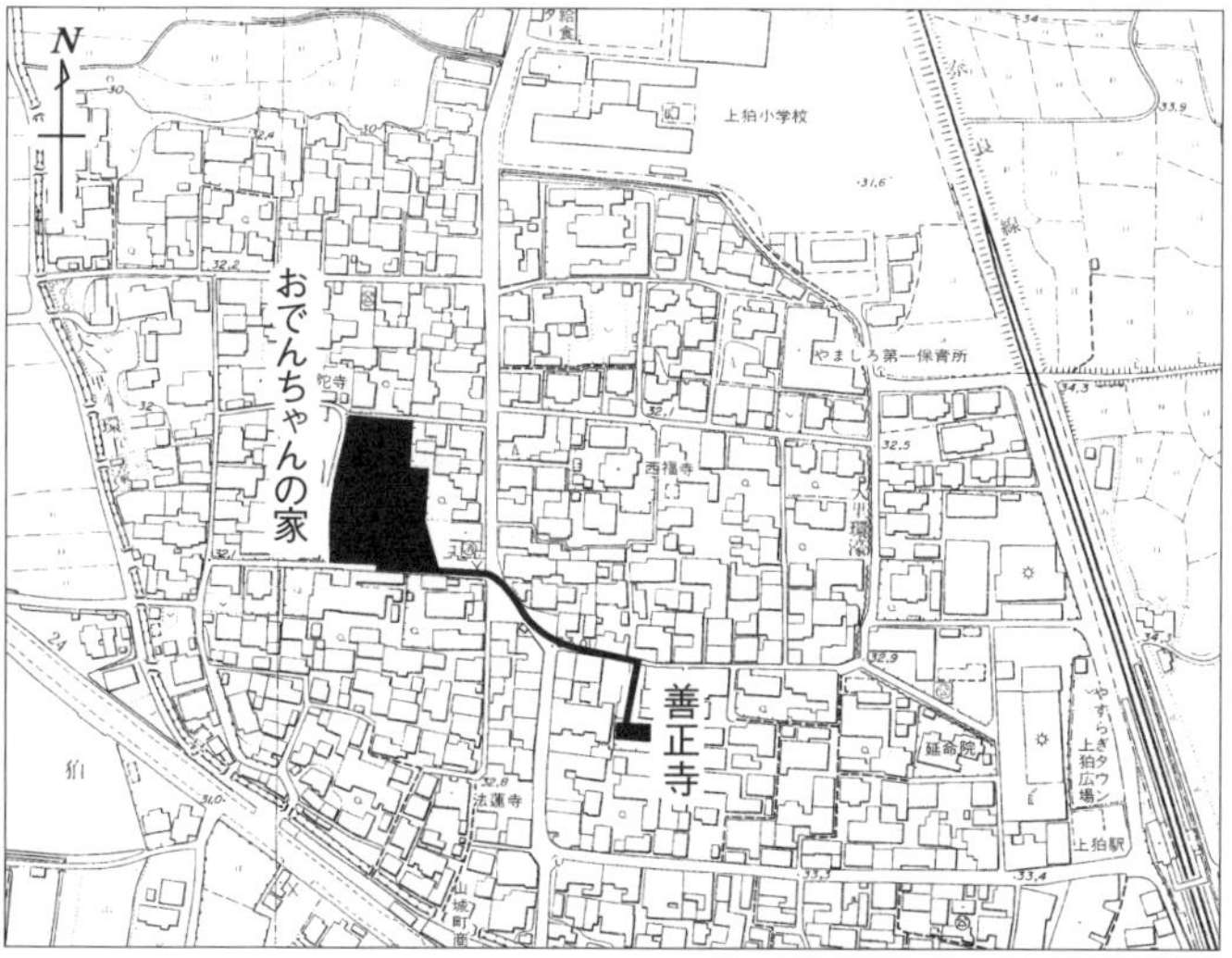

15✣買い食い禁止

㊺**解読**

一、見世店ニ而買喰致候儀、言語道断見苦敷候、急度可レ被ニ相嗜一候（ひとつ、みせだなにてかいぐいいたしそうろうぎ、ごんごどうだんみぐるしくそうろう、きっとあいたしなまるべくそうろう）

文意

ひとつ、帰り道に店に立ち寄って買い食いをすることはとんでもないことであり、見るに耐えないことである。絶対に慎まなければならないことである。

部活動や行事の準備で遅くなってお腹がぺこぺこ、校則ではいけないことになっているけれど途中でコンビニにでもよってパンやおにぎり片手に下校…という姿はよく見かける光景です。それを「見苦しい、情けない」と見るおとなより「しょうがないか、若いということはお腹がすくことだ」と見る物分り（あきらめ）のいいおとなの方が現代は多いかもしれません。

寺子屋の帰り道にもそういう「見世店」（常設の小売店）があり、寺子たちが寄り道していたことがこの文章からわかります。それを師匠は「言語道断見苦敷候」と述べ、絶対禁止（急度嗜）にしています。しかし、この条項が存在していること自体からみて、他の例に漏れず現実は師匠にとってかなりやりにくいもの、思う通りにはならないものだったと思われます。それにしても、㉘の「壱文之銭」も「持参有間鋪候」は守られていなかったらしいことが、ここからもわかります。

字を見てみましょう。

近世文書では「くちへん」のある「喰」もよく出てきますので覚えておいてください。「言語道断」はわりに読みやすかったでしょうか。「語」の右上部分は、「五」のくずしの筆順がわかるきれいなくずしです。「断」も典型的なくずしで頻出の字ですので覚えてしまいましょう。筆が止まっている「候」が、二か所ありますね。「急度可レ被二相嗜一候」の箇所は、㉕のとまったく同じパターンで、くずしが少しずつ違いますので見比べてみてください。

㊻解読　**附り、子共の談義参り薬師参ニ騒動いたし候儀、可レ為ニ無用一事**（つけたり、こどものだんぎまいり、やくしまいりにそうどういたしそうろうぎ、むようたるべきこと）

文意　**付け加えての注意、説法を聴きに寺社に参詣したり薬師参りをしたりする時に、大騒ぎしないようにしなければならない。**

「談義」はこの場合「経典や法義を説く説法や問答」のことで「談義参り」はその「談義」を聴く目的で寺社に参詣することを意味します。「子共の談義参り」ですから、こどもにもわかりやすいように丁寧に仏教の教えを説き聞かせてくれたのでしょうね。

字はどうでしょう。ほとんど既出の字のようですね。だいぶ慣れていただけたでしょうか。は「にんべん」がない方の「義」、は「にんべん」のある方の「儀」です。㊻には、ちょうど両方出てきています。同様に、とくずし方の多少違う「参」が二つ出ていますので、見比べられてちょうどいいですね。

「薬」は「くさかんむり」に「楽」のくずしです。「動」も「重」と「力」が見てとれます。

ちょっと確認

［見］［語］［断］［義］［薬］

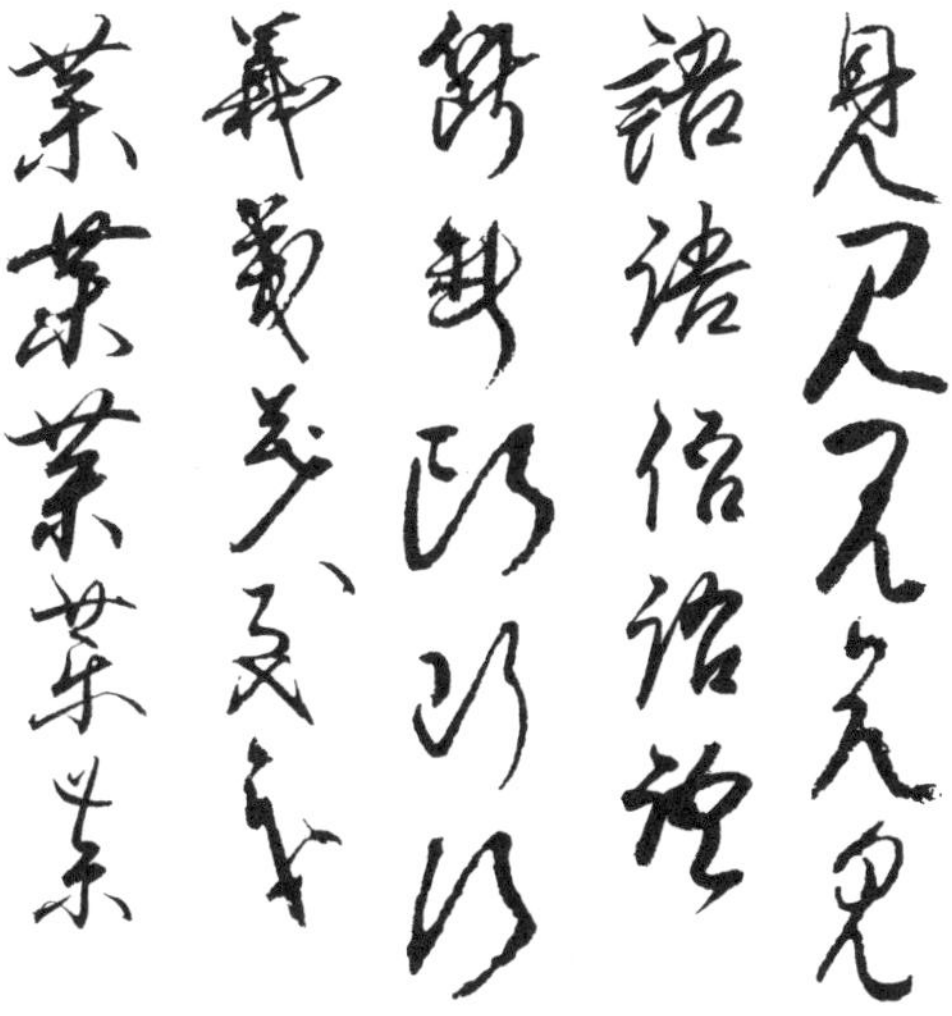

古文書の背景⑩　古川柳

江戸時代の川柳のなかには寺子屋を題材にしたものが多くあり、十七文字のなかに多くの情景が織り込まれています。先ほどは「八つ下がり」に関する句をみましたが（四六頁）今度は寺子たちのいたずらのようすをいくつか拾ってみましょう。

出典は①は『誹風柳多留』、②～④は『川柳評万句合勝句刷』からです。

①薄墨の外へ気の散る手習子

心ここにあらずで、いつまでたっても墨が濃くならないのでしょうね。善正寺のお師匠さんは「墨薄ク」書くのは「反古同時ニ候」と述べていました。

②師の影を七尺去ると人形書き

「七尺去って師の影を踏まず」を、もじったものですね。

③手習子畳の墨に境論

史料の「畳ニ墨を付」に符合しますね。どちらが飜ばして畳に付けた墨かで、友達同士が口論を始めたのでしょう。

④師匠様客を戻して叱りに出

「客来在之候時、雑言并高声ニ時花小歌之類」を歌っていたのでしょうか。お客様をかえした後、手習い子たちは注意を受けています。

16 ✣ 他所の手習いこどもとの争論禁止

㊼ **解読** 一、他所之手習子共と出合（ひとつ、たしょのてならいこどもとであい）

文意 **ひとつ、ほかの手習所に通っているこどもたちに往来で出会って**

今ならさしずめ「他の学校」「他の塾」「他の予備校」の生徒と道や駅で会って…といったところでしょう。

近世の山城町域には十一の手習所があったことが確認されています。おでんちゃんの住む上狛地区に三か所、綺田・平尾・椿井にそれぞれ二か所、神童寺と北河原にそれぞれ一か所の寺子屋がありました。いずれも師匠は男性で僧侶が五人、医者が二人、神官・農民・郷士・職人が各一人。いずれも何らかの職業を持ちながら師匠を兼ねていたことがわかり、村の教養人の奉仕的な性格が強かったのでしょう。史料的に裏付けられるこの地域の最も古い寺子屋は、おでんちゃんの通っていたこの「善正寺」ということになります（以上『山城町史』）。

その「善正寺」の師匠が「他所之手習子共と出合」と言っているのですから、この史料が書かれた宝暦期のこの農村に、すでに寺子たちの通学範囲内に複数の手習所が存在していたと考えて妥当でしょう。庶民教育の普及と高まりがここにおいても感じられます。

さて、字を見てみましょう。は「所」のくずしです。同じ「ところ、しょ」でも⑭や⑮で見た「処」や「䖏＝處」とは、音は同じですが違う字ですので区別してください。「所」は頻出文字ですので**ちょっと確認**で、他のくずしもぜひ覚えてください。は「与」のくずしで、助詞の「と」として使っています。「茂」→「も」の場合と同じように、ひらがなの「と」で筆写します。

㊽ **解読**　**我師匠ヲ誉、他之師を誘り、訳もなき諍論有ㇾ之間鋪候**（わがししょうをほめ、たのしをそしり、わけもなきそうろんこれあるまじくそうろう）

文意　**自分の師匠を誉めて自慢し、相手の師匠の悪口を言ってけなし、わけもない言い争いをしてはいけない。**

自分の先生の方を自慢しているというのが、何ともほほえましくかわいく好感がもてますね。「訳もなき」というのは「論拠もなければ何の益にもならない」言い争いのための言い争い、といった意味でしょう。「諍論」は「争論」と同意と考えてください。

字を見てみましょう。「我」は、㊶の「怪我」の「我」と同じくずしです。ここではほとんどくずされていませんが、非常にむずかしいくずしもありますので、うしろのちょっと確認を是非見ておいてください。「誉」のなかには、「言」のくずしが見えます。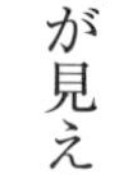「他」は㊼のよりだいぶくずれた形ですので、見比べることができますね。

「なき」の元の漢字は「奈起」です。「起」と「記」は両方とも「き」になりますが、「そうにょう」と「ごんべん」の違いを見るのにここはとてもいいですね。「ごんべん」のきれいなくずしが四つ並んでいますので「謗」、「訳」、「諍論」に注目してください。それに対しては「そうにょう」の「起」です。「記」ならとなります。

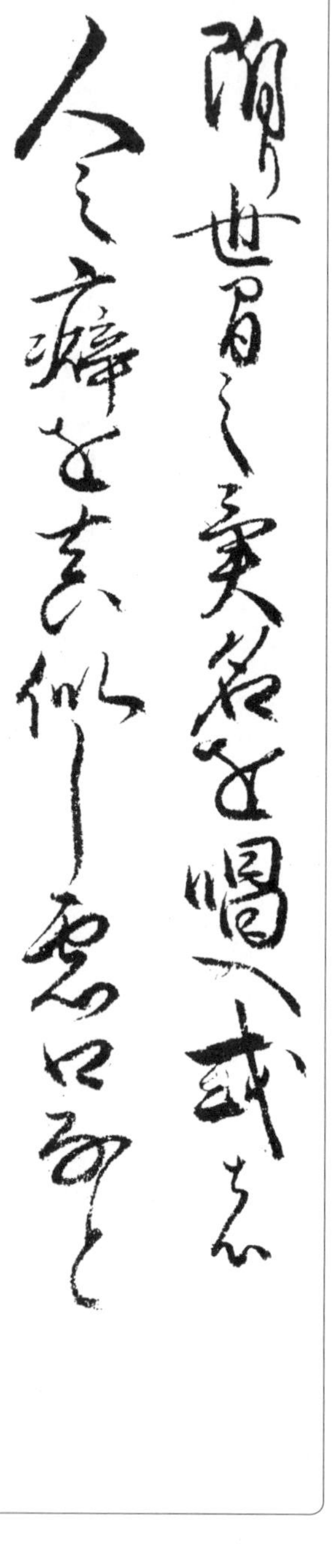

㊾ **解読** **附り、世間之異名を唱へ或者人之癖を真似し悪口など、被レ致間鋪事**（つけたり、せけんのいみょうをとなえ、あるいはひとのくせをまねし、あっこうなどいたされまじきこと）

文意 **さらに注意しておくが、あだなで呼んだり、他人の癖をまねして悪口などを言うのは、してはいけないことである。**

「異名」とは本来の呼び名に対する別名のことですが、この場合「あだな」ととるのがいいでしょう。「世間之異名」で、「その人がみんなから呼ばれているあだな」といった意味ですね。本人が嫌がっているあだなで呼ぶことはその人を傷つけることであり、いつの時代にも許されることではありません。ましてや、友達の癖をまねしてからかう、などということは、師匠ならずとも「言語道断」と言いたくなりますね。ここでも、こどもたちひとりひとりの性格、行動、友達関係を丁寧に見て指導している師匠の目を感じます。

くずし字は、ほとんど既出の字になってきました。初見の字も漢字の部分や文意から推測していただけるようになってきたのではないでしょうか。ここでは「異」がむずかしいですね。「異」は、「吴」をはじめいろいろな異体字で出てきます。は「癖」ですが「やまいだれ」がきれいに書かれていますね。は「真似」。「真」は⑳の「鎮」、㉙の「慎」の旁に見られます。「似」は㉞の

「不二似合一」の「似」です。

ちょっと確認

[他]　[所]　[出]　[我]　[有]　[異]

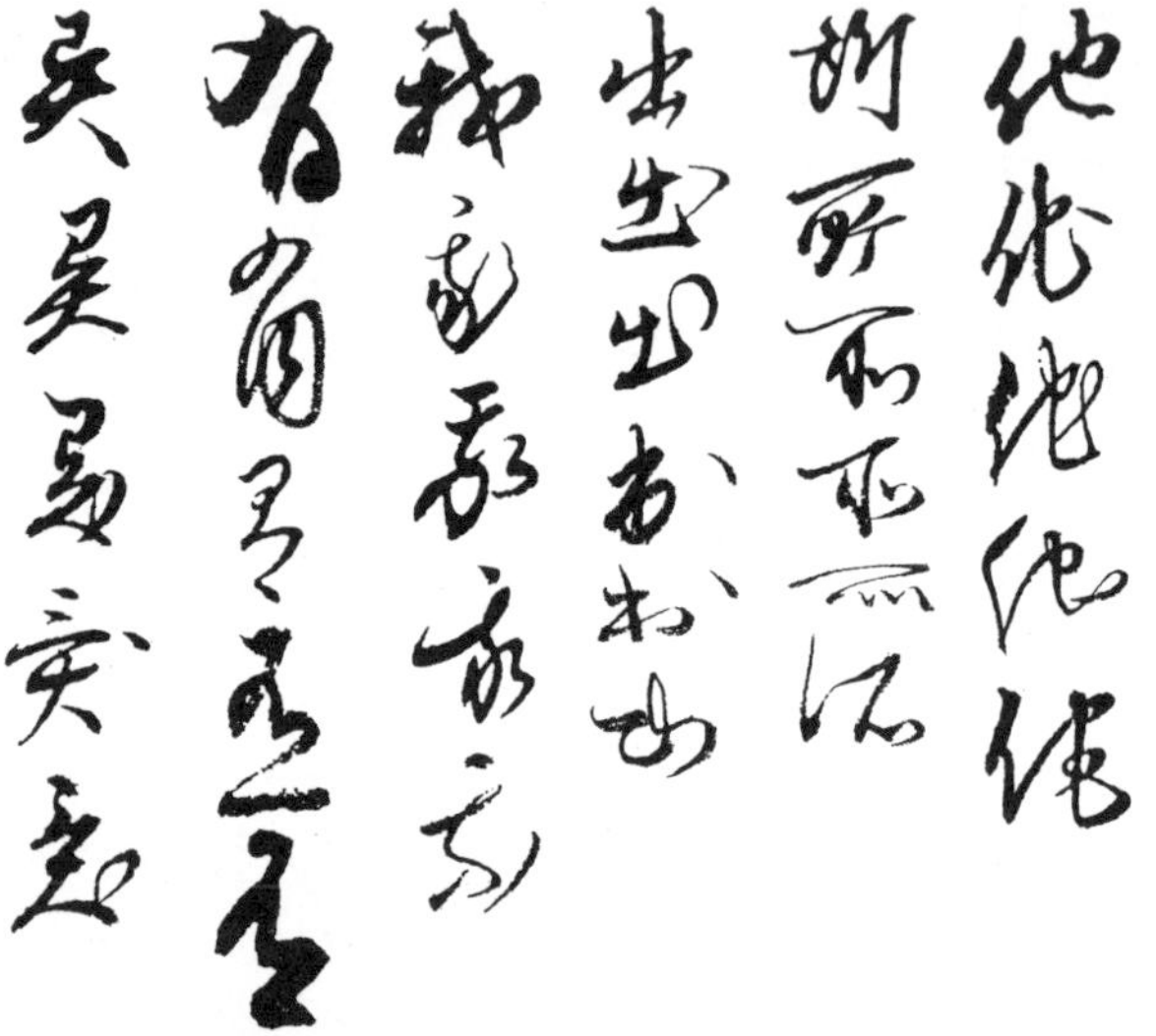

現在の上狛に残る環濠

17 ❖ 規則を守り勉学に励むこと

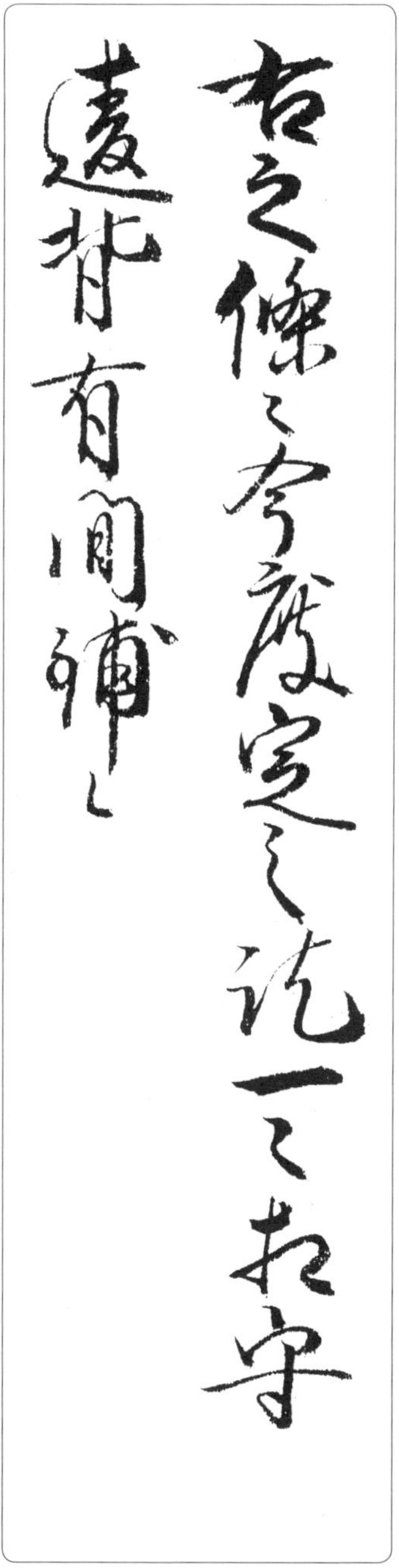

㊿ **解読** 右之條々今度定レ之訖、一々相守違背有間鋪候（みぎのじょうじょう、このたびこれをさだめおわんぬ、いちいちあいまもり、いはいあるまじくそうろう）

文意 **以上右に述べてきた条項を、このたび定めるものである。一つ一つの決まりをしっかり守り、違反しないようにしなければならない。**

ここからは、まとめの部分。前段までの「一つ書き」十五か条の教えを守り、きちんと実行するようにと諭しています。

は「右」。きれいなくずしですし、ここでの筆順は現在と同じですので迷わないと思います。しかし、意外に「右」「左」が似ていて見分けにくいケースが多いのです。その時には、「右」の「口」の部分は平たくうすく一直線に近くなるか、縦棒が入っている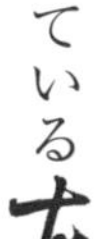。それに対し

て「左」は「エ」の部分がかなり右上がりで大きい左。これでほとんど判別できます。江戸時代の人名には右衛門、左衛門のパターンが多いですので、「右」と「左」の読みわけが必要になってきます。

定「定」は、近世文書頻出の文字です。きれいなくずしですので目に焼き付けておいてください。訖は「訖」。「ごんべん」に「乞」のくずしですね。「おわんぬ」と読んでください。漢文体の文末でよく出てきます。一々はこれで二文字。「一」と踊り字「々」が書いてあると見てください。遠は「違」の異体字「遠」のくずしで「麦」に「しんにょう」です。「違」はこの異体字「遠」のくずしが基本の形となりますので、是非覚えましょう。

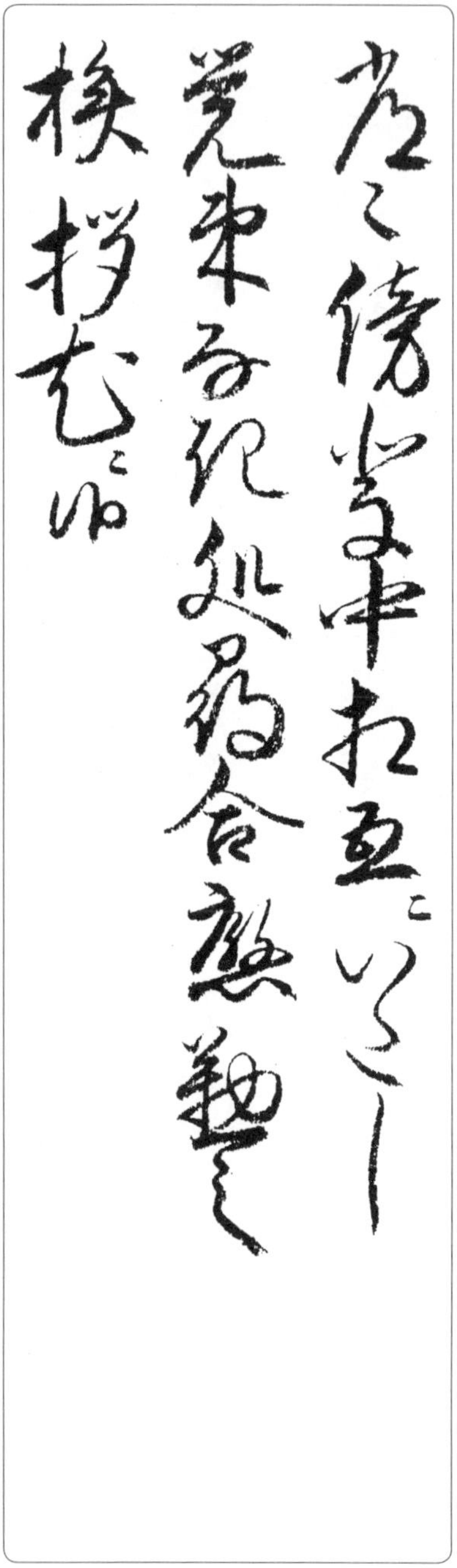

51 解読

常々傍輩中相互ニいたし、覚束なき処尋合、慇懃之挨拶尤ニ候（つねづねほうば

いちゅうそうごにいたし、おぼつかなきところたずねあい、いんぎんのあいさつもっともにそうろう）

文意

普段から友達同士助け合い、あやふやな知識は尋ねあって教えあい、お互いに丁寧で親しい受け答えをすることが肝要である。

これは㉝の「相傍輩者兄弟之親ミに候間、平生相互ニ致シ」に対応しますね。そして⑭で述べている「師匠并兄弟子」を頼るだけでなく、友達同士でも学習について尋ね合いなさい、としています。その際「親しき仲にも礼儀あり」、お互いに心のこもった応答をするように、と師匠は念を押しています。

字を見てみましょう。は非常にむずかしいですが、「常」のくずしの典型的なものですので覚えてしまいましょう。「奈起」→「なき」は㊽見たのと全く同じですね。「尋」は久しぶりに出てきましたが、だいじょうぶだったでしょうか。⑰や㉓で確認しておいてください。「慇懃」もむずかしい字ですね。両方とも「したごころ」が見えます。「懃」の方の「したごころ」は横棒になってしまっています。それぞれ上部は「殷」「勤」のくずしです。「挨拶」の方は、あまりくずれていませんので読めそうですね。

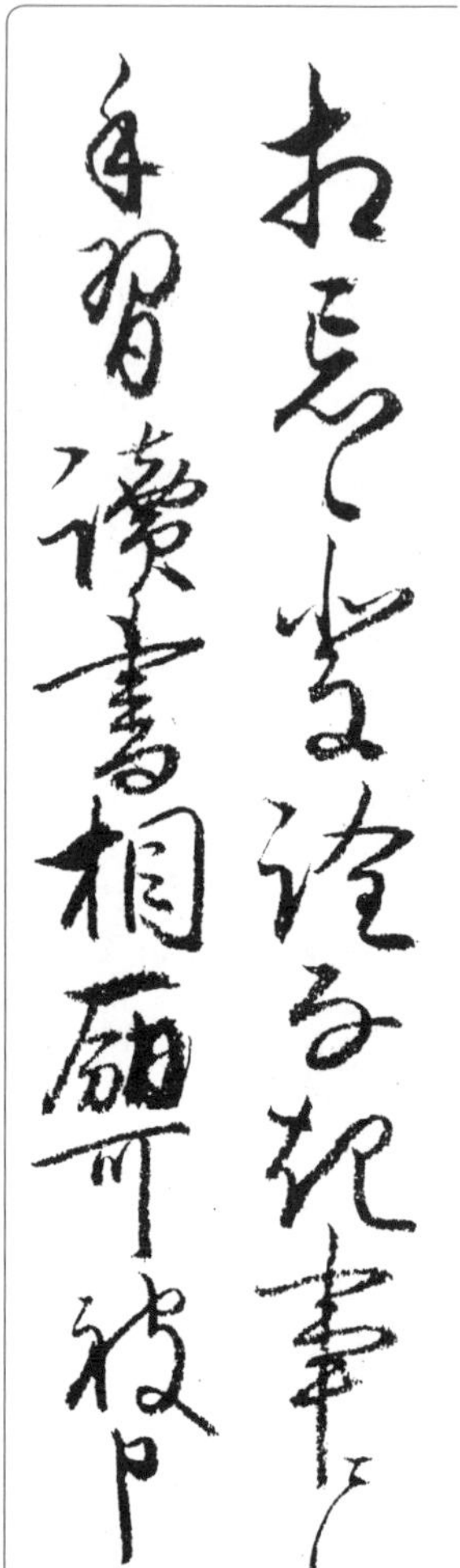

52 **解読**

年月を重ね習候文才相忘候輩、詮なき事ニ候間、随分手習読書相励可レ被レ申者也（ねんげつをかさねならいそうろうぶんさい、あいわすれそうろうともがら、せんなきことにそうろうあいだ、ずいぶんてならいよみかきあいはげみもうさるべきものなり）

文意

せっかく何年もかけて習得した能力や知識を忘れてしまう者がこのなかから出ることは、無益で残念なことであるから、手習いや読み書きにしっかり励んで努力するべきである。

さあ、いよいよ結びの文です。師匠が一番言いたかったことは「手習読書相励可レ被レ申者也」なのですね。しっかり勉強して身につけなさい、努力を怠って忘れてしまっては何にもならないですよ、と語りかけています。十五か条のなかに述べられていたあらゆる「形儀」作法も心構えも、この一点（手習い読み書きに励む）に結びつくのですね。

字を見ましょう。の は、「子年（ねどし）」の「子」で、「ね」とかな読みしています。

「忘」は⑮⑰でおなじみですね。「輩」も「傍輩」で何度も出てきましたが、一文字では㉜で見たように「やから」「ともがら」と読みます。

「詮」は初めてですが、「ごんべん」に「全」のきれいなくずしですね。「励」は、「力」部分を珍しく少し書き損じたようですが、読めますね。「者」は、ここでは「もの」と読み、助詞の「は」ではありませんので、大きく書きます。

最後の「也（なり）」はとてもきれいな字ですが、いろいろなくずしの「也」を**ちょっと確認**にあげておきましたので見ておいてください。

㊼ **解読**　酉十一月　善正寺（とりじゅういちがつ　ぜんしょうじ）

文意　**酉年の十一月にこれを書いた　善正寺**

この文書の裏表紙には「宝暦五乙亥歳　正月吉辰　淺田氏女傳」と書かれています（三六頁）。なぜ、裏表紙の干支と、ここの干支が違うのでしょうか。

宝暦五年は前述のように西暦一七五五年。今からちょうど二百五十年前で、表紙に記載されたとおり亥年に当たります。この年の正月吉辰（めでたい日、吉日）に、おでんちゃんは「三十六歌仙」の歌の手習いを始めたのでしょう。「淺田氏女傳」の「女」は「むすめ」と読みます。

それに対して「可二相守一條々」の最後に記載された「酉」は、その二年前の宝暦三（一七五三）年の酉年と思われます。この年に善正寺の師匠は寺子屋の規則を定めた（㊿の「今度定之訖」）。そして、何部も書いておいて寺子たちに「手本」をあたえるたびにその後ろに綴じこんだ、あるいは現在使っている「手本」に綴じこませた、と考えられます。

いずれにせよ、二百五十年前のテキストから師匠と寺子たちの様子が生き生きと伝わってきたのは、何とも興味深く本当にうれしい限りです。

ちょっと確認

[右] [左] [定] [違] [常] [也]

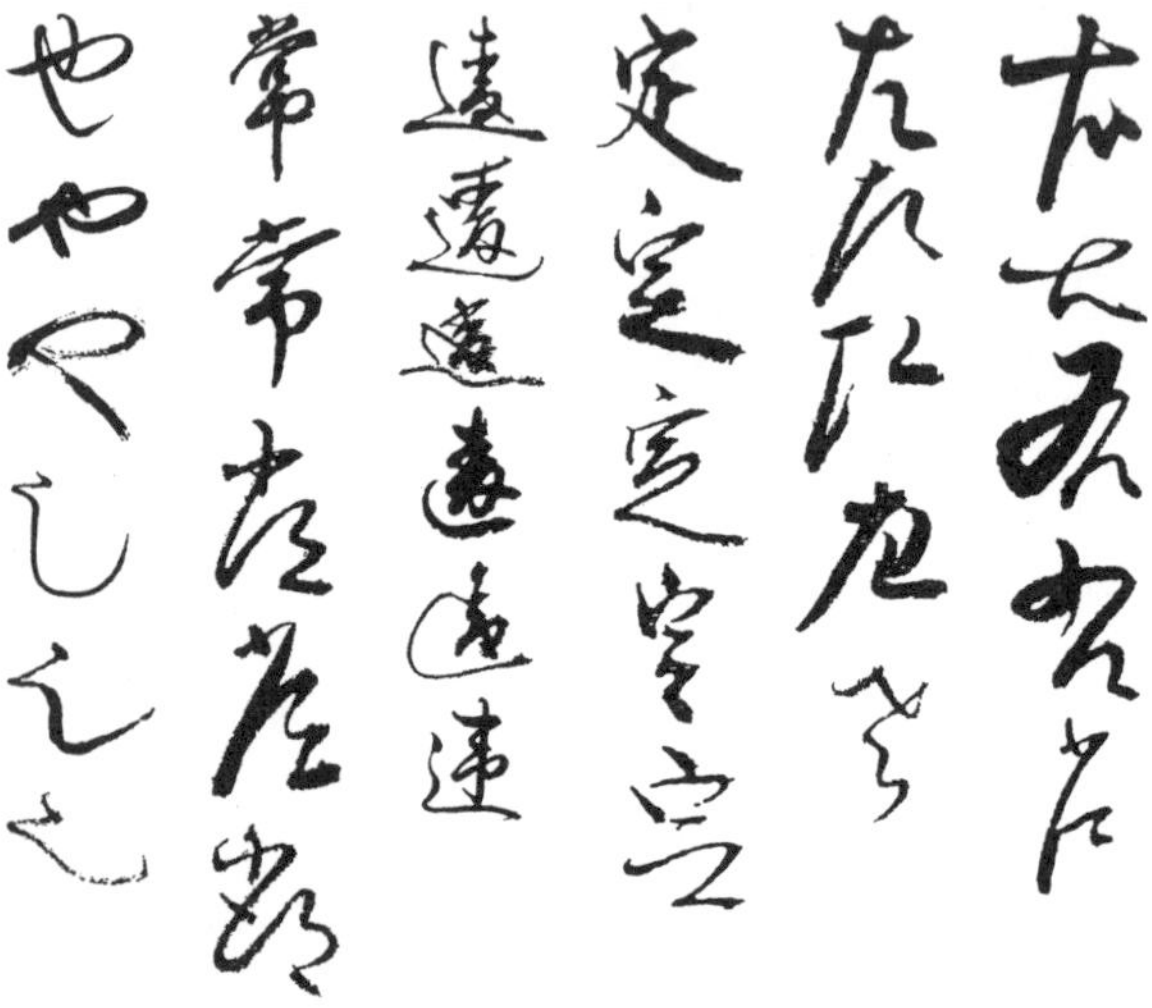

長屋門が向かいあう現在の淺田本家と南家

古文書の背景⑪ 現在の山城町上狛

淺田傳ちゃんが住んでいた地域は、現在の京都府相楽郡山城町上狛にあたります。京都府の南部にあり、木津川を渡った隣町の木津町までは京都府ですが、その南は奈良県です。

江戸時代には、奈良の古市（現、奈良市古市町）に藤堂藩の城和奉行所があり、上狛地域はその支配を受けていました。

淺田家の現ご当主は、淺田周宏（かねひろ）氏。山城町ふるさと案内人の会会長、山背古道探検隊のメンバーなどとして、地元山城町の文化財の保護と紹介に熱心に取り組んでいらっしゃいます。

二〇〇四年十月三十一日に実施された第三回山城町散策会「狛の里をあるく」には、近畿圏のみならず関東からの参加者も含めて百二十名余りが参加し、案内人の会の皆様や山城町教育委員会の方々のお世話で、数多い山城町の史跡のなかの数か所をまわりました。

小林家（禁裏増御料林村庄屋）の現ご当主小林凱之（よしゆき）氏から、国の重要文化財に指定されている「小林家住宅」（現在お住まいのお家）を案内していただきました。

天竺堂一号墳、府立山城郷土資料館、高麗寺跡、泉橋寺でも、案内人の方々から詳しく説明していただき、山城茶問屋ストリートでおいしいお茶をいただいて、山城の茶業についてのお話も聞きました。大里（上狛）環濠集落には、今でも南側と西側の濠や、大井戸、郷井戸が残っていました。

なかでも、環濠集落内にあり道をはさんで長屋門がならぶ淺田本家と南家、真言宗観流山善正寺を訪れることができたのは本当にうれしいことでした。この道を通って、おでんちゃんが善正寺に手習いに通った…。その二百メートルほどの道を歩きながら、二百五十年前の情景が古文書の文章とともに目に浮かんできました。

18✣おでんちゃん(淺田傳)の寺子屋規則の全文

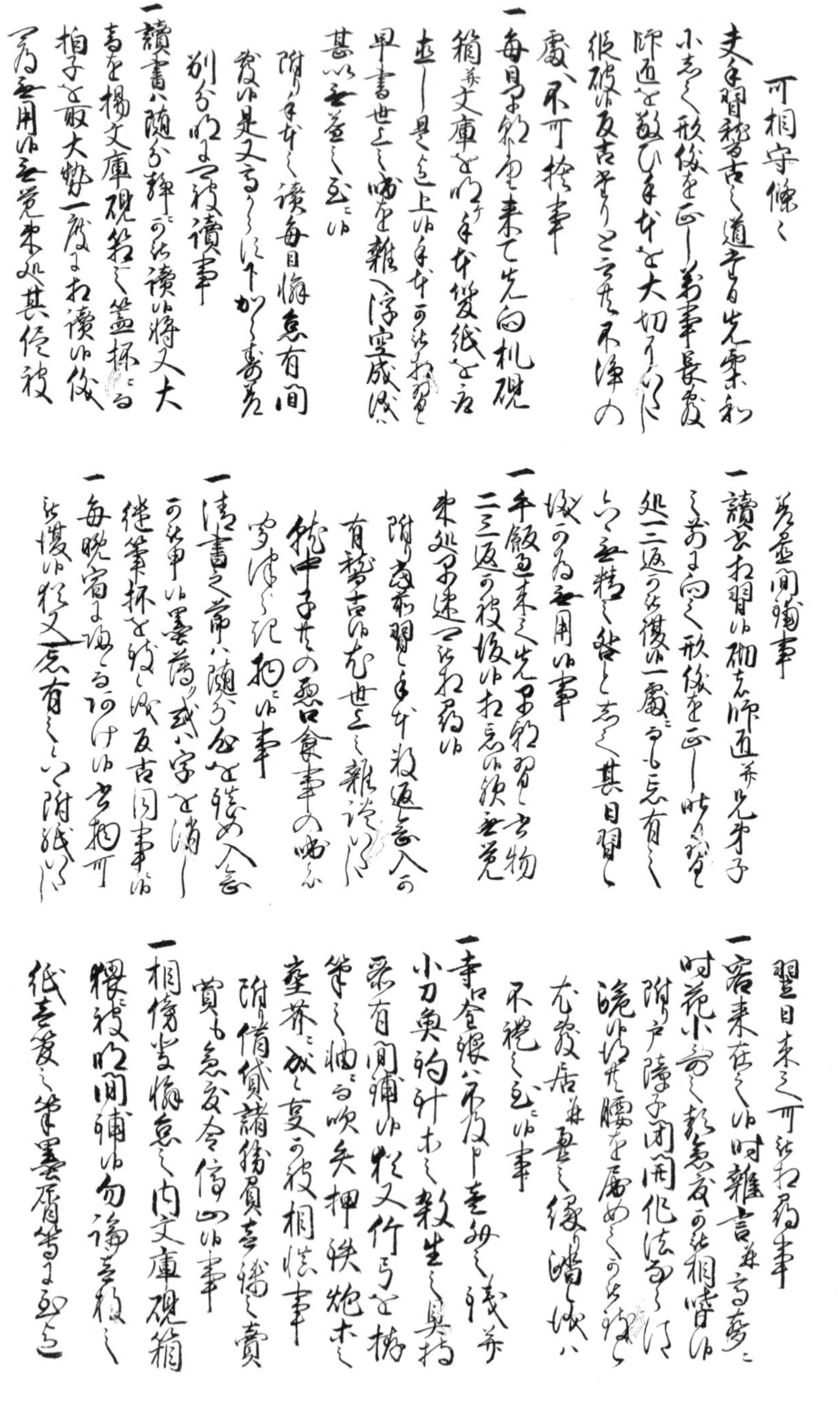

取遣之輩ハ令吟味急度可
付事
一　於傍輩者先方之親ニ不限有之
生於互ニ致喧嘩口論ハ不申
及腕押枕引ゟ之児童ニも
似合仕業決而無之限ニ候
附り　往来之道筋ニ而石打合
水掛合ニ撲打擲抔之儀ハ
極悪之事ニ候事
一　清書書習候紙を切人形細
工等致有之候或ハ畳ニ墨
を付并ニ壁を汚し障子を破り之
儀ハ甚以不届之至ニ候事
一　火用心第一之所ニ而当所之内火
燵并ニ袖炬之火桶大切ニ可致候

附り　其己之時分水遊ニ参候事
往来之甚候諸所へ立ち不越候事
一　三度之食事ニ并ニ朝前ニ遊ニ参
事之様ニ可致候得共文筆不及
於雪駄木履傘等迄不
粗相ニ可致事
一　凡世話ニ當賃食致候言語
道路見苦敷と急度可相心得候
附り　子共の読書并素師匠ニ
勤むる候儀可為無用事
一　他所之手習子共ニ出合我師匠ヲ
誉他之師を謗り試ニ及口論
有之間敷
附り　世間之実名を唱へ或ハ
人之癖を真似し悪口等之
可被相備事
右之條々今度定之候一々相守
違背有間敷候之旁之傍輩中
於互ニ以之し見聞次第所相合
懇勤之様ニ拵ニ候年月を
重子習候文字ニ至而者諸而
記事之有余ニ手習読書相
励可被申者也

酉十一月

善右手

第二章

白木屋友八の荷物持ち逃げ事件

天保十五（一八四四）年――おでんちゃんが善正寺に通っていたころから九十年後――、白木屋（しろきや）の江戸日本橋店（えどにほんばしだな）に奉公している友八は十一、二歳。故郷の近江から江戸に出てきて、御店奉公（おたなぼうこう）を始めたばかりです。第二章の主人公は、この友八です。

友八がどんな事件を起こしたかを見る前に、まず白木屋のお話をしておきましょう。

白木屋の当主は代々大村彦太郎を名乗っています。初代大村彦太郎可全は近江長浜の生まれで、慶安期の末（一六五一年頃）に京都で材木商を始めました。京都・大坂・伏見・大津・長浜などに材木を販売し、かたわら木綿類や日用品の商いをしていた彦太郎は、明暦二（一六五六）年になると江戸とも材木取引をするようになります。

そして、寛文二（一六六二）年には江戸日本橋通三丁目に、きせる・扇子・簪（かんざし）・櫛（くし）・笄（こうがい）などの小間物を扱う日本橋店を出しました。さらに、寛文五年には通一丁目東側に店を移転します。扱う商品も寛文八年ごろから呉服物を徐々に増やしていき、十組問屋のなかでも中心的な役割を果たした通町組のなかで大呉服商に成長していきました。

幕末期の甚だしい経営悪化を乗り越え、明治期には三越呉服店と覇を競い、のちには東急百貨店日本橋店に引き継がれ、一九九九年一月三十一日に閉店するまでこの地に根をおろしていました（東急日本橋店の閉店の時には、「これで白木屋の歴史も幕を閉じるのか」と、本当に感慨深いものがありました。当時中学生だった娘と、閉店セールに行ったのを思い出します）。

この白木屋日本橋店には多くの古文書が残されていて、その一部が東京大学経済学部図書館文書室に所蔵されています。その「白木屋文書」のなかのひとつ『明鑑録』に、友八は登場します。

『明鑑録』東京大学経済学部図書館文書室所蔵

『明鑑録』は、天保十（一八三九）年から安政六（一八五九）年にかけての史料で、分厚い五冊の帳面です。白木屋日本橋店の奉公人のなかで、何らかの不正を働いた者を取り調べた記録で、百二十件ほどの事例が読み取れます。その百二十分の一、友八のケースから、大店（おおだな）の奉公人の姿を見ていきましょう。

くずし字は、第一章のおでんちゃんの寺子屋規則より、かなりむずかしく感じられるかもしれません。でも、だいじょうぶです。新しく出てきたくずし字を中心に丁寧に解説していきますので、少しずつ慣れていってください。なお、古文書の原文は区切りなく続いていきますが、適宜区切って見出しをたてながら読んでいきます。また、古文書の背景になる知識があると、より興味深く史料を味わうことができますので、随時 **古文書の背景** を織り込んでいきます。こちらもお楽しみください。では、「友八の世界」にご案内します。

1✣台所初年目、友八

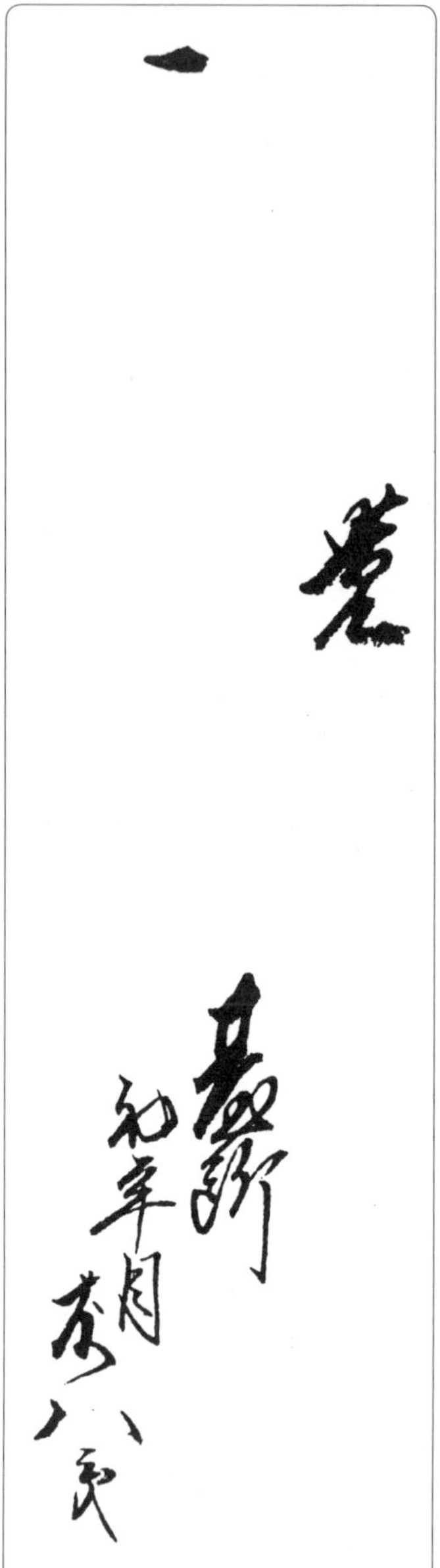
覚
一、台所初年目　友八義

①解読　**覚　一、台所初年目　友八義**（おぼえ、ひとつ、だいどころ　しょねんめ、ともはちぎ）

文意　**覚え書きとして書き留めておく。ひとつ、台所衆として奉公し始めて一年目の友八のことについてであるが**

『明鑑録』の記載の形式は、百二十件ともほぼ同じで、書き始めはこのように「覚（おぼえ）」「一、（ひとつ）」に続いて「入店後の年数」「奉公人名」が書かれています。

「台所」というのは、友八の役目・仕事内容を表わしたことばで「台所衆」を意味しています。「台所衆」は「男衆」とも呼ばれ、下男奉公人のことです。江戸日本橋店には女性の奉公人はいませんので、台所仕事もすべてこの「台所衆」「男衆」の男性奉公人がおこないます。そのほか、荷物の運搬をしたり使いに行ったりなど、店の内外でいろいろな雑用をこなしていました。

友八はその「台所衆」のひとりで、勤め始めて初年目、というわけです。

白木屋の奉公人は、すべて京都の本店（ほんだな）で採用されます。「口入（くちいれ）」という仲介周旋人を経て、十一～十二歳ごろ雇い入れられますので、初年目の友八もほぼそのぐらいの年齢と考えられます。

さて、くずし字を見てみましょう。「覚」は旧字体「覺」のくずしです。下の部分に「見」のくずしが見えますね。「台」も同じく旧字体の「臺」のくずしが書かれています。下の部分は「屋」に似たくずしになっています。

友八の「友」が、意外と難しいかもしれません。この文書のなかにはこれからたくさんこの「友」が出てきますので、是非覚えてください。は「義」。「にんべん」がないほうの「ぎ」で第一章でも出てきましたね（一〇一頁）。

では、この友八に何が起きたのか、読み進めていきましょう。

ちょっと確認

［台］

［友］

古文書の背景⑫ 本店（ほんだな）と江戸店（えどだな）

白木屋の本店は江戸時代を通じてずっと京都にあり、主人の大村彦太郎家が京都を離れることはありませんでした。白木屋に限らず、伊勢商人や近江商人の場合も同様で、大店（おおだな）の場合には伊勢や近江に本店を置いたままで、江戸はあくまで出店（でみせ）のひとつ、というのが江戸時代のありかたです。現在なら東京本社に関西支社というのが一般的でしょうが、まったくその逆なわけです。

上方は経済力の優位性はもちろんのこと、特に繊維関係の部門では、練（ねり）・染（そめ）・張（はり）などの仕上げ加工技術でも京都を中心に高い技術を持っていましたので、呉服問屋は仕入れのためにも京都に本店を置いたほうが有利でした。伊勢松坂出身の三井越後屋も京都に本拠地を移しています。

白木屋は本店を京都に構えたまま、大消費地である江戸に出店を出すわけですが、その支店のことを江戸店（えどだな）と呼びます。そして白木屋や三井越後屋は「江戸店持京商人（えどだなもちきょうあきんど）」と呼ばれていました。

白木屋の江戸店は、日本橋店、市谷店、富沢町店、馬喰町店、の四店でした。なかでも中心になっていたのは友八が奉公していた日本橋店です。

日本橋店は、寛文二（一六六二）年に開業してからしばらくは、支配人一人、手代十四人、男衆四人の合計十九人の構成だったと思われます。しかし、店の規模が拡大されるにつれて、支配人の数を二人から三人、四人と増やし、奉公人全体の人数も増やしていきました。

元文元（一七三六）年には、支配人四人、手代五十三人、若衆九人、子ども十四人、男衆十四人の総計九十四人でした。天明期（一七八一～八八）には、百九十人ほども奉公人がいました。

名所江戸百景の白木屋　安藤広重筆（『白木屋三百年史』より）

2✣高輪七丁目まで逃げた友八

②**解読**　**過ル十七日朝四ツ時ゟ、勘右衛門殿供ニ参り**（すぐるじゅうしちにちあさよつどきより、かんえもんどののともにまいり）

文意　**去る十七日、午前十時ごろから勘右衛門殿のお供としてついて参って**

「過ル十七日」と書いてありますが、これがいったい何年の何月十七日のことか、を知るためには、この文書の一番最後の日付を確認する必要があります。二二六頁に「天保十五（一八四四）年九月」と記載してあることと、本文を読んで途中で月が変わっていないことから、これは「天保十五年九月十七日」のことだとわかります。「朝四ツ時」は第一章で見たように（四五頁）午前十時頃を指します。

「勘右衛門」は、白木屋の手代だと考えられます。前に述べたように「台所衆」の友八の役目のひとつに「荷持ち」があります。手代があちこちのお得意様をまわる時に、荷物をしょってお供するのです。それが「勘右衛門殿供ニ参り」の意味です。

くずし字を見てみましょう。は「過」。ひらがなの「る」に似た形に「しんにょう」がついています。第一章でも出てきましたね（四四頁）。この場合のようにカタカナの「ル」を送った「過

ル」という書き方でよく出てきます。

はカタカナの「ツ」。くるっと丸まった形に点ひとつ。このくずしでよく見かけます。はこれ一文字で「より」と読みます。「よ」と「り」の合字（ごうじ）です。現在はあまり見かけない字ですが、近世文書ではよく出てきますので覚えてしまいましょう。

「勘右衛門」の「右衛門」の部分に注目してください。この文書の最後の方にも「右衛門」パターンがいくつか出てきます。「門」はひらがなの「つ」を大きくしたような形になります。なお、「勘右衛門」と書いて、一般的に「かんうえもん」とは読まず「かんえもん」と読みます。

は「殿」です。この形が典型的なくずしです。は「にんべん」に「共」のくずしがついた「供」ですね。その右下は少し虫食いになっていますが、カタカナの「ニ」があると見るのが、字形からいっても文脈からいってもよさそうですね。

朝（二四頁）、時（六二頁）、参（六九頁）、は第一章のそれぞれのページを参照してください。

ちょっと確認

［右衛門］

［殿］

［供］

古文書の背景⑬ 江戸店奉公人の採用と昇進

先ほどお話しましたように、白木屋日本橋店の奉公人は、すべて京都の本店で採用されて、親元を離れて江戸に下ります（一四六頁、奉公人江戸下りの図参照）。大村彦太郎の出身地の近江長浜近辺から、口入の仲介を経て雇い入れられることが多かったようです。

十一～十二歳で店に入った奉公人たちは、はじめ「子ども」と呼ばれます。五年ほどして元服すると「若衆（わかいしゅ）」と、呼ばれ、入店後九年目の初登りを経てから「手代」として認められるようになります。

このように、まじめに奉公していて年数さえたてば平手代になれるのですが、その後の昇進は各自の能力や適性によるものだったようです。

小頭役、年寄役、などを経てから就く江戸店のトップは、支配役あるいは支配人、支配役人と呼ばれましたが、平手代になってからそこまで登り

つめるのは、大変なことでした。支配役は江戸店の責任者であり、京都の本店との書状のやりとりを頻繁にしたり、決算書類を本店に持参するなど、京都との連絡を密にとっていました。

友八のような台所衆の場合には、子ども→若衆→手代というステップの踏み方はしません。最終的に「台所頭」という台所衆の統括をする役があるだけです。一般の奉公人とは別の系統の奉公人である、と言えます。採用についても、やはりほとんどは近江で雇い入れられてはいますが、江戸での中年奉公や短期雇用の採用がごく一部に見られました。友八の場合は、この史料の後ろの方からわかるように、近江で採用されています。

ともに近江出身、そして十歳以上は年齢が離れているであろう手代の勘右衛門の後ろから、重い荷物をしょって友八がついて行く、そんな姿を思い描きながら古文書を読み進めましょう。

白木屋　明治時代（林玲子『江戸店の明け暮れ』より）

③解読　長州様、板倉様、下ケ物脊負、一同日比谷御門外迄参り（ちょうしゅうさま、いたくらさま、さげものせおい、いちどうひびやごもんそとまでまいり）

文意　**長州屋敷と板倉家屋敷からの帰りに反物などが入った荷物を（友八が）背負って、二人で日比谷御門外まで戻ってきたところ**

長州様、板倉様というのは何か…、というとこれは大名屋敷のことを指しています。白木屋との距離やその後の友八の足取りを考えると、「長州様」とは長州萩藩（山口）毛利大膳大夫慶親の屋敷、「板倉様」とは備中松山藩（岡山）板倉周防守勝静（かつきよ）の屋敷ではないかと思われます（一六三頁の地図参照）。

一同とは勘右衛門と友八のことですね。二人は、二か所の大名屋敷に商用に出かけた帰り道で、日比谷御門の外まで戻ってきたわけです。

では、くずし字を見てみましょう。は「州」。左の二組の点と縦棒が一緒になり、右の一組が「りっとう」のように見えるこのくずしの型がよく出てきます。は「物」。「うしへん」に「勿」です。は、字は「脊」のくずしですが、「背」と同義と考えられます。

ちょっと確認には「背」を入れておきました。「負」「同」は前に出てきました（六九頁、五〇頁）。
「御」は古文書に非常によく出てくる文字です。ここのくずしは比較的読みやすいですが、「御」にはいろいろなパターンのくずしがあってけっこうむずかしいものです。ちょっと確認に載せておきますので、少しずつ慣れていってください。
は「外」。これもよく出てくる字ですね。「そと」のほかに「其外（そのほか）」「殊外（ことのほか）」などの「ほか」で頻出します。「迄」は二四頁を参照してください。
では、その後の友八の様子を見てみましょう。

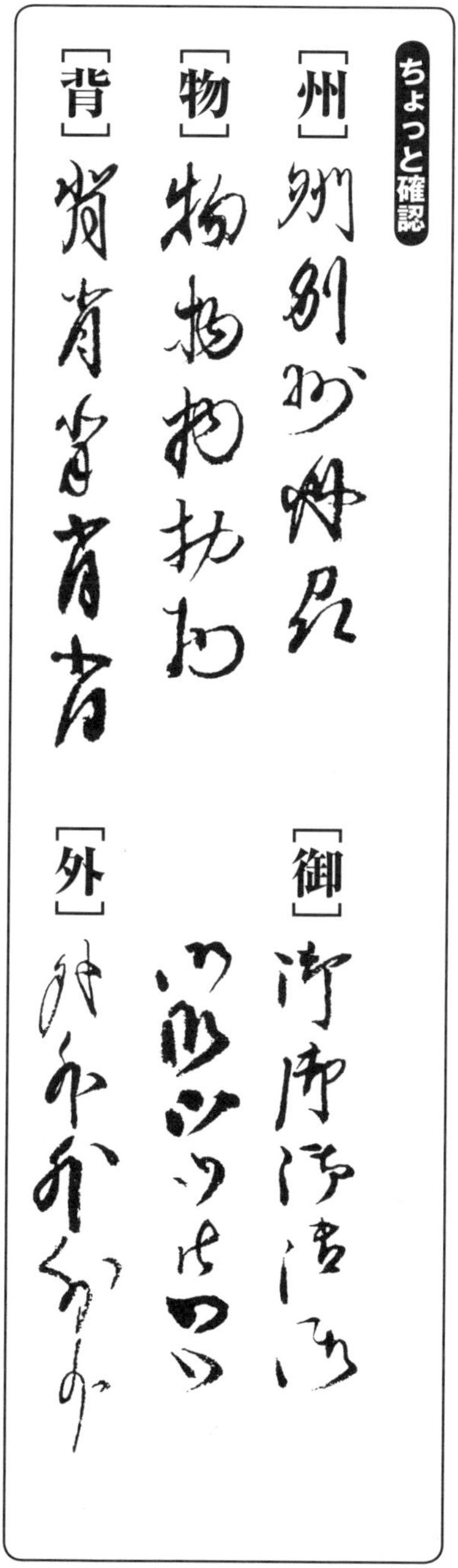

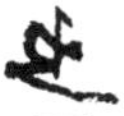

古文書の背景⑭ 大名屋敷

江戸の土地面積の約六十八%は武家地でした。そのうちの約半分が大名屋敷で、残りが旗本、御家人の屋敷です。大名屋敷は、あくまで将軍から拝領している屋敷であり、私的な所有地ではないという考え方から、幕府による移動・再配置が江戸期を通じて度々おこなわれています。ただし、屋敷内の普請や造作は、各大名の負担になっていました。

明暦三（一六五七）年の大火で大名屋敷の配置も造りも一変しました。

藩主やその家族が住む公邸（江戸藩邸）の機能をもつ「上屋敷」は、西の丸下・大名小路・外桜田に多く造られました。上屋敷内には、大藩では五～六千人、小藩でも五～六百人の在府藩士が生活していました。

隠居した藩主や嗣子の住居で、上屋敷が罹災した時の予備の邸宅になる「中屋敷」は、外堀の内縁に沿った地域に置かれました。大規模な火災時の避難場所としての「下屋敷」は江戸湾の港口・河岸地・四ツ谷・駒込・下谷・本所など江戸周辺に配置されました。下屋敷には、国元から海や川を通じて大量の物資が運び込まれ、また休息用の広大な別邸や庭園が築かれましたから、今でも東京都の公園や庭園として残っているところがたくさんあります。

われわれが今読んでいる『明鑑録』を所蔵している東京大学（本郷キャンパス）の中心は、加賀前田家の「上屋敷」（十万三千八百二十二坪）跡の一部です。十七世紀初頭、この地は加賀藩の「下屋敷」としてスタートしましたが、江戸城周辺が飽和状態となってしまったため、天和三（一六八三）年ここが「上屋敷」になりました。中仙道に沿った現在の文京区駒込に「中屋敷」、板橋区加賀に「下屋敷」がありました。

④**解読**　**勘右衛門殿備前様迄用向有レ之、貴様店江可レ帰様申付、相別候処**（かんえもんどの、びぜんさままでようむきこれあり、きさまたなえかえるべきようもうしつけ、あいわかれそうろうところ）

文意　**勘右衛門殿はこれからまだ備前屋敷に用事があるので、「おまえはお店**（白木屋）**に帰っているように」と友八に申し付けて、二人が別れたところ**

　備前様、というのは備前岡山藩（岡山）池田内蔵頭慶政の上屋敷を指していると思われます。勘右衛門はもう一か所、つまり備前屋敷にも用事があったので、友八を一足先に日本橋の店に戻すことにしたのでしょう。友八に、荷物を持って先に帰っているように言い聞かせている勘右衛門の姿が目の前に浮かぶようで、まるで芝居を見ているような情景ですね。

　さて、最初の「おぼえ、ひとつ、だいどころしょねんめ、ともはちぎ、すぐるじゅうしちにちあさよつどきより」からここまで、何度も大きな声で音読してみましょう。リズムがいいですね。古文書の語調に馴染んでいただけると思います。前にもお話しましたが、音読することによって古文書の文体に慣れて、次に来るべき字や表現が予想できるようになってきます。古文書上達の鍵は、音読です。第一章の「おでんちゃん」も、「友八」も、何度も音読してみてください。
　では、字を見てみましょう。
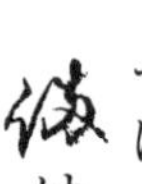は「備」の典型的なくずしです。「前」は、三五頁参照。は「向」。なかに入っている「口」は下の横棒がなくて、横向きの点々に見えてしまいますが、これがよく出てくる「向」のくずしです。「向後」「一向」などの用語が出てきます。「之」は「の」または「これ」と読むのでしたね。この場合は「これ」で、「有レ之（これあり）」と返って読みます。
「貴」はむずかしいですね。下の「貝」の部分がくずれていって、ほとんど一直線のようになっています。「貴」は「かいへん」の字ですが、「かいへん」の部分がかなりくずれていますので、この形のままを覚えてしまいましょう。は「店」。「まだれ」の部分と、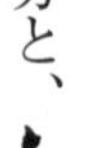「占」の部分が見て取れます。この文書のなかでこれから何度か出てきますので、ここで覚えてしまいましょう。
「江」は、どこどこ「え」（へ）の意味でしたね。
「可」（二四頁）、「帰」（五三頁）、「申」（六九頁）、「付」（八七頁）、「相」（二四頁）、「処」（一四頁）、だいじょうぶでしょうか。前のページにもどって、もう一度確認しておいてくださるとうれしいです。「別」は、ここではきれいなくずしですね。「別而（べっして）」「別段」「別条」「人別」などがよく出てきます。

ちょっと確認

[備]

[向]

古文書の背景⑮ 手代の役割と役替

手代たちは、日本橋店のなかのそれぞれの部門で役割を持って働いています。「白木屋文書」のなかには、「売庭（場）役」、「外出勤役」、「屋敷番役」、「買役」（仕入れ役）、「田舎役」（江戸以外の諸地方の顧客を担当する役—水戸方、銚子方、上州方、甲州方、相州方の五地方）などの字が見られます。そして一か所の部署に長期にわたって居つづけるのではなく、次々に役替えしていきます。勘右衛門は、この時武家方の屋敷廻りの担当だったと思われます。

[貴]

[店]

[別]

『永禄』という店の掟が書かれたこれまた興味深い文書には、「人々役替致候ハヽ、先役衆より何角叮嚀ニ引渡し可レ申候（ひとびとやくがえいたしそうらわば、さきやくしゅうよりなにかとていねいにひきわたしもうすべくそうろう）」とあり、先役（前任者）から後役（後任者）への引継ぎを丁寧にするようにと、書いてあります。特に帳面を大切に受け取ることが肝要、とされています。

さらに「年寄衆其外上々立候衆、役替有レ之候ハヽ、此方ゟ祝ひニ参り可レ申候事（としよりしゅう、そのほか、うえうえたちそうろうしゅう、やくがえこれありそうらわば、このほうよりいわいにまいりもうすべくそうろうこと）」とあり、重役に就任した人たちには、自分の方からお祝いを述べに行くように、書かれています。

おもしろいのは、「得意衆」（御得意様たち）への「音信もの（いんしんもの）」（贈り物、進物）は、過不足ないように注意すること。「御客衆」への「饗応之事」も同様に「余り過不足無レ之様（あまりかふそくこれなきよう）」に。なぜなら、「跡役」（これも後任者のことですね）が「甚、取計らひ致あしく（はなはだ、とりはからいいたしあしく）」なるから、としています。

後任者がやりにくくなって困るので、在任中にあまり御客様にサービスし過ぎないように、という注意ですね。現在にも通じる、微妙な商売の心得かもしれません。

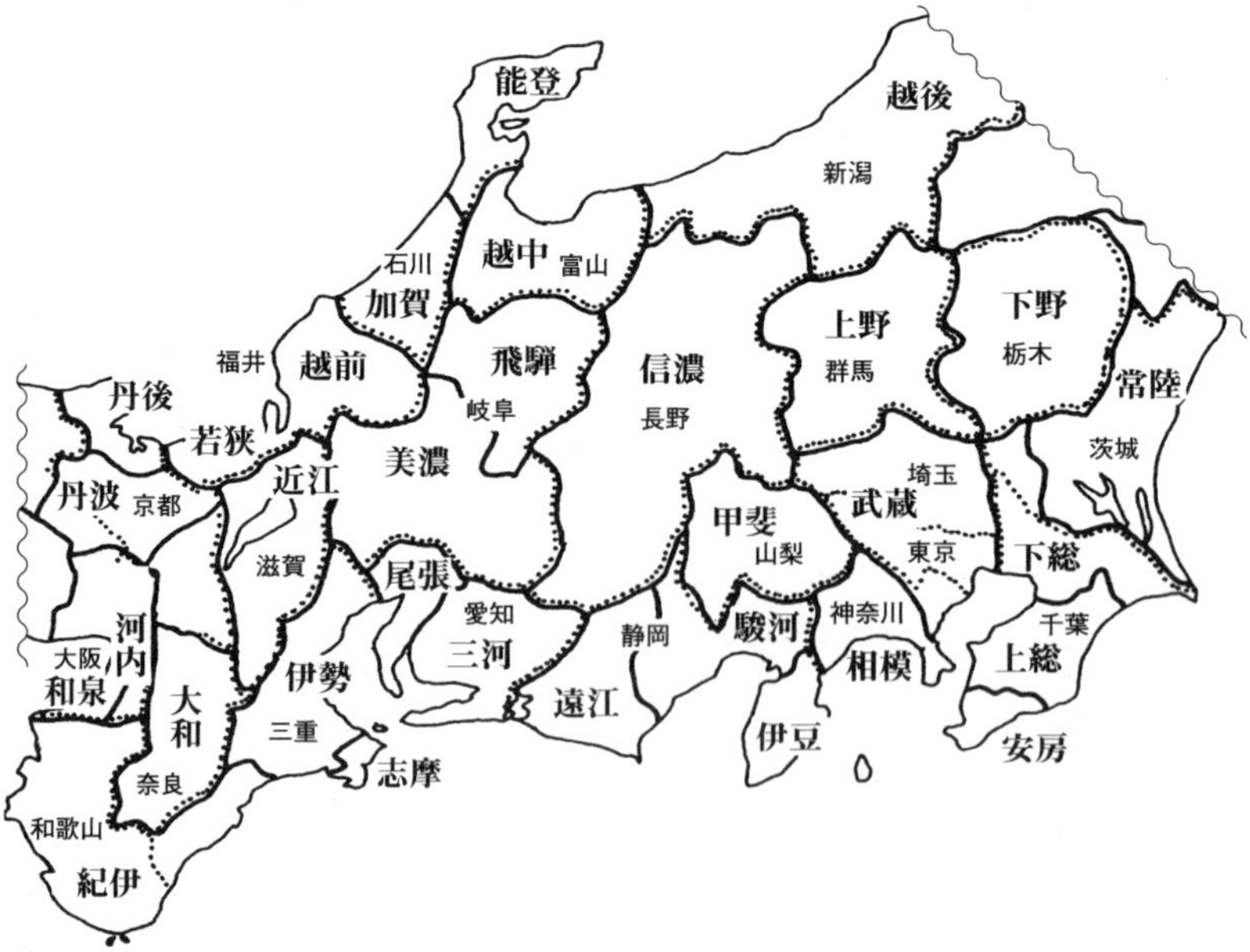

旧国名と現在の都府県名

⑤ **解読**

友八俄ニ心替リ致、未夕病気全快不レ仕、殊ニ御奉公太儀ニ存、一向欠落可レ仕治定致（ともはちにわかにこころがわりいたし、いまだびょうきぜんかいつかまつらず、ことにごほうこうたいぎにぞんじ、いっこうかけおちつかまつるべくじじょういたし）

文意

友八は急に心変わりして、自分は病気がいまだにすっかりは治っておらず、白木屋での奉公はことに骨が折れてくたびれる、だから逃げ出そう、といちずに心に決めて

病気が治りきれていない友八は、普段から体が弱い病気がちな少年だったかもしれません。日本橋店での奉公が辛かったのでしょう。とくに重い荷物を背負っての外回りは体にこたえたのかもしれません。勘右衛門と別れて一人になったとたん、「逃げ出そう」と決心しました。

ここは、少し用語の説明が必要ですね。「一向（いっこう）」は、この場合「ひたすらに、ひたむきに、いちずに」といった意味です。では「一向」どうしたのかというと、「治定致」にかかっています。

「治定（じじょう）」、これもむずかしい言葉ですね。「決定すること、落着すること」という意味ですから「決心した」といった意味合いでしょう。「一途に決心した」ということですね。

では、何を決心したのでしょう。それが「欠落可ㇾ仕」ですね。ここで注意しなければならないのは、「欠落（かけおち）」の意味です。現代では「かけおち」というと、おもに男女が手に手をとって密かに逃げる場合（ちょっと古い表現でしょうか）のことを意味しますが、江戸時代の古文書では、この意味で出てくることは稀です。文字通り「欠けて落ちる」あるいは「駆けて落ちる」で、男性ひとりで逃げても「欠落」です。もちろん女性ひとりでも、男性複数でも「欠落」です。要するに、無断で自分の住居あるいは奉公先を出奔して行方不明になることが「欠落」なのです。重い年貢から逃れるため、苦しい生活から解放されたいための「欠落」が、全国各地で見られました。

古文書を読んでいて気をつけなくてはならないのは、こういった「現在とは違った意味で使われている言葉」です。聞き覚えのないむずかしい用語ですと調べるのですが、現在も使われている文字は疑わずに読んでしまって、文意を誤解してしまうことがありがちです。

たとえば、「当時」という言葉を、私たちは「当時は、この辺は家が少なかった」というように過去の一時期をさす言葉として使います。しかし、古文書での「当時」は「現在、今この時」という意味で使われていることがほとんどです。

では、くずし字にいきましょう。

は「にんべん」に「我」の「にわか」です。その右下に（と言うよりは「我」の長い棒の内側に入ってしまっています）小さなカタカナの「ニ」があるのを見落とさないようにしましょう。「にわかに」

となっています。「心」は五〇頁、「替」は九七頁、「致」は五〇頁を参照してください。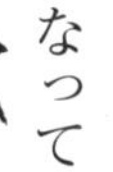「末」は「いまだ……せず」という言い回しでよく出てきます。ここでは、「末」の下にカタカナの「タ」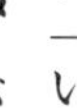が送ってあります。「病気」の「気」は旧字「氣」のくずしです。かなりわかりづらいですが、この場合「病」が読めれば、「病気」と判断がつくかもしれません。「気」のくずしを ちょっと確認 でよく見ておいて下さい。「全快」の「快」は、典型的なくずしですので覚えてしまいましょう。「快」の「りっしんべん」がきれいですね。は「不」でしたね（八三頁）。は「仕（つかまつる）」。ここでは「不レ仕（つかまつらず）」「可レ仕（つかまつるべく）」と二か所に出てきていますね。は「殊」。ここにもカタカナの「ニ」が小さく書かれています。「殊ニ（ことに）」です。

「御奉公（ごほうこう）」。どれも古文書によく出てくる大事な字です。「御」は③に出てきましたね（一二九頁）。「奉」は今と筆順が違って縦棒を引いてから横棒を二本乗せますのでのようになります。「公」の「ハ」「ム」の部分を読み取っていただけるでしょうか。

は「太儀」。の下の部分の横棒に見えるところが「太」の「点」です。文脈から「たいぎ」とわかりますが、わたしたちは「太」ではなく「大」の「大儀」と書きますね。「大切」が「太切」と書かれることもあり、古文書では「大」と「太」が混用されます。「存」も頻出の字です。この「存」はきれいなくずしですが、ちょっと確認 にほかのくずしを掲げておきましたので確認してください。頻出する字ほどくずれ方も激しいことがわかります。

「一向」の「向」は、④で出てきた「用向」の「向」です。が「欠落」。「落」

は「くさかんむり」、「さんずい」、「各」と、それぞれ典型的なくずしになっています。は「治定」。「治」は、「さんずい」に「ム」「口」になっています。「定」は一一二頁を参照してください。

ちょっと確認

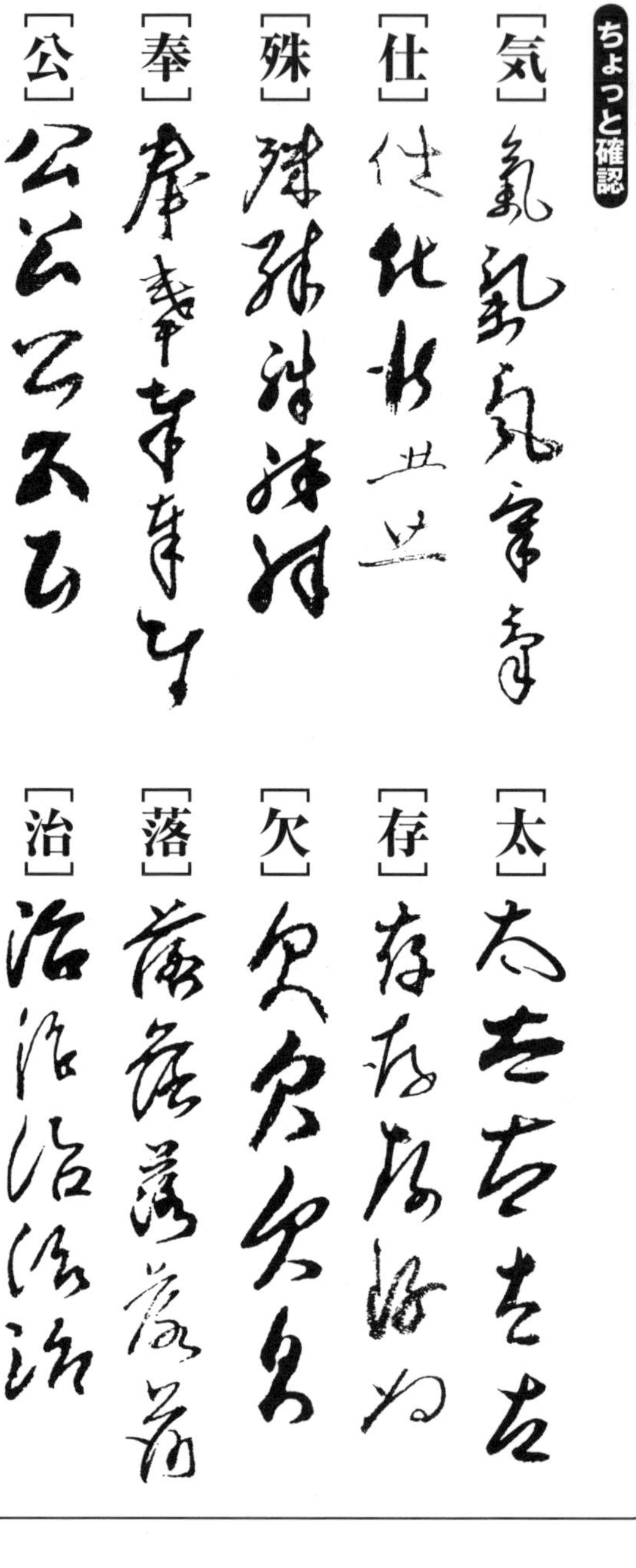

古文書の背景⑯ 奉公人の病気

「白木屋文書」のなかの『万歳記録』という文書には、日本橋店をやめていった一人一人の奉公人たちの事情が書き込まれています。

天保期から明治期にかけてのこの記録からは、餞別をもらって無事に故郷の上方に帰っていく「首尾能御暇（しゅびよくおいとま）」、つまり円満退職ばかりではなかったことがわかります。病気による退職、病死、「不埒（ふらち）」なおこないをしたための事実上の解雇、など多くのことを読み取ることができます。

病気については、「六ケ敷病気」「多病」「長病」、あるいは単に「病気」などとしか書いていないものもありますが、読み取れる病名を拾ってみると、「脚気」「疱瘡」「風邪」「頭痛寒熱」「癪症」「眼病」「疥瘡」「湿瘡」「胃虚弱」「腹痛」などが見られます。

入店七年目の台所衆庄八―昨年六月ごろより脚気になり一時は全快したがにわかに差込み、いろいろ手を尽くしたが、嘉永四（一八五一）年五月十五日死亡。入店三年目の平松辰吉は、今までも体中に腫れ物ができていたが、五月中旬から湿瘡ができたので湯川安道から薬をもらった。さらに手足のはれ、胸のつかえ、呼吸がせわしい、腰や脚がなえて起き上がれない、おびただしい頭瘡などの症状が出たためほかの医師の薬ももらったが、全快の見通しがつかないので故郷に帰された。

『万歳記録』には、十名ほどの医者の名前や薬の名前も記載してあり、それぞれの病人について白木屋が手当てを依頼したことがわかります。

しかし、「種々薬用為」致候得共（しゅじゅ、やくよういたさせそうらえども）」「種々御医業与、御手当ヲ尽シ候得共（しゅじゅ、おんいぎょうあたえ、おてあてをつくしそうらえども）」病死したり、養生のために故郷に帰されたりしている多くの奉公人を見ると、心が痛みます。

代呂物脊負急キ高輪七丁目迄罷越候処
夜ニ入難渋仕駕籠屋行一宿相願
申度物語仕候処

⑥**解読**　**代呂物脊負、急キ高輪七丁目迄罷越候処、夜ニ入難渋仕、駕籠屋行一宿相願申度、物語仕候処**（しろものせおい、いそぎたかなわななちょうめまでまかりこしそうろうところ、よるにいりなんじゅうつかまつり、かごやいきいっしゅくあいねがいもうしたく、ものがたりつかまつりそうろうところ）

文意　**商品を背負って、急いで高輪七丁目まで行ったところ、夜になってしまったので困り果て、駕籠屋に行って一晩泊めてほしいとお願いして訳を話したところ**

「代呂物（しろもの）」は「代物」であり、商品のことです。友八が背負っている白木屋の反物のことですね。

「急キ」に、友八の気持ちがよくあらわれていますが、それにしても「日比谷御門外」から「高輪七丁目」までとは、よく歩いたものです。地図（一六三頁）で友八の歩いたと思われる道をたどってみると、約六キロメートルあります。しかも、あとで出てきますが、友八はかなりの重量の「代呂物」を背負っていたのです。高輪七丁目にたどり着いて夜になった時には、泣きたい気持ちだったでしょう。それが「夜ニ入難渋仕（よるにいりなんじゅうつかまつり）」に込められています。

　ところで、なぜ「高輪七丁目」だったのでしょう。おそらく友八は「品川宿」を目指して歩いたと思われます。そしてその手前の「高輪」までやっとの思いでたどり着いたのでしょう。白木屋の奉公人たちが逃げる場合、その多くは故郷の近江を目指して東海道を登ります。

　夜になって困った友八はどうしたか。とにかく泊まる所を探さなくてはならない、ということで、駕籠屋に行って泊めてくれるように頼んでいます。「物語」は、単に「話をする」といった意味で、「作り話をする」ということではありませんが、事情を聞かれたら、当然「作り話をする」ことになってしまったでしょうね。正直に「奉公先を逃げてきました」とは、言えなかったでしょうから。

　さて、くずし字を見てみましょう。

「代呂物脊負」は、③の「下ケ物脊負」と同じパターンの表現ですし、後でまた出てきますので、覚えてしまいましょう。「代」は、「代金」「代銀」「代いくらいくら…」といった時に、よく出てくる字です。「急」（六二頁）、「高」（六二頁）。は「輪」です。「くるまへん」のくずしは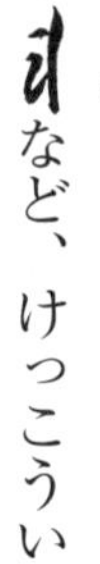など、けっこういろいろな形があってむずかしいです。ここでは「りっしんべん」に似た形のになっています。「迄」（二四頁）は③④でも出てきましたね。

　ここで是非とも覚えていただきたいのは、「罷越（まかりこし）」です。「罷」は「罷出（ま

かりいで)」、「罷在（有）（まかりあり）」、「罷帰（まかりかえり）」などが頻出します。上の一直線になってしまっている　の部分が「あみがしら」のくずし、その下の　の部分は「能」のくずしです。「能」はひらがなの「の」として読むこともあって、その時にこのようなくずしになります。　「越」は、左の　「そうにょう」の部分に注目してください。

「夜」は、元の字に近いですのでわかりやすいですね。

「難渋」もよく出てくる字です。「難」は、「難レ有（ありがたく）」「難レ成（なりがたく）」「難レ尽（つくしがたく）」など、返って読む読み方でよく出てきます。ここのくずしは、右側の　「ふるとり」の部分で見分けられますね。　「渋」も、「さんずい」、　「止」の部分がはっきりわかる典型的なくずしです。

「駕籠屋」は、特徴のある字ですね。「駕」は　「加」に　「馬」、「籠」は　「たけかんむり」に　「龍」のくずしが見えます。　「屋」も「何々屋」という屋号や「屋敷」「屋鋪」「庄屋」「問屋」など、近世文書によく出てきます。

「行」は、　「ぎょうにんべん」のくずしがきれいに見えますね。　「宿」は、「百」の横棒と「ノ」の部分が、「イ」の方にくっついてしまって、右側が「日」になっています。

「相」（二四頁）は、④でも出てきましたね。　「願」は、是非とも覚えていただきたいくずしです。左が「原」のくずし、右が「おおがい」になっています。このくずしは比較的きれいですが **ちょっと確認** で、いろいろな形を見ておいてください。

「申度、物語仕候処（もうしたく、ものがたりつかまつりそうろうところ）」は、すべて今までに出てきた文字なのですが、かなりくずれていますので、慣れないうちはむずかしいかもしれません。「申」など「日」の部分が、右側の横点ひとつになってしまっていますね。こういうくずし方をよくします。「度」（六二頁）も、この形でよく出てきます。

古文書の背景⑰　登り―その1

遠く故郷の近江から江戸日本橋店に奉公に来ていた奉公人たちは、時々親元に帰れる機会があったのでしょうか。

故郷の上方に帰る旅を「登り」と言います。

白木屋に限らず、ほかの江戸店でも「登り」の制度は見られます。大伝馬町の木綿問屋長谷川のように、「登り」をする時には、奉公人はいったん暇を取り、「登り」後にまた勤めることができるかどうかは、帰郷中に決定された店も見られます。

白木屋では、「いったん退職」の形はとっていません。「登り衆」は京都本店に出向いて挨拶し、旦那様（大村彦太郎）に御目見えして、そのあと故郷の近江に帰ります。白木屋では四種類の「登り」がありました。

まずはじめは「初登り」ですが、これは入店後九年目、と定められていました。前にもお話ししたように、十一歳ぐらいで奉公し始めますので、初めて故郷に帰れるのは二十歳ごろということになります。それまでは、辛抱しなければならないのです。史料を読んでいると、江戸での慣れない生活で二、三年目で病死したり、やめさせられたりすることが多いですので、「初登り」までこぎつけるのは大変なことだったと思われます。

往復日数は、「初登り」は五十日間、そのうち本店への逗留は七日間ほど、と決められていました。故郷に滞在中は、たとえ親類の所に行きたくても遠方には出かけてはならないとされていました。

しかし、伊勢神宮と大坂に行くことは、願い出れば許されました。

この「初登り」から戻ってくると、手代になれます。つまり「登り」は、単なる旅ではなく、これまでの期間を無事に勤め上げた証拠であり、日本橋店のなかでひとつの階段を上がるための大きな区切りでした。

⑦ **解読** 先方ニて被レ申候事ハ（せんぽうにてもうされそうろうことは）

文意 駕籠屋さんが言うことには

ちょっと短いですが、次は一気に長く読んでしまおうと思いますので、⑦はここで切ります。

「先方」というのは、「一宿相願申度物語」した友八からみた「先方」で、もちろん駕籠屋を指しています。その駕籠屋さんの返事が次の⑧に書かれているわけです。どういう返事か、友八は心配だったでしょうね。われわれとしても、とても気になるところです。

その前に、ここのくずし字を見ておきましょう。

「先」は、下の「にんにょう」の部分がよく見えていますね。「方」は、傾き方によってはけっこう読みにくい字になります。**ちょっと確認**で、いろいろなくずしを見ておいてください。

「にて」は「ニ而」という表現が多いですが、ここでは「ニて」ですね。「被」（二四頁）、「申」（六九頁）、「候」（二四頁）、「事」（六九頁）は、慣れていただけたでしょうか。

その下の小さい「ハ」も、読み落とさないようにしましょう。

ちょっと確認

［先］

［方］

奉公人江戸下りの図（林玲子『江戸店犯科帳』より）

古文書の背景⑱ 登り——その2

京都に向かうには、おもに東海道を登りました。道中の様子を手紙で江戸に知らせるように、との決まりもありました。上の図は、江戸店に採用されたこどもたちが、江戸に下る時の姿を描いたものです。「登り」の奉公人たちは、今度は逆に上方に向かいながら、この絵のような状況を思い出していたことでしょう。

絵の説明には、春になると「江州勢州（ごうしゅうせいしゅう）」（近江国、伊勢国、一三四頁の地図参照）から、十二、三歳になるこどもたちが、大勢江戸に奉公に来る。おとなが二、三人ついていて、こどもの「わらんじ」（わらじ）を五十足も百足も持っていて、何度も履き替えさせながら連れてくる、という意味のことが書かれています。

⑧解読　**此頃彼様之仁宿抔仕義、殊之外六ツケ敷、外々之旅籠屋江御出被レ成候ても、御断被レ申候、悪敷心ヲ取直シ、一先宿元江御帰可レ被レ成**（このごろかようのじん、やどなどつかまつるぎ、ことのほかむつかしく、ほかほかのはたごやえ、おいでなされそうろうても、おことわりもうされそうろう、あしきこころをとりなおし、ひとまずやどもとえ、おかえりなさるべし）

文意　**「このごろ、あなたのような人を泊めることは、ことさらむずかしくなってきました。うち以外の旅籠屋へ行って泊めてもらおうとしても、断わられるでしょう。悪い心がけを考え直して、ひとまず自分の店へ帰りなさい」**

古文書には、句読点が打ってありません。ましてや、会話文のかぎかっこ「　」には、お目にかかりようもありません。「ここは会話文らしい。かぎかっこを付けるとしたら、どこからどこまでだろう」と、考える楽しみがあります。直接話法と間接話法が混ざったような書き方が多いですので、ここまで、と区切るのはなかなかむずかしいですが、だいたいのところの見当がつくようになればいいと思います。ここでは、一気に読んでしまった⑧の部分が、駕籠屋さんの言葉です。

「彼様之仁」＝「このようなひと」とは、すなわち友八のことをいっているのであり、大きな荷物をしょってうろうろしているような身元の不確かな人のことをいっているのでしょう。「胡乱成者（うろんなるもの）」（疑わしい人物、怪しげでうさんくさい人）という言い方が古文書にはよく出てきて、そのような者を泊めてはいけないというお触れ書きも出されていますが、友八はまさにその該当者とみなされたのでしょう。

「他の旅籠屋も同じように見るでしょうから、泊まるところはないと思った方がいいですよ」というのが、駕籠屋の言い分です。

それにしても「悪敷心ヲ取直シ」のところが、おもしろいですね。すっかり見破られてしまっています。見るからに「お店の荷物をしょって逃げ出してきた若い奉公人」という姿だったのでしょう。「逃げ出そうなどという考えを捨てて、とにかくひとまず自分の店に帰りなさい」と親切に諭してくれたわけです。

「宿元」の「宿」は、第一章の㉒でみた「毎晩宿に帰候而」（毎晩自分の家に帰って）の「宿」と同じで、この場合は「自分の店」のことです。

では、くずし字を見てみましょう。

「此頃」です。「此」はよく出てくる字で、この形のくずしの他に「無」に似た形のくずしがあります。うしろの **ちょっと確認** で、見ておいてください。「頃」は右側の

「おおがい」に注目しましょう。カタカナの「ミ」や「之」に似たくずしです。「類」「頭」「願」「頼」「頂」「領」「顔」など、「おおがい」の字を見分ける時の大きな目安になります。

「彼様」。「彼」の「ぎょうにんべん」は、⑥の「行」の「ぎょうにんべん」と同じです。「様」はいろいろなくずしがありますので、九七頁でもう一度見ておいてください。

「仁」は、とてもわかりやすいですね。「宿」は、先ほど⑥で出てきましたね（一四三頁）。

「てへん」に「不」で「抔（など）」（二九頁）でした。

「殊之外」の「殊」は⑤の「殊ニ」に出てきました。「外」は③の「日比谷御門外」の「外」ですね。

「六ツケ敷」は、おもしろくて素敵な表現だと思いませんか。の部分が「ツ」なのは、②で見た「四ツ時」と同じです。

「外々之」。ここでは、「々」と「之」が見比べられます。「旅籠屋」は、⑥の「駕籠屋」と一字違いなだけですね。「旅」に注目しておきましょう。

「御出（おいで）」。「出」は、近世文書にとてもよく出てくる字です。いろいろなくずしがありますので一〇六頁を参考にしてください。「被レ成候ても」ですね。

は「毛」がくずれた「も」です。

「御断」の「断」も頻出ですので一〇一頁で確認しておいてください。「被レ申候」は、⑦のと、ほとんど同じくずしですね。

その後は、むずかしそうな字がならんでいますが、ほとんど前に出てきた字です。見覚えがあるでしょうか。ページ数をあげておきますので、**ちょっと確認**で、確認しておいてください。「悪敷心」（四四、一四、五〇頁）、「取直」（一二四頁）、「一先」（一四六頁）、「宿元」（一四三頁）、「御帰」（一二九、五三頁）。「元」だけは初めての字でしたが、読めそうですね。

「可レ被レ成（なさるべし）」。美しいですね。この芸術的ともいうべきくずし字のつながり方が、わたしは好きです。「可」は、上の点とくるっと丸まっているここまで、「被」は、直角に折れ曲がっている部分とその右の点（カタカナの「ヒ」のイメージですね）、「成」もきれいにまとまっています。ここまでで「かぎかっこ、閉じ」ということになりますね。

宿泊を断られ、「店に帰りなさい」と諭された友八は、どうしたのでしょうか。あきらめて納得して、白木屋に戻ったのでしょうか。次が気になるところですね。

ちょっと確認

[此]

[頃]

[彼]

[旅]

[籠]

古文書の背景⑲ 登り――その3

奉公し始めてから十六年目に許される二度目の登りを「中登り」、二十二年目の三度目の登りを「三度登り」と言います。両方とも往復期間は、六十日間と定められていました。最後は「隠居仕舞登り」。これは、支配役までつとめあげた奉公人が、江戸店を退職して故郷に帰る旅でした。

登りは年三回に分けておこなわれていて、出立日は、三月五日、五月六日、七月十八日でした。

見送りにきた店の人たちと品川で別れ、「初登り」から「隠居仕舞登り」まで、ともに京都本店に向かいました。

「登り」の種類によって往復期間が五十日、六十日と違っていることはお話しましたが、ほかにもいろいろな違いがありました。

旅装束は、初登り衆と中登り衆は桟留縞の着物に紺の小倉帯、花色の木綿股引に紺の脚絆（きゃはん）でした。三度登り衆は木綿無地紋付、黒八丈帯、木綿の道中羽織を身につけました。隠居仕舞登り衆ともなると、何を着てもよかったようです。「白木屋文書」のなかに、『衣類定法』という史料があり、年齢によってふだん身につけてもよい衣類・夜具などが違っていたことがわかりますが、「登り」の時も例外ではなかったようです。

そのほか品川までの見送り人の数から、京都の本店に着いた時の店への入り方まで、登りの種類によって違っていました。故郷の親へのみやげ物、帰りの江戸店へのみやげ物も、すべて登りの種類によって金額や品物が決められていたのです。

たとえば、初登り衆は親元に金三分、親類衆に風呂敷と扇子のおみやげを持ち、帰りの江戸店へのみやげ物はいっさい無用、とされていました。しかし、実際には、もっとたくさんのみやげ物を持って故郷に帰ろうとしたことが、『明鑑録』その他の記述からわかります。

⑨**解読**

と、異見ニ預り、無二是悲一、通り三丁目迄、駕籠壱丁荷持壱人相頼、乗帰り（と、いけんにあずかり、ぜひなく、とおりさんちょうめまで、かごいっちょうにもちひとりあいたのみ、のりかえり）

文意

と、諫められたので、しかたなく、通り三丁目まで駕籠をいっちょうと荷持ちの人ひとりを駕籠屋に頼み、友八自身は駕籠に乗って帰り

友八は、「悪敷心ヲ取直シ」て、ひとまず白木屋に帰る決心をしたようです。「おでんちゃん」のところでは、「手本双紙を取直し」が出てきましたね（一七頁）。

しかし、「無二是悲一」に友八の心情が表われているようです。「できることなら、近江まで帰りたい。でも、一宿もできないようでは、とても故郷までたどり着くことは不可能だ」と、納得せざるを得なかったのでしょう。

その微妙な心情が「通り〝三〟丁目」にも見えます。白木屋の所在地は、はじめにお話しましたように、通り〝一〟丁目にあります。「一丁目」までは帰らずに「三丁目」で駕籠をおりた友八。「駕籠代を何とかしなくては」という現実問題に加えて、やはりまだ迷いがあったように思われます。

「駕籠壱丁」は、疲れきってもう歩けない自分が乗るためのもの、「荷持壱人」は、さっきまで背負っていた荷物を代わりに運んでもらうための人、ですね。このことからも、友八が背負っていた荷物の大きさと重さがかなりのものだったことがわかります。ちょっと膝の上に乗せたり、背負ったまま駕籠に乗れる、というような分量ではなかったのです。「相頼」とありますが、「とても歩いて戻れないだろうから、そうしなさい」という駕籠屋さんの勧めにしたがったのでしょう。

では、字を見てみましょう。

は「与」のくずしで「と」と読みます。第一章㊼の「他所之手習子共と」（一〇二頁）のと、同じくずしです。

は「異見（いけん）」です。は「異」の異体字「吴」のくずしです。「異見」には「思うところを述べて人を諫める・忠告する」という意味がありますから、この場合はぴったりの用法ですね。しかし、私たちがふつうに「意見を述べる」と使うような箇所でも、つまり思う所や考えを述べるという意味の場合にも、近世文書では「異見」と書かれていることが圧倒的に多いのです。「いけん」というのは、もともと「他人とは異なったその人独自の見解」だと考えると、「異見」の方が確かに理にかなっているかもしれませんね。

「預り」。は「是悲」。わたしたちは「是非」と書きますが、「心」が付いた「悲」の「是悲」もよく使われます。「非」と「心」の部分が見えますね。前にもお話したように、近世文書では音が同じであれば違う字をあてることがありますので、「慈悲」が「慈非」と書かれることもしばしばです。「通」は頻出の字です。

「壱丁」と「壱人」の「壱」も、覚えてしまいましょう。「荷」は、「くさかんむり」と「何」のくずしが見えます。

「頼」は、「おおがい」の字ですね。⑥の「願」とよく似ていて、しかもどちらも依頼のときに使いますので、見分け方がむずかしいです。ポイントとしては、縦棒が横棒より上に突き出ていれば「頼」、突き出ていなければ「願」と見れば、ほとんどの場合判別できます。

は「乗」。「帰」は、⑧の「宿元江御帰可レ被レ成」の「帰」ですね。

ちょっと確認

［与］

［通］

［預］

［荷］

［是］

［頼］

［悲］

［乗］

古文書の背景⑳ 登り―その4

「登り」の道中は、どのようなものだったのでしょうか。

ほとんどが東海道を登りましたが、中仙道を通ることもあったようです。和田峠を越えたら、その晩に手紙を出すように、と定められていました。馬や駕籠を利用したいだろうが、なるべく慎むように、としています。東海道では、大井川で川支（かわづかえ）になったら、京都本店にも江戸店にもくわしい手紙を送ること、とされていました。

道中での役割りも、これもまた「登り」の種類によってそれぞれ決まっていました。

初登り衆は、宿場での荷物の出し入れなどすべてにわたって小使役をする、となっていました。

一行のなかの頭役は一同の金銀を預り、旅全体にわたって気を配りながら差図をしました。店の規則を載せた『永禄』には、「京都滞留中」には「頭役之差図」を受けるようにし、自分勝手な行動をしないように、と書かれています。

「隠居仕舞登り」の実際の登りの様子がわかる史料をご紹介しましょう。『永禄』からです。

「仕廻登之衆抔自然有レ之候ハヽ、道中何角深切ニ可レ致候（しまいのぼりのしゅうなど、しぜんこれありそうらわば、どうちゅうなにかと、しんせつにいたすべくそうろう）」。

登りの一行のなかに、いつも支配役を退任した「隠居仕舞登り」がいるとは限りません。それが「自然有レ之候ハヽ」（もし、いた場合には）という意味ですね。それにしても「仕〃廻〃登」の字がおもしろいですね。

その「仕廻登之衆」は登りの道中で、ほかの登り衆から「深切」にされていたことがわかります。「深切」は「親切」の意味で、これも近世文書でよく出てくる表現です（古文書の背景② 当て字 二五頁参照）。

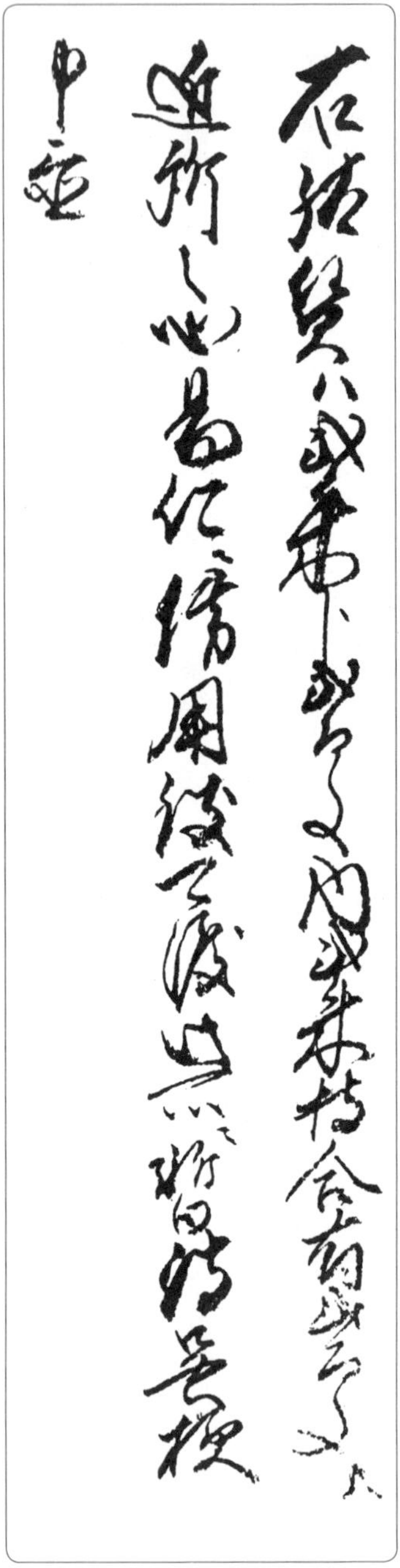

⑩ **解読**

右駄賃ハ弐朱ト弐百文、内弐朱持合有、弐百文ハ、近所之心易仁ニ借用致可レ渡、此所ニ暫待呉様申置（みぎだちんは、にしゅとにひゃくもん、うちにしゅもちあわせあり、にひゃくもんは、きんじょのこころやすきじんに、しゃくよういたしわたすべし、このところにしばらくまちくれようもうしおき）

文意

駕籠代と荷持代は二朱と二百文であり、友八はそのうちの二朱は持っていたが、二百文は持っていなかったので、「近所の親しい人のところに行って借りてきて渡しますので、しばらくここで待っていてください」と言い置いて

江戸時代の貨幣には、金・銀・銭の三種があります。「朱（しゅ）」は「金」の単位、「文（もん）」は「銭」の単位です（詳しくは第一章の**古文書の背景⑦金・銀・銭**（七〇頁））。ですから、ここは金弐朱と銭弐百文、という意味になります。

弐百文不足だった友八は、駕籠屋さんと荷持ちの人をその場に残して、借金に行くようです。江戸に出てきて初年目の友八に、そう多くの知り合いがいるとは思えませんが、どこに借りに行ったのでしょうか。

その前に、くずし字を解説しておきましょう。

「駄賃」。は「うまへん」。第一章の㊹で、履物や傘などを間違えて帰らないようにという注意のところで、「下駄」（九五頁）がありました。この時の「うまへん」がさらにくずれた形です。「太」は⑤の「太儀（たいぎ）」の「太」ですね。「賃」は「任」に「貝」です。

「弐」は、もっとくずされると、斜め（縦）棒三本といった感じになってしまいます。は「朱」。これが「百」です。「弐百文」と筆がつながっているところが、すらすらと読めるようになるといいですね。

「持合（もちあわせ）」。「持」は「てへん」に「寺」のくずしです。「近所」も比較的読みやすいですね。「易」が少々見にくいかもしれませんが、言われてみれば「なるほど」という感じでしょう。古文書の習い始めの時は、この「言われてみれば、そう見える」で十分りっぱなことですから、安心してください。

そうは言っても、次の「借用」は、是非とも覚えていただきたい字です。「借用申金子之事（しゃくようもうす、きんすのこと）」などという借用証文は、近世文書を見ているとたくさん出てきます

「可」は、もうだいじょうぶでしょうか（二四頁）。「渡」は、「さんずい」に「度」

のくずしになっていますね。「此所」。どちらも既出の字ですが、少し傾いていたりくっついていたりするだけで、慣れないうちは読みにくいものだと思います。「所」はこういうくずし方をしますので、目に焼きつけておいてください。その下に小さい「ニ」があるのを、見落とさないでください。

「暫」は、初めての字ですね。「車」はここではこのようにくずれています。⑥の「輪」のところで「くるまへん」のお話をしましたね。その右に「斤」、下に「日」が見えますね。

「待」は、旁が「寺」のパターンです。偏は「ぎょうにんべん」。さっき見たばかりの「持合」と比べてみるとわかりますね。は「呉(くれ)」です。「何々してくれるように」の「くれ」のことで、これもよく出てくる字です。

「置」は久しぶりですが(二九頁)、だいじょうぶでしょうか。「あみがしら」がほとんど点になってしまって、その下に「直」のくずしが書かれています。⑧の「取直シ」のの「直」に似ている、と思っていただけるでしょうか。

ちょっと確認

[駄]

[弐]

[貸]

[百]

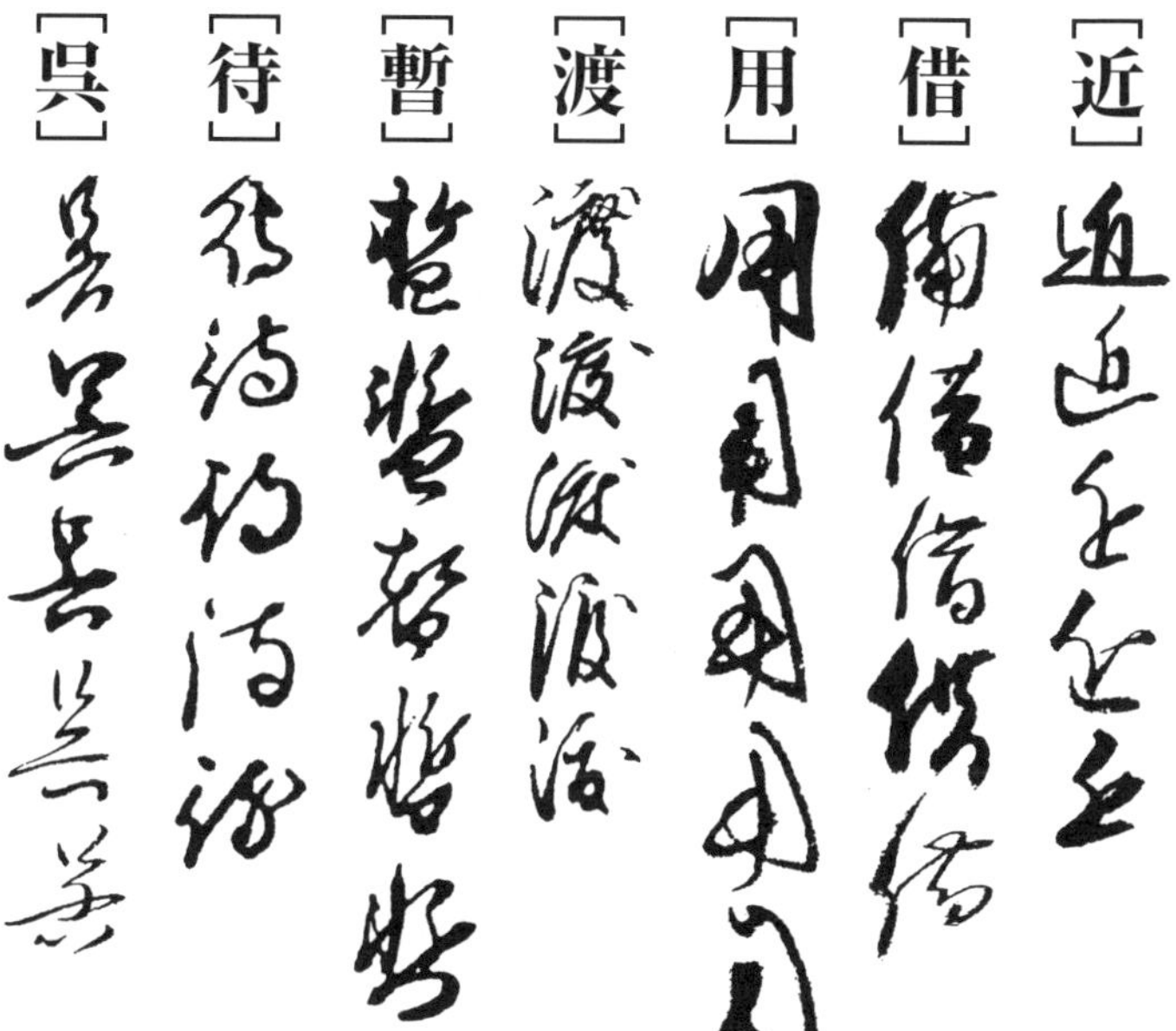

山岡鉄舟の筆による「白木屋」（『白木屋三百年史』より）

4✣借金してまた逃げ出した友八

⑪ **解読**

古川屋江行、無レ拠入用ニ付四百文借用仕度相願候処、先方ニて、何用ニ御遣ひ被レ成候哉、被レ尋（ふるかわやえいき、よんどころなきにゅうようにつき、よんひゃくもんしゃくようつかまつりたく、あいねがいそうろうところ、せんぽうにて、なにようにおつかいなされそろうや、たずねられ）

文意

友八が、古川屋に行って「やむをえない事情でお金が必要なので、四百文貸してください」とお願いしたところ、古川屋に「そのお金を何に使うのですか」と尋ねられて

友八は、数少ない知り合いのなかで、手代のお供をしてついて行った店かもしれない古川屋をあてにして、借金に行きました。

「四百文」というのが、おもしろいですね。不足していたのは、いくらだったでしょうか。二百文でしたね。ということは、さらに二百文を上乗せして借金を申し込んでいます。友八にしてみれば、二百文借りて二百文返済してしまうのでは、それこそ一文なしになってしまうと、不安だったのかもしれません。

この時点で何時ごろか記載がありませんが、高輪七丁目ですでに「夜ニ入」とありました。それから駕籠屋を探し、諫められて駕籠で戻ってきたのですから、かなり遅い時間になっていたはずです。そんな時刻にひとりで突然やってきた友八に対して、「その四百文を何に使うのか」と古川屋が尋ねているのも、もっともな話です。ここには、友八と古川屋、双方の言葉が入っています。

では、くずし字を見てみましょう。

「古川屋」はいいですね。⑥の「駕籠屋」、⑧の「旅籠屋」、と「屋」が続きました。「行」は、⑥のより少しむずかしいですが、きれいなくずしです。「無レ拠（よんどころなき）」は重要表現です。「やむをえない、余儀ない、」という意味で、よく出てきます。は「據」＝「拠」のくずしです。「借用」は、先ほどの⑩「借用」と同じくずしですね。「仕」（一三八頁）、「度」（六二頁）です。「相願」は⑥の「相願」と比べてみるといいですね。「先方」も、⑦の「先方」と、ほぼ同じくずしです。

「何」は、初めて出てきましたが、初見の気がしません。というのは、⑨の「荷」で「くさかんむり」の下に書かれていたからです。「何方（いずかた）」「何卒（なにとぞ）」「如何（いかが）」「如何様（いかよう）」など、よく使われます。

「御遣ひ」。「遣」もよく出てくるくずし字です。第一章でお話ししましたが（三八頁）、「しんにょう」はこのように、下で小さな横棒一本になってしまいます。遣→→→→

となっていきます。

「被ㇾ成候（なされそうろう）」は、今まで何度か出てきたパターンですね。その下のが問題です。これは「哉」のくずしで、「や、か、かな」などと読み、「候」とセットで、文末に使われて、疑問を表わすことが多いです。「被ㇾ尋」。「尋」は、第一章の⑰「午前中に習ったことで、しっかり理解できていないところがあったら」すぐに「可ㇾ被二相尋一候」の「尋」です（三九頁）。

ちょっと確認

[拠]

[文]

[何]

[遣]

[哉]

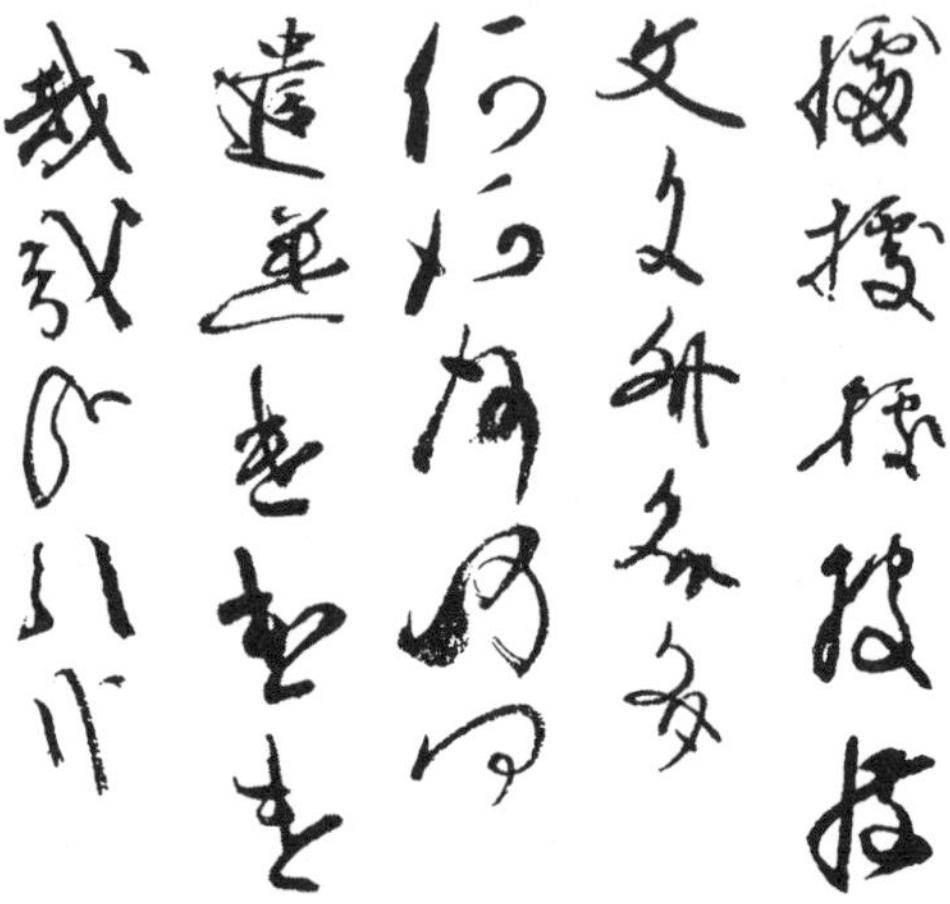

得意先廻り　（天明5年『大通成茲止』より）

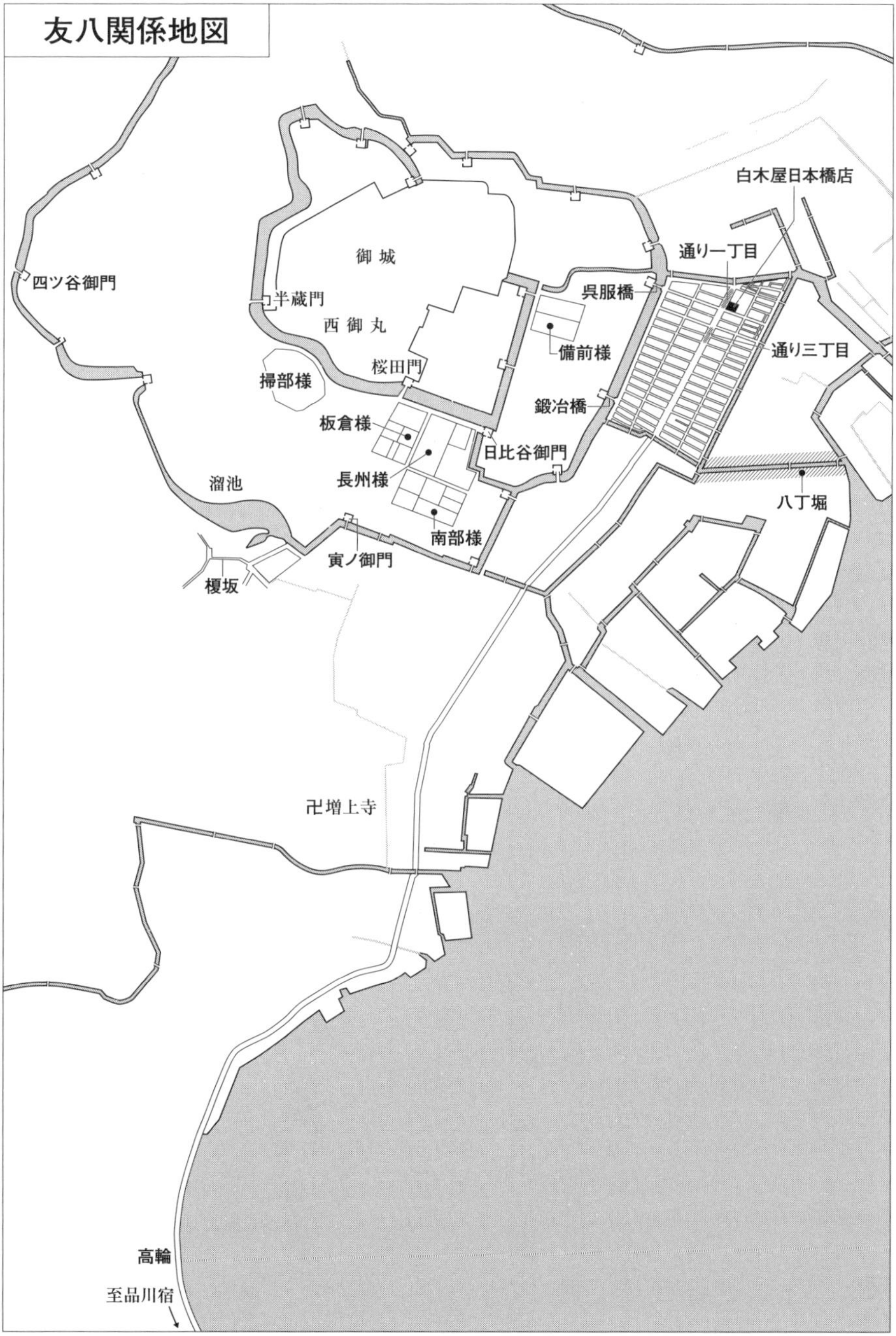
友八関係地図
白木屋日本橋店
御城
西御丸
四ツ谷御門
半蔵門
通り一丁目
呉服橋
備前様
通り三丁目
桜田門
掃部様
鍛冶橋
板倉様
日比谷御門
長州様
八丁堀
溜池
南部様
寅ノ御門
榎坂
卍増上寺
高輪
至品川宿

⑫ **解読**

呉服橋内辻番所ニて金壱歩被レ揺、右之内四百文不足ニ而困入借用仕度申居、先方より貸遣シ、只今御店善八様、御前様尋ニ被レ参候間、早々御帰り可レ被レ成（ごふくばしないつじばんしょにて、きんいちぶゆすられ、みぎのうちよんひゃくもんふそくにて、こまりいり、しゃくようつかまつりたくもうしおり、せんぽうよりかしつかわし、ただいまおたなぜんぱちさま、おまえさまたずねにまいられそうろうあいだ、そうそうおかえりなさるべし）

文意

「呉服橋の辻番所で、金壱歩（分）を強請り取られました。そのうちの四百文が不足で困っています。お貸しください」と申したところ、古川屋は貸してくれて、「たった今、白木屋の

善八様が、おまえさんを探しにここへ来ていたから、すぐに御店に戻りなさい」

ここも、友八と古川屋の会話および地の文から成り立っています。

友八はどう述べているでしょうか。「呉服橋内辻番所でお金を強請られて、とりあえず手持ちのものを渡したが、不足分について困っている」といった意味合いのことを言っています。

これは、口実のための嘘ですね。確かに、夜遅く辻番所を通してもらう時には、何がしかの金品を払ったり要求されたりすることもあったようです。しかし、この場合は、これまでの文脈からいっても、後から友八が呉服橋に赴いていないことから見ても、苦し紛れの作り話であると見た方がよさそうです。

これに対する古川屋さんの対応が鮮やかですね。まず、友八の言い分を聞き、四百文を貸しあたえた上で諭しています。「もうすでに、御店中でおまえさんを探し回っている。ここにも善八さんがみえた。悪いことは言わないから、すぐに白木屋に戻りなさい」というわけです。

白木屋では、奉公人が逃げた時、一刻でも早く見つけ出そうとすぐに手分けして探します。何か問題を起こして、同心や岡っ引（与力のもとで江戸市中に目を光らせていたのが同心、その手下が岡っ引）の手にかかるより前に、店の方で見つけようとしているのです。店は信用が第一、暖簾（のれん）に傷が付くのを一番恐れます。このケースでも、勘右衛門が帰店し、友八が帰っていないと気付いた時点で、ただちに友八が立ち寄りそうなところを探し始めたのでしょう。

では、くずし字にいきましょう。

「呉服橋」。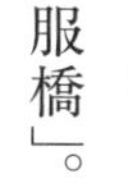「呉」は⑩の「待呉様（まちくれよう）」に出てきました。

「辻番所」。ここでは「番」が重要です。典型的なくずしですので覚えてしまいましょう。

「金」も、わかりやすい方のくずしですね。「金壱分」と書くのが普通ですが、このように「分」を「歩」と書いてあることがよくあります。「被レ揺」。「被」は、もう読めるようになったでしょうか。「不足」。「足」は初めてですが、「あしへん」の字は第一章でいくつか出てきましたね。

「借用仕度」は、⑪のとまったく同じパターンです。「申居」。「居」は、左にぐっと突き出ていますが、「古」のくずしが入っているのがわかりますね（「古川屋」の「古」です）。「先方」は⑦と同じくずしです。「より」がいいですね。これがもう少しくっついていくと、②で見た合字「より」になっていくのです。

「貸」。きれいなくずしですね。「代」、「貝」が見えます。「遣シ（つかわし）」。⑪で見た「御遣ひ（おつかひ）」です。

「只今」。「善八様」。「善」は第一章(53)の寺子屋「善正寺」の「善」なのですが、ここではだいぶくずれていますね。この形を目に焼き付けておきましょう。「御前様」。「前」も第一章で出てきていますので、確認しておきましょう（三五頁）。「尋ニ被レ参」。「尋」は⑪の「被レ尋」、「参」も何度か出てきましたね。「間」（八三頁）、「早」（二四頁）、「帰」（五三頁）、いずれももう一度見ておいてください。

「御帰り可レ被レ成（おかえりなさるべし）」は古川屋の言葉ですが、⑧の駕籠屋の言葉と同じですね。ただし今回は「帰」の下に、「り」が送ってあります。駕籠屋と古川屋から受けた二度の忠告、言ってみれば二度のチャンスを、友八は生かすことができたのでしょうか。読み進めていきましょう。

ちょっと確認

[橋] 

[番] 

[金] 

[歩] 

[足] 

[居] 

[貸] 

[今] 

[善] 

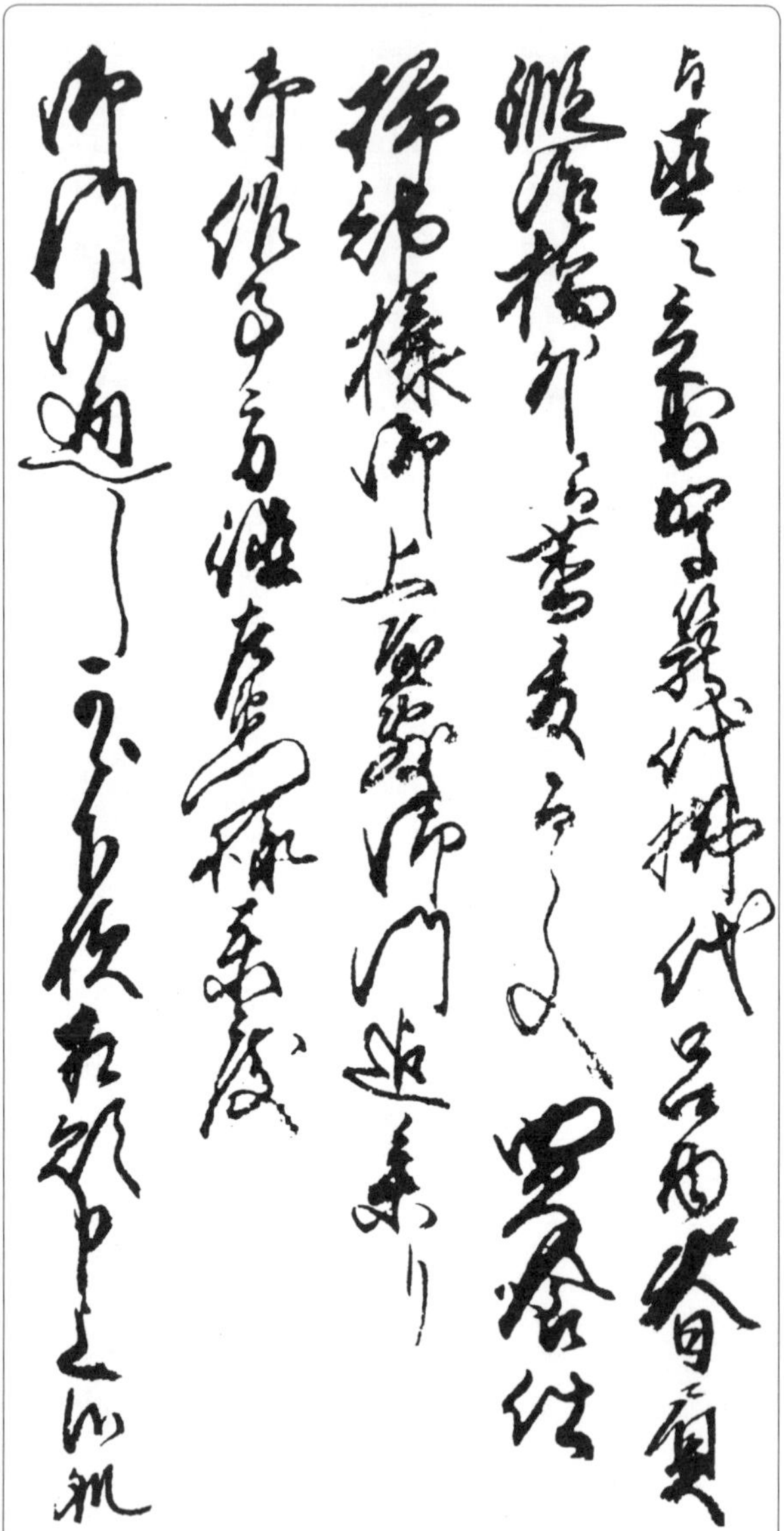

⑬解読

と、直ニ立出駕籠代払、代呂物脊負、鍛冶橋外ニ而蕎麦百文買喰仕、掃部様御上屋敷御門迄参り、御作事方徳左衛門様参度、御門御通し可レ被レ下様、相願申上候処（と、ただちにたちいで、かごだいはらい、しろものせおい、かじばしそとにて、そばひゃくもんかいぐいつかまつり、かもんさまおんかみやしきごもんまでまいり、おさくじかたとくざえもんさままいりたく、ごもんおとおしくださるべくよう、あいねがいもうしあげそうろうところ）

文意

と（言われたので）、友八は、すぐに古川屋を出て（待たせておいた人に）駕籠代を払い、荷物を背負って鍛冶橋外まで行き、蕎麦を百文買い食いした。それから、掃部様の上屋敷の門まで行って「御作事方の徳左衛門様のところに参りたいので、御門を通してください」と、願ったところ

友八はここで白木屋に戻ったらよかったのに、また飛び出してしまいました。駕籠代を払い、荷物はしっかり背負って鍛冶橋に向かいます。かなりお腹がすいていたのでしょう、とにかく腹ごしらえということで、蕎麦を食べています。「買喰」という表現から、屋台のようなものが想像できます。歌舞伎や落語でおなじみの天保期の二八蕎麦は、二×八＝十六文が語源とも、蕎麦粉八に対して小麦粉二の割合だから、ともいわれています。それに比べると、友八の食べた百文は高いのですが、何杯食べたのか、どんな蕎麦を食べたのか、それともほかの事情があったのか、今となってはわかりません。

そこから友八が目指したところは「掃部様御上屋敷」。なぜかというと、そこにいる「御作事方徳左衛門様」が何らかの知り合いで、今度はそこを頼って行ったのですね。「掃部様」は、彦根藩・井伊掃部頭（いいかもんのかみ）の屋敷。この時は井伊直弼ではなく兄の井伊直亮（なおあき）が藩主でした。「作事方」は建築や修繕などの土木・建築関係を担当する役職です。

では、字を見てみましょう。

「直ニ」は⑧の「取直シ」の「直」とほぼ同じくずしです。「立出」。「立」もよく出てきますので字形を覚えてしまいましょう。「払」は、旧字「拂」のくずしです。

「代呂物脊負」。なつかしい字ですね。⑥のとまったく同じパターンです。

「鍛治橋」が出てきました。「鍛」は「かねへん」に「段」のくずしになっています。「橋」。このくずしは、旁の上部が「右」になっている異体字「橋」が書かれています。この「橋」の右半分が「くさかんむり」の下に書かれているのが、「蕎麦」の「蕎」です。よく、比べてみてください。

「買喰」は、第一章㊺の「見世店ニ而買喰致候儀」（九八頁）で出てきました。は「掃部」。「かもん」と読みます。「作」は「にんべん」に「乍」が書かれています。「乍」は「ながら」と読み、「乍レ恐（おそれながら）」「乍レ併（しかしながら）」など近世文書に本当にたくさん出てきますので、この際ここで覚えてしまいましょう。

「徳左衛門」。②の「勘右衛門」と比べてみましょう。「衛門」は同じなのがわかりますね。「左」と「右」の違いもわかりますね。「徳」は、「ぎょうにんべん」に「直に似たくずし」、からできています。

あとはすべて既出の字です。念のために見ておきましょう。「屋敷」。「参度（まいりたく）」。「御通し」。「可レ被レ下様」。「相願申上候処」。だいじょうぶでしたか。

だんだんと慣れてきて、「読めてうれしかった」という経験を重ねていっていただけると本当にうれしいです。

ちょっと確認

［立］

［払］

［部］

［作］

［徳］

［左衛門］

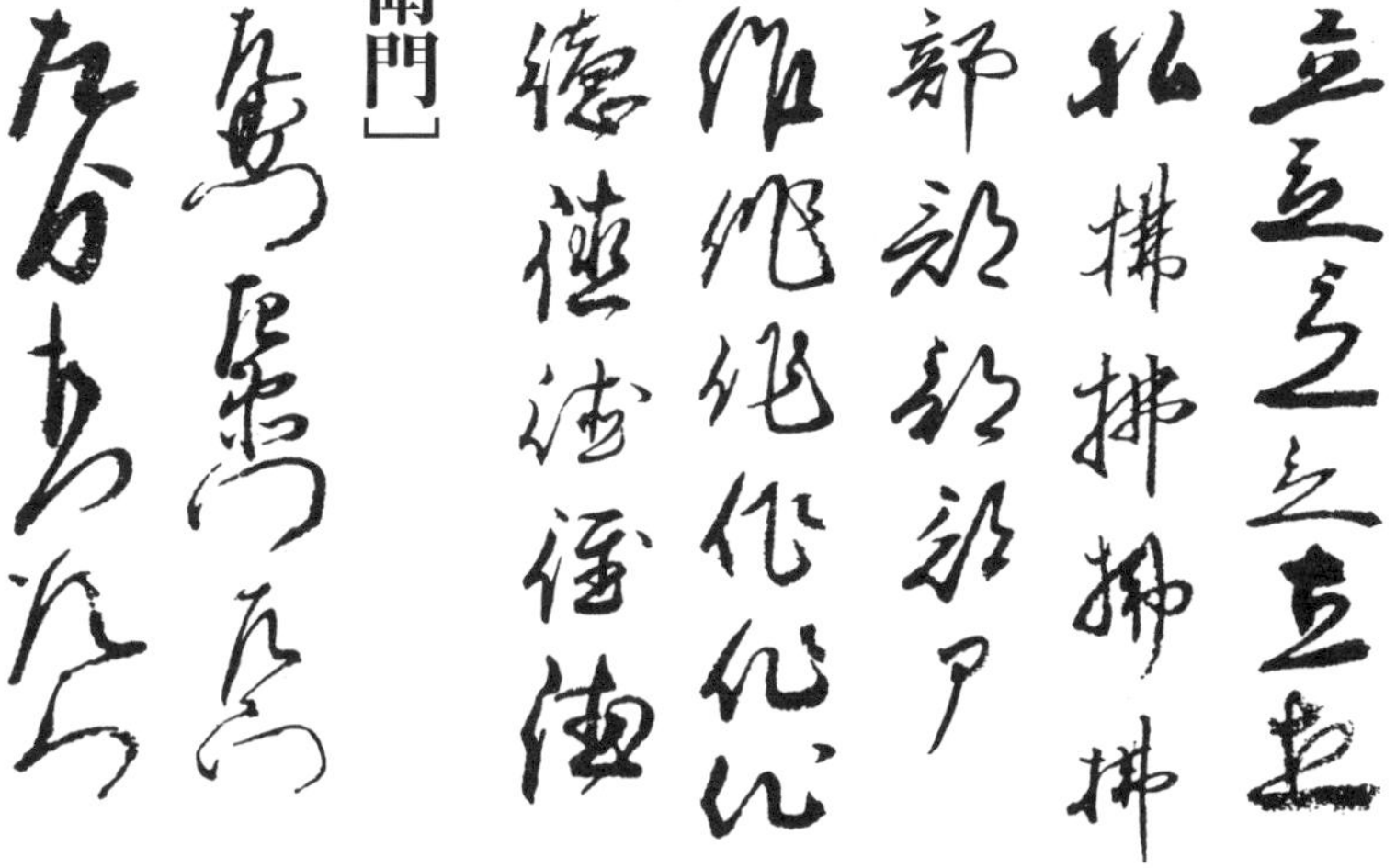

幕末頃の白木屋　歌川國定筆（『白木屋三百年史』より）

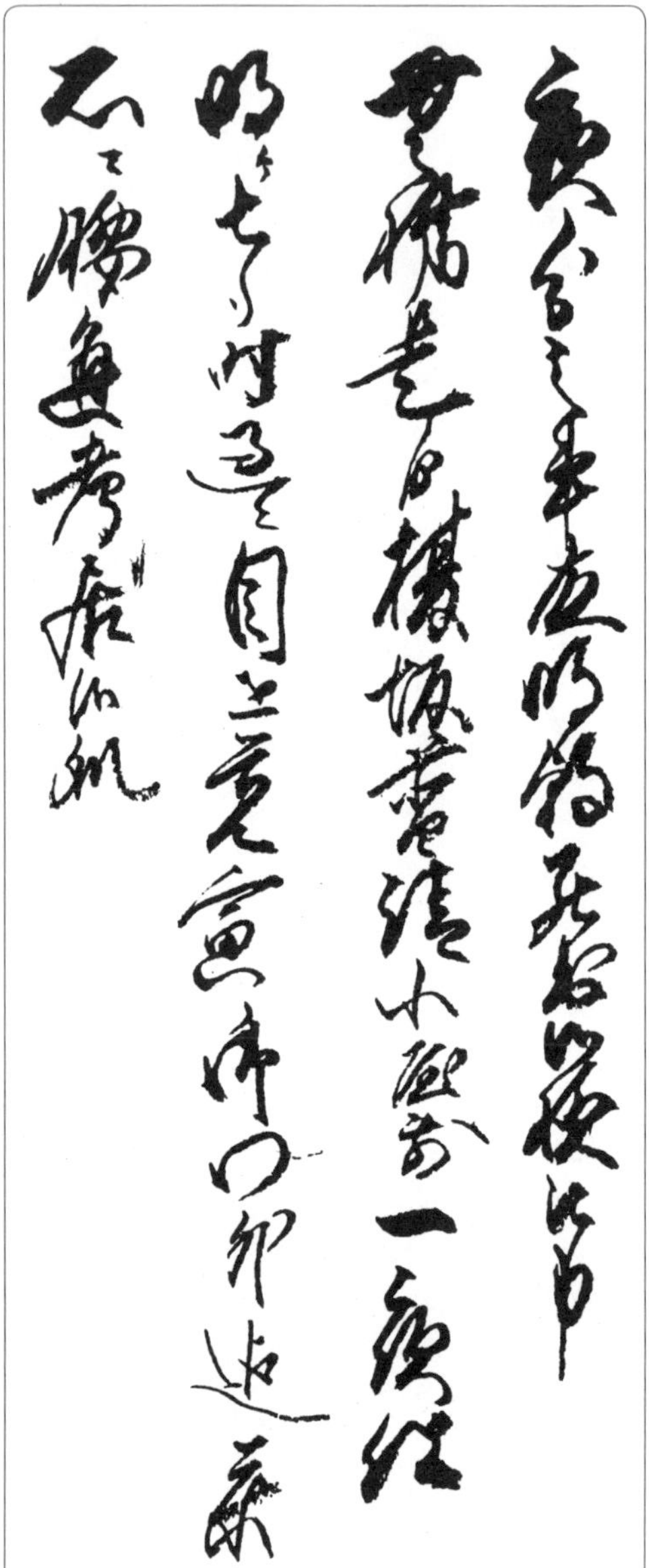

⑭ **解読**

夜分之事故明朝罷出候様被レ申、無レ拠是ゟ榎坂普請小屋前一夜仕、明ケ七ツ時過ニ目を覚、寅ノ御門外迄参、石ニ腰懸考居候処（やぶんのことゆえ、みょうちょうまかりいでそうろうようもうされ、よんどころなく、これよりえのきざかふしんごやまえいちやつかまつり、あけななつどきすぎにめをさまし、とらのごもんそとまでまいり、いしにこしかけかんがえおりそうろうところ）

文意

「もう夜分なので明日の朝また来るように」と言われてしまった。いたしかたなく、そこから榎坂の普請小屋前に行ってそこで夜を明かし、午前四時過ぎに目を覚まして、寅ノ御門外まで行き、石に腰かけて考え事をしていたところ

「掃部様御上屋敷御門迄参り」でしたから、おそらく門番に追い帰されたのでしょう。「こんな夜分に門は開けられない、明朝出直して来い」というわけです。

そこで友八は「榎坂普請小屋前」で、一夜を明かします。初めてのことで、よく眠れなかったのでしょうね。これからのことも不安だったはずです。「明ケ七ツ時」（午前四時頃）過ぎには、はやばやと目を覚ましてしまいます。そこから「寅ノ御門」（虎ノ門）まで歩き、そこにあった石に腰かけて、これからどうしようかとぼんやり考えていたのでしょう。

ここで、友八が歩いてきた道程をもう一度振り返ってみましょう（一六三頁地図参照）。

白木屋→長州屋敷→板倉家屋敷→日比谷御門外（ここで勘右衛門と別れる）→高輪七丁目（駕籠屋で宿泊を断られる）→通り三丁目（駕籠で戻る）→古川屋（四百文借用して二百文返金）→鍛冶橋外（蕎麦百文買い食い）→掃部様御上屋敷御門外（門内に入れてもらえない）→榎坂普請小屋前（一夜を明かす）→寅ノ御門外（石に腰かけて思案中）

さて、事態はこれから思わぬ方向に展開していくことになります。

その前に、くずし字を見ましょう。

「夜分」、「一夜」、⑥に出てきた「夜ニ入」と三か所で出てきましたので「夜」はもうだいじょうぶですね。「故（ゆえ）」。これは初出ですが時々出てくる字ですので、できたら字形を覚えてしまいましょう。「古」と「攵」がくっついてしまって、くるくるっと二つの楕円になっています。

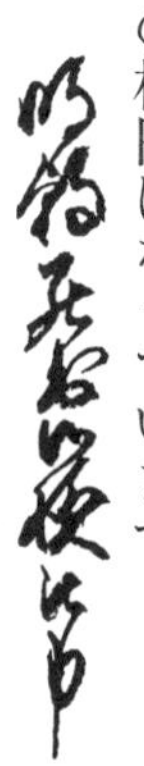「明朝罷出候様被レ申」。これがすべて既出の字なのですから、もう

だいぶたくさんの字を読んできたことになりますね。自信を持ってがんばっていきましょう。とはいえ、「罷出（まかりいで）」は、ちょっととまどいませんでしたか。⑥の「罷越（まかりこし）」の「罷」ですよ。

「無レ拠」は⑪のと同じですね。ただし「無」の方は、ありがたいことに少し違うパターンのくずしですので、比べながらいっぺんに覚えてしまいましょう。「是ゟ」。「是」は⑨の「無二是悲一」の「是」です。

「榎坂」。「榎」は「きへん」に「夏」、「坂」は「つちへん」に「反」。

「普請小屋」。「普請」は初めてですね。特に「請」は「請状（うけじょう）」「請人（うけにん）」「寺請（てらうけ）」など、「受」の方よりも頻繁に出てくる字ですので、是非覚えてください。

「ごんべん」に「青」で「請」です。

「過ニ（すぎに）」。「過」は②の「過ル（すぐる）」で見ました。「目を覚（めをさまし）」。表題の「覺（おぼえ）」は旧字体のくずしでしたが、ここでのくずしは、常用漢字の「覚」のくずしです。

「寅ノ御門」。「寅」は、干支で使われる字です。「うかんむり」が見えますね。のところには二文字あります。「ノ」と「御」がくっついてしまっていますので少しわかりづらかったと思います。は「石」。そしては「腰懸（こしかけ）」。「腰」は「にくづき」、「西」、「女」。「懸」は、下の「心」を目安に、くずし字全体の字形で覚えましょう。

「考居候処（かんがえおりそうろうところ）」、だいじょうぶそうですね。

音読をしていただけているでしょうか。だんだん古文書の語調に慣れてきましたか。江戸時代の人になった気分になってきましたか。期待し応援しています。

ちょっと確認

[故]
[坂]
[請]
[遠(を)]
[寅]
[懸]

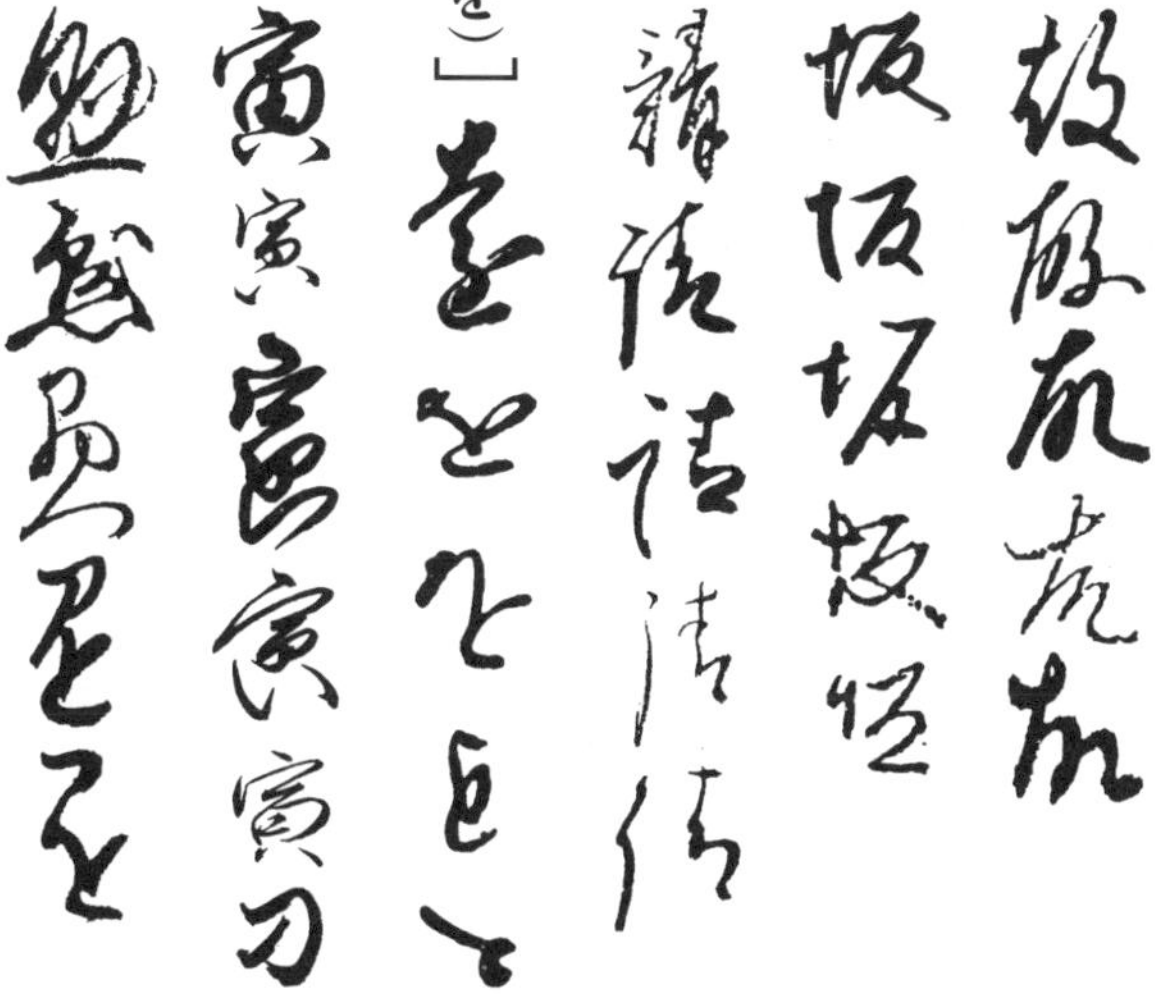

古文書の背景㉑ 辻番所

江戸時代に、道路の交差点や曲がり角などのいわゆる辻々に、警備のために置かれた番所を「辻番所」（略して辻番）と言いました。辻番所は、幕府が管理した一部の市中にも置かれましたが、おもに武家屋敷を守るために武家地に設けられたもので、町人地の木戸番、自身番とならんで江戸の治安維持や警備にあたりました。

辻番所には捕り物のための突き棒、さすまた、もじり棒、松明、早縄、提灯などを備えていました。運営は、はじめは武家が直接おこなっていましたが、のちには町人が請け負うようになりました。そして、請負人が安い給金で番人を雇うようになると辻番の機能が悪くなり、幕府はしばしば禁令を出しては統制を強化しようとしていました。

5✣お縄になった友八

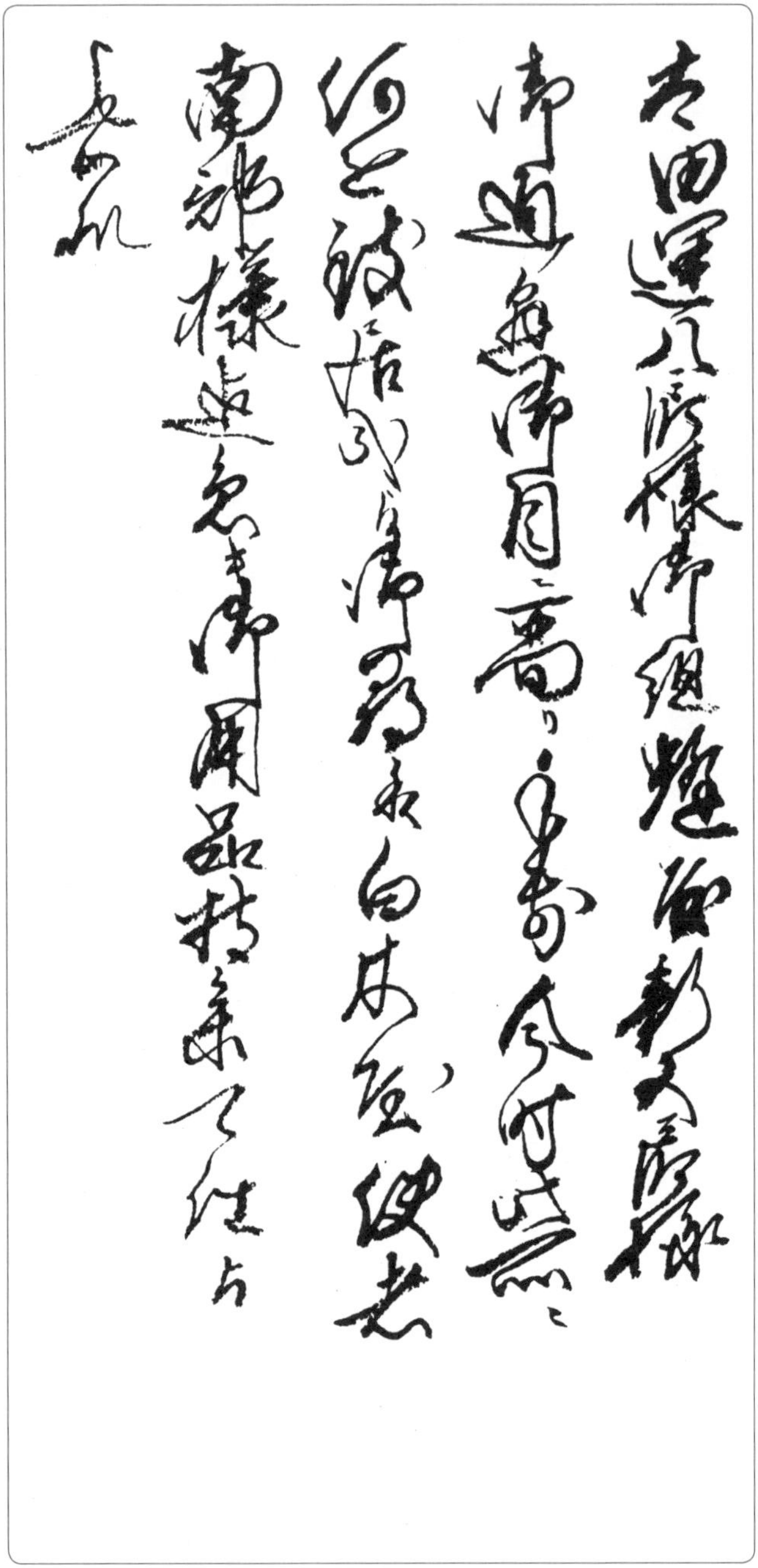

⑮ **解読**

太田運八郎様御組蜂屋新五郎様御通懸、御目ニ留り、手前今時此所ニ何を致居哉と御尋、私白木屋使者南部様迄急キ御用品持参可レ仕、と申上候処（おおたうんぱちろうさまおんくみ、はちやしんごろうさまおとおりかかり、おめにとまり、てまえいまどきこのところになにをいたしおるや、とおたずね、わたくししろきやつかいのもの、なんぶさままで、いそぎごようのしな、じさんつかまつるべし、ともうしあげそうろうところ）

文意

太田運八郎様の組の蜂屋新五郎様が御通りかかって、石に腰かけている友八が御目に留まった。「おまえはこんな時間に、ここで何をしているのか」とお尋ねになったので、「私は白木屋の使いの者です。南部様の御屋敷まで、急ぎの御用の商品を持参いたすところです」と、申し上げたところ

一度嘘をついた友八は、悪いことに嘘に嘘を重ねることになっていきました。

「太田運八郎様」は先手組加役火盗改めであり、「蜂屋新五郎様」はその組の配下です。つまり友八は、江戸の治安を守る役目の武士に尋問されるという窮地に追い込まれたわけです。

「南部様」とは、外桜田にあった陸奥盛岡藩南部家の上屋敷を指していると思われます。友八が石に腰かけていた「寅ノ御門（虎ノ門）」から五百メートル足らずのところにあります。ここにも、手代のお供をして来たことがあったのでしょう。「御用品」は原文書には「之」がありませんから筆写する時には書いてはいけませんが、音読する時には「ごようのしな」と「の」を補って読んだ方が、口調も自然ですね。

突然通りかかった火盗改めの問いかけにも動ぜず、「南部様」がこの近くにあったと思いつき、それを言えばつじつまが合うだろうとひらめく友八。この機転を、こんな嘘にではなく正しい商売の方に向けて、きちんとした配慮と努力をしたら、さぞかししっかりした奉公人に成長するだろうに…、と思われるような言いわけの仕方です。

では、くずし字を見てみましょう。

「太田運八郎」、「蜂屋新五郎」。「郎」パターンの名前が二つ出てきました。「良」に似たくずし、「おおざと」のくずしと比較的きれいな形です。「八」と「五」はいいでしょうか。とくに初心者の方は「五」に戸惑います。運筆に注目なさってください。小さく横棒を引いたあと、右上から左下に下りて、時計と逆回りにくるっと小さく回って左上に上がり、一気に右下に下りていきます。数字は、年貢関係、諸帳簿などに必ず出てきますから習得したいですね。「運」、「新」も、偏や旁が見分けやすいですね。「新」の「斤」（おのづくり）は、⑧の「御断」の「断」の「斤」と同じですね。

「蜂」が、むずかしいですね。このくずしは「むしへん」に、「逢」のくずしが書いてあります。下の小さい横棒、例の「しんにょう」が見えますね。「いとへん」に「逢」なら「縫（ぬ）う」ですが、「むしへん」ではなんと読もうか、と思わず考え込みます。漢和辞典で調べると「蜂」の本字は「蠭」であることがわかります。「逢」の下に「虫」が二つです。ということは、古文書のくずしが「むしへん」に「逢」でも十分納得できる、ということで「蜂」でしょう。

「組」。「いとへん」です。「御通懸（おとおりかかり）」。⑭に「腰懸（こしかけ）」がありました。この二か所で「懸（かかり、かけ）」を丸ごと目に焼き付けてしまいましょう。「こころ」の上の部分のくずしが独特なので、かえって覚えやすいかもしれません。同じ「かける」でも、この「懸」の方が「掛」よりはるかに多く文書に出てきます。

「留り」。変わったくずしですね。「留」は異体字「畱」のくずしでしょう。

「手前」と「今時」。いずれも既出の字ですね。「此所」は⑩のと
ほぼ同じくずしです。

「何を致居哉（なにをいたしおるや）」の「哉」は、見覚えがありますか。古川屋さんの言葉「何様ニ御遣ひ被レ成候哉（なにようにおつかいなされそうろうや）」の「哉」です。「与（と）」も何度も出てきてくれましたので、だいじょうぶでしょうか。「尋」は、「寸」の部分が、下ではなく右に書かれているのでしたね。「私」。が「のぎへん」のくずしです。ついで「白木屋」。この文書のなかで初めて「白木屋」という言葉が出てきました。『明鑑録』のなかでは「御店（おたな）」「店（たな）」という表現が使われていますから、「白木屋」という外に対する改まった言い方は珍しいです。ここでは、友八が自分のことを「白木屋使者」と名乗っているわけです。その「使者」。「使」は、「にんべん」に「吏」。「吏」の「口」の部分が一直線になってしまい、「夫」と同じくずしになっているところに特徴があります。

は「南部」。「部」は、⑬の「掃部」の「部」です。は「急キ」。「急」は、「ク」、「ヨ」、「心」とつながっています。第一章で何度も出てきた「急度（きっと）」（五六頁ほか）を覚えていらっしゃいますか。

あとの字は何度か登場したことのある字ですね。でも、「申上候処」がむずかしかったでしょうか。「申」は「日」が右の点一つになってしまっていて、あとは縦棒だけ。⑥の「申度」の「申」です。この「申」と「上」がくっついてしまっています。「上」は「申」

から下りてきた縦棒が長い横棒になって、そのあと右上の横棒を書いていって「候」に下りていっています。「処」も少し見にくいかもしれませんが、⑭の「考居候処」の「処」がもう少しくずれた形です。

ちょっと確認

[郎]　[組]　[新]　[五]　[私]　[使]

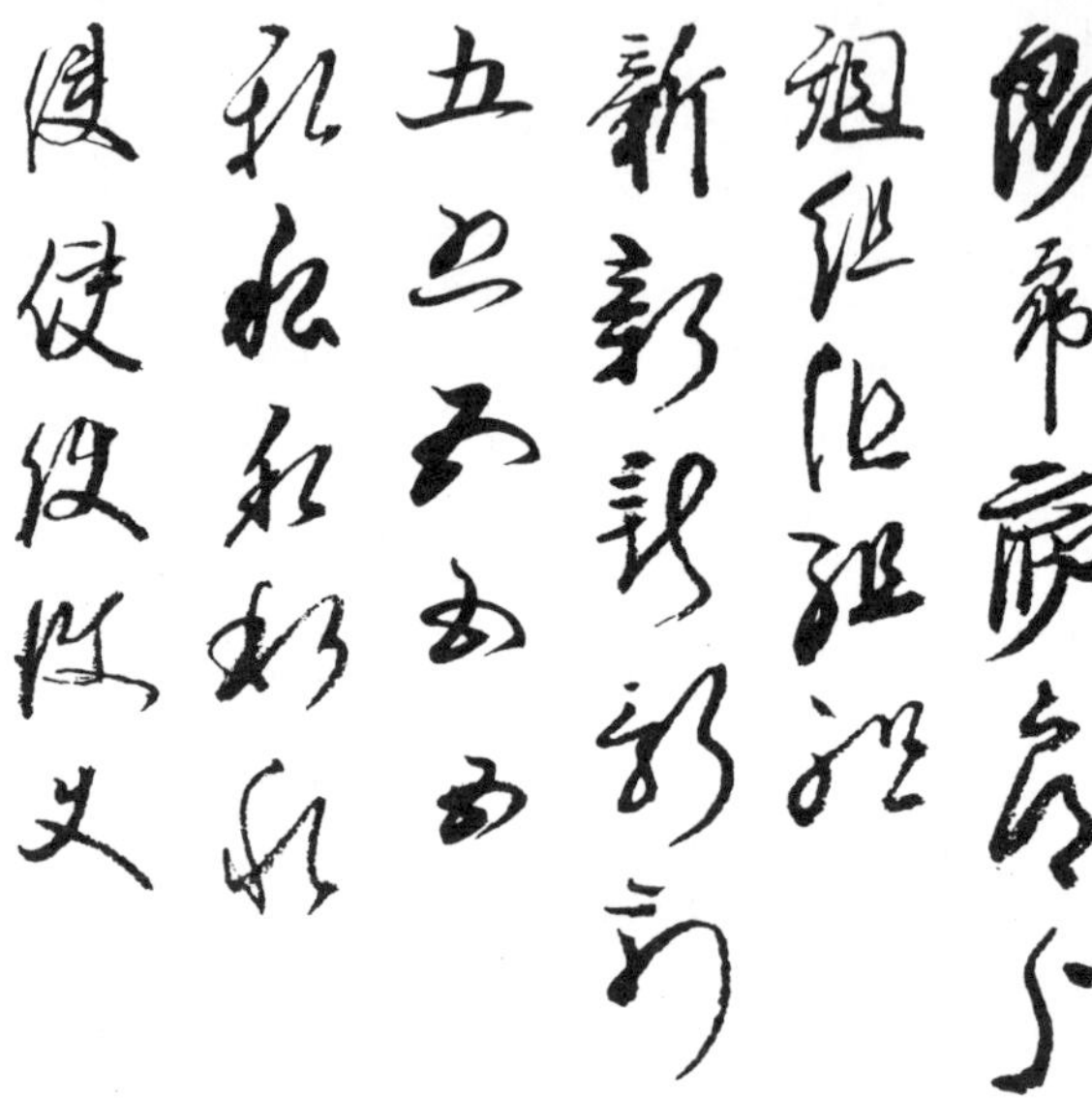

二八蕎麦屋（寛政３年『笑増厄災除講釈』より）

⑯**解読**　**無灯焼に而難二心得一者被二思召一、八丁堀自身番江引連、一々御糺ニ預、友八明白ニ奉二申上一候存心之越**（むちょうちんにてこころえがたきもの、おぼしめされ、はっちょうぼりじしんばんえひきつれ、いちいちおただしにあずかり、ともはちめいはくにもうしあげてまつりそうろうぞんしんのこし）

文意　**灯焼（提灯）も持たずに怪しいやつだ、とお思いになった蜂屋様は、友八を八丁堀自身番に連れて行き、そこで友八は詳しく取り調べられた。友八が明白に白状した心中の思いは、以下のようである。**

「南部様迄」という言い逃れは、やはり通用しなかったですね。情け容赦なく八丁堀自身番に連れて行かれてしまいました。白木屋が一番心配していた「暖簾に傷が付く」事態になってしまったのです。

友八自身にとっても恐ろしくて仰天の思いだったでしょう。もう言い逃れはできない、と覚悟を決めて「明白ニ奉二申上一」以外の道はありませんでした。「御店」は、厳しい世界ではあったかもしれませんが、保護もしてくれていたはずです。そこを飛び出してしまった友八は、八丁堀に連れて行かれてしまいました。「存心之越」は、この場合「思いの丈、心のうち」ぐらいに取っておきましょう。

「無灯焼（提灯）に而難二心得一者」という言い方ですが、暗くなってから、あるいはまだ朝暗いうちに店のものが外出する時には、店の屋号や印が付いた提灯を持ち歩きます。それによって、怪しいものではないことを証明します。友八は、早朝薄暗い時分にその提灯も持たずにいたので、疑われたのでしょう。

では、くずし字を見ましょう。

「無」はいいでしょうか。⑪の「無レ拠」の「無」ですね。

「灯焼」。両方とも「ひへん」です。これはむしろ字はわかるが、なんと読んだらよいかわからない、というパターンですね。「ちょうちん」はふつう「提燈」あるいは「提灯」と書きます。音（オン）から「挑灯」と書いたくずし字も出てきます。ここでの「灯焼」も、灯（あかり）を焼く（もやすということですね）、という字義と文脈の両面から、「ちょうちん」と読むのが適切でしょう。

次の。これは縦棒が見えますので、ひらがなの「に（仁）」と「而」、と見ましょう。このあとは既出の字が続きますが、もうだいじょうぶでしょうか。「難二心得一者」。「被二思召一（おぼしめされ）」。「被」は重要な字ですので、何度も何度も確認しておいてください（二一四

頁)。「思」は、「田」と「心」。「召」は、「刀」と「口」です。とくに「刀」が非常に薄くなっていって、最後はこのように一直線になって「口」とつながります。

「八丁堀」。「堀」は、「つちへん」に「屈」。その「屈」のなかには、よく見ると「出」のくずしがありますね。「自身番」の「番」は、⑫の「辻番所」の「番」と同じです。

「引連」。「引」は、ここではまだ「ゆみへん」に見えますが、ほとんどまっすぐな縦棒になってしまうことが多いです。「連」は、「しんにょう」と「車」ですね。「引連」の下は。上の方のは「一」。下のは「ニ」と読むにしては、この文書の他の「ニ」と比べて大き過ぎるし、位置も右横でなく中央に書かれています。また⑧の「外々」に似ています。これらを判断材料にすると「一々(いちいち)」と読むのが妥当でしょう。もちろんその方が、文意も通じますね。

は「御紀」。「紀」の「いとへん」は、⑮の「御組」の「組」の「いとへん」と同じです。は「預」。⑨の「異見ニ預り」で出てきました。何度もお話しますが、「願」(一四三頁)、「預」(一五四頁)、「頼」(一五四頁)、「頭」(二二九頁)などの「おおがい」の字に是非強くなってください。

「明白ニ」。小さい「ニ」を見落とさないようにしましょう。

ついで「奉二申上一候」です。「奉」は縦棒のあと最後に横棒を書くので、こういう形になるのでしたね。⑤の「御奉公」、覚えていますか。「奉」の下の「申上候」は

⑮で見た「申上候処」と、ほぼ同じ形ですね。「存心之越」。「存」は⑤の「太儀ニ存」。「越」は⑥の「罷越」を確認しておいてください。

ちょっと確認

[焼]　[思]　[召]　[堀]　[紀]　[連]

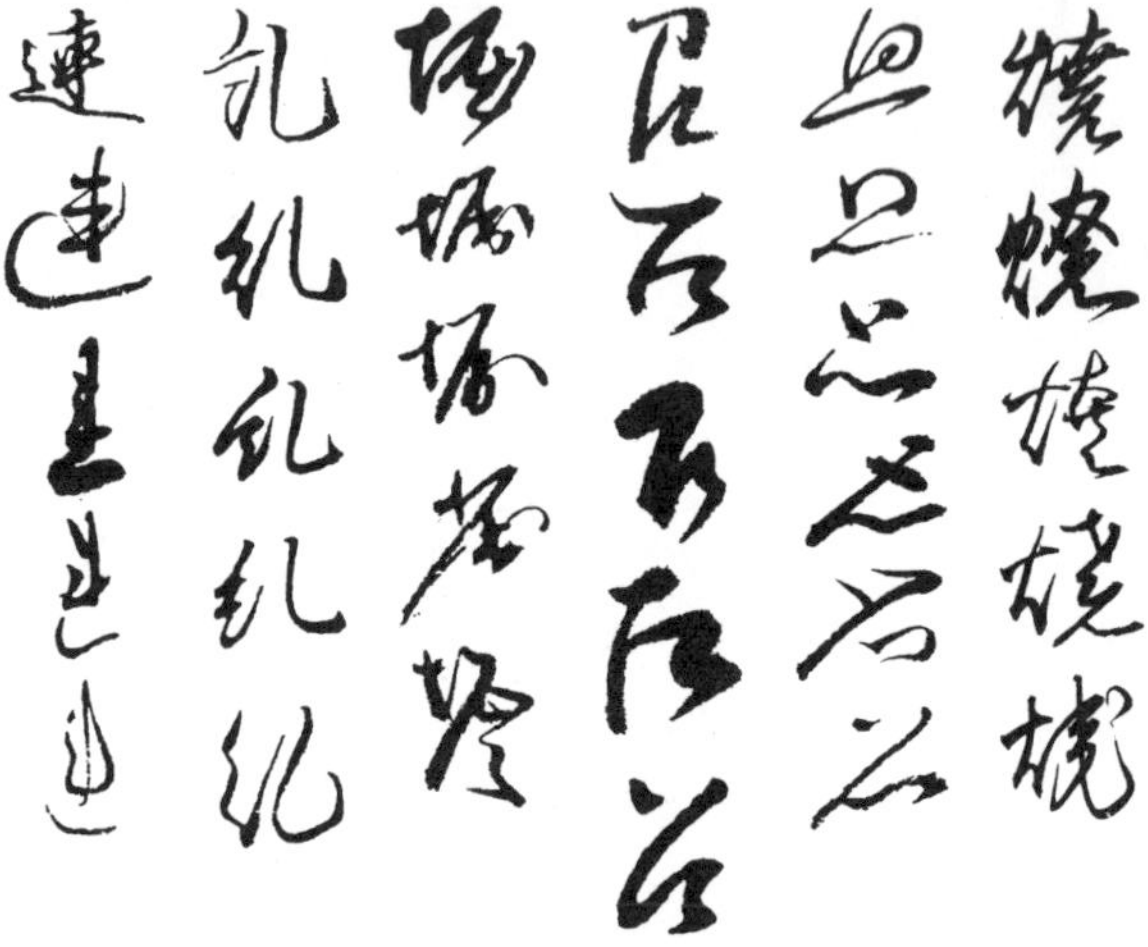

古文書の背景㉒　自身番

江戸や大坂、京都では、町内の大通りの両端に木戸がありました。その木戸に接して一方に木戸番が、もう一方に自身番が設置されました。ほぼ町に一つ自身番がありましたが、二、三か町共同で設ける所もあり、嘉永三（一八五〇）年には江戸中で九百九十四か所ありました。

任務としては、交替で町内を巡回して、不審者がいれば、捕らえて番所内に留め置いて、奉行所に訴え出ました。喧嘩口論をいさめて、夜は火の元を用心させました。また、町廻りの奉行所同心などが犯罪容疑者を捕らえたとき、一時ここに留置して取り調べをおこなうこともありました。

自身番の多くは、屋根に火の見があり、火消用具が常備されていました。

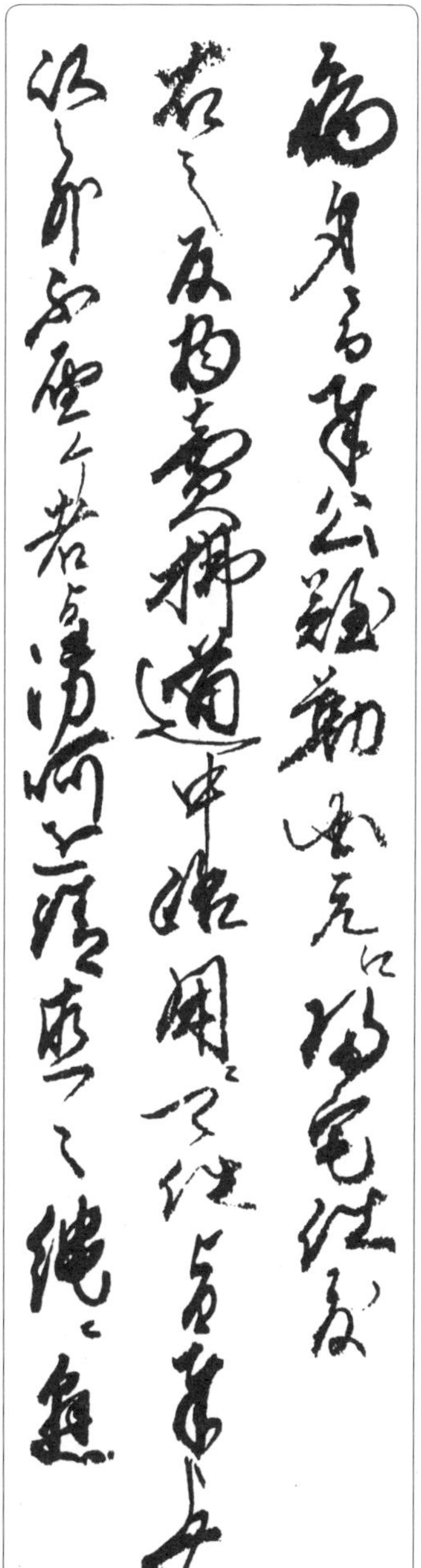

⑰ **解読**

病身ニ而奉公難レ勤、国元江帰宅仕度、右之反物売払道中路用ニ可レ仕旨奉二申上一候、以之外不届ケ者と御呵を請、直々縄ニ懸（びょうしんにて、ほうこうつとめがたく、くにもとえきたくつかまつりたく、みぎのたんものうりはらい、どうちゅうろようにつかまつるべきむね、もうしあげたてまつりそうろう、もってのほかふとどけもの、とおしかりをうけ、じきじきなわにかかり）

文意

「私は病身で白木屋での御奉公を勤めきれないので、故郷に帰りたいと思い、背負っていた反物を売り払って故郷へ帰る道中の費用にしようと思っていました」と、申し上げたところ「何という不届き者だ」としかられて、たちまち縄で縛られてしまった。

言い逃れのための嘘ではない友八の本心「存心之越」が、初めて出てきました。「故郷に帰りたい。そのための路用は、背中の反物を売り払ってつくるつもりだった」。この思惑を実現するために、友八は「御作事方徳左衛門様」を訪ね、また「石ニ腰懸考」えていたのでしょう。

「病身ニ而奉公難レ勤（びょうしんにて、ほうこうつとめがたく）」は、⑤の「未タ病気全快不レ仕、殊ニ御奉公太儀ニ存（いまだびょうきぜんかいつかまつらず、ことにごほうこうたいぎにぞんじ）」に対応していますね。前にお話ししましたように、友八の病気がかなり重かったのか、またほんの軽いもので「病身」は言いわけに過ぎなかったのかはわかりません。しかし、友八自身が「御奉公太儀」で「難レ勤」と感じていたことは確かで、そのために、故郷に帰りたいと切実に願っていたのでしょうね。

その「存心」を聞いた蜂屋新五郎たちは「以之外、不届ケ者（もってのほか、ふとどけもの）」と、友八を縛り上げてしまいます。「御店の商品を持ち逃げするなんて何事か」というわけです。わたしたちは「不届〝き〟者」と言いますが、この文書では後でもう一か所「不届〝ケ〟之者」が出ていますので、実際このように発音していたと思われます。

白木屋も手分けして探していたでしょうが、先に火盗改めに見つかってしまいました。とうとう「縄付き」を出してしまった白木屋。その白木屋が、どういう対応をしたかは、次の⑱以降の記載から読み取っていきましょう。

それでは、くずし字です。

まずは「病身」。「やまいだれ」と「丙」です。「身」もよく出てくるくずし字です。斜め棒と点が交差して「〆」のようになったところが特徴的です。「躰」（「体」とほぼ同義ですが「体」より多く出てきます）、「躮」（せがれ）などの偏としても「身」が出てきます。「身」を「分」けたのが「躮」とは、よくできた字だと感じます。

は「奉公難レ勤」。「勤」は初めて出てきました。左側上部の「くさかんむり」の部分と旁の「力」が見えますね。

「国元」です。⑧の「宿元」と同じような表現ですね。この「国」は是非とも覚えてしまいましょう。「くにがまえ」の上下部分が省略されて、このように左右の点だけになっているのが特徴的だからです。まず「玉」の部分を書いてから、そのあと左右の点（くにがまえ）が書かれています。「国」以外にも「図（圖）」、「固」、「円（圓）」などが同じような「くにがまえ」の字になることがあります。

は「帰宅仕度（きたくつかまつりたく）」。「帰」（五三頁）と「度」（六二頁）をもう一度確かめておいてください。「宅」は初出ですが、「うかんむり」と「毛」が見えますね。「反物（たんもの）」です。「反」は初めてかもしれませんが、⑭の「榎坂」の「坂」の旁と同じです。「物」は、「代呂物」などでおなじみですね（一二九頁）。

「売払」は、両方とも旧字のくずしです。は「賣」＝「売」。「士」と「買」で一文字です。「拂」＝「払」は⑬の「駕籠代払」で出てきました。

「道中路用（どうちゅうろよう）」。「路」は覚えておきましょう。「あしへん」に「各」のくずしです。「あしへん」の字は、第一章で「跪」、「踏」を見ましたね（五八頁、六〇頁）。

「旨（むね）」。これもとてもよく使われる字です。カタカナの「ヒ」の下に漢字の「日」が書いてあります。「奉二申上一候」は、⑯のとまったく同じパターンですね。

ただし「候」の部分が、さらに省略されて、筆がぐっと止まった状態になっています。「以之外不届ケ者（もってのほか、ふとどけもの）」。「届」のなかに「出」が見えますね。それ以外の文字は既出の字ですので、だいじょうぶでしょうか。音読した時に、リズムのよい箇所ですね（言われた友八は、それどころではなかったでしょうが）。

小さな「与」＝「と」のあとに「御呵を請」。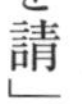「呵（しかり）」は、現在はあまり見かけない字かもしれませんが、時々文書に出てきます。「口（くちへん）」に「可」です。「しかる」というと、どんな漢字を思い浮かべられるでしょうか。たぶん「叱」の方でしょうね。近世文書では、この「叱」、そして今回出てきた「呵」の他にも、「喝」「訶」などの「しかる」を見かけます。「請」は、⑭「普請」の「請」です。

「直々」。「じきじき」には、「他人を介さず本人が直接」という意味もあります。しかし、下役を使わずに蜂屋新五郎が手ずからしばりあげたとは考えにくいですので、この場合は「たちまち」「ただちに」の意味と、とりましょう。

そして、友八は「縄ニ懸」ってしまいます。「縄」は「いとへん」がきれいに見えます。「懸」は、⑭「腰懸」、⑮「御通懸」を思い出してください。

ちょっと確認

[病]

[身]

[国]

[売]

[路]

[旨]

[届]

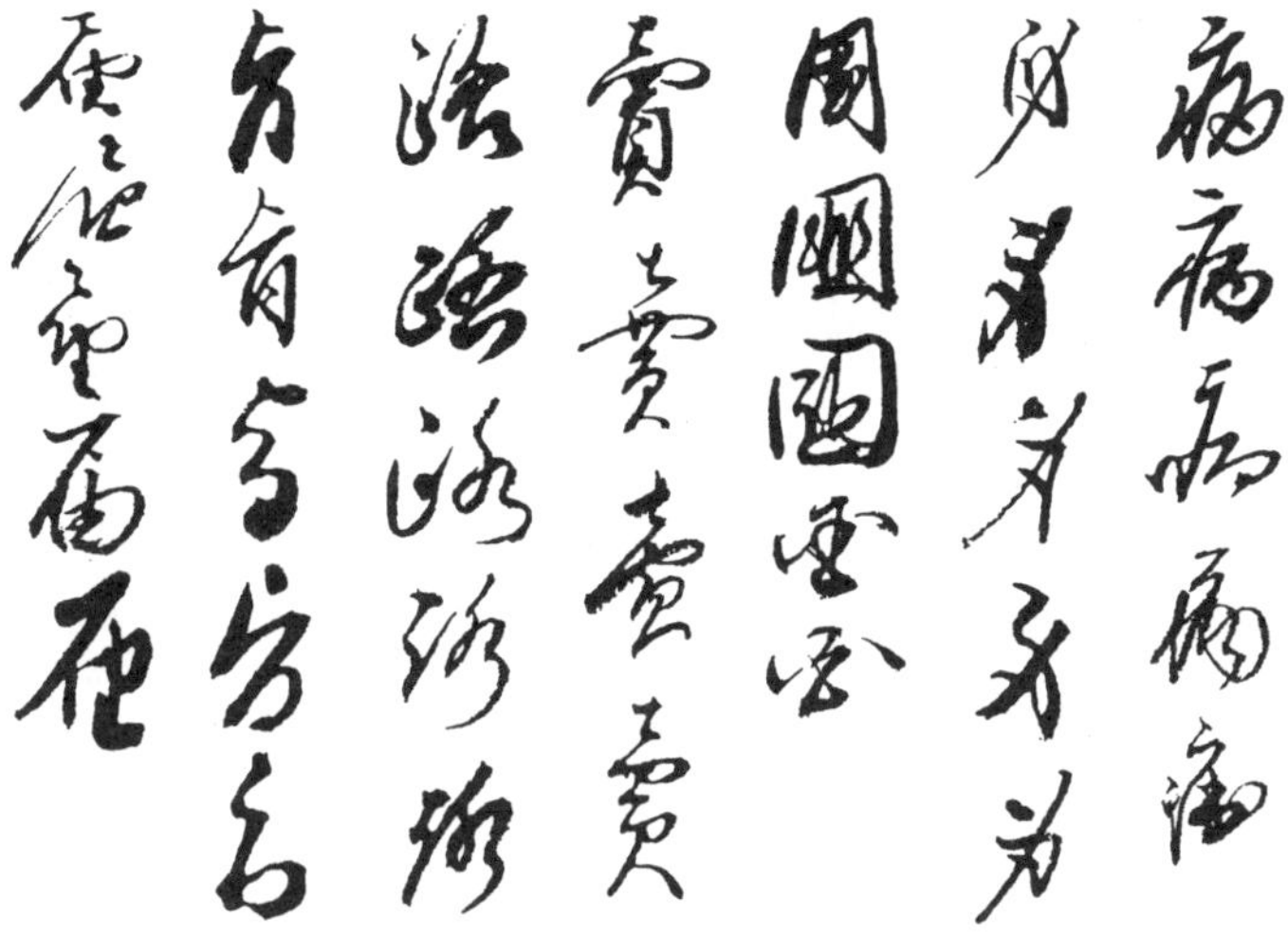

自身番小屋　（寛政５年『東大仏楓名所』より）

⑱ **解読**

其内蜂屋様ゟ御店江御差紙参り、世話役・家主両人罷出候処、此者ハ手前店荷持仁歟御尋預、驚入、乍レ恐奉二申上一候、私共店下男ニ相違無レ之奉二申上一、御慈悲御願奉二申上一候（そのうち、はちやさまよりおたなえおさしがみまいり、せわやく・やぬしりょうにんまかりいでそうろうところ、このものは、てまえたなにもちのじんか、おたずねあずかり、おどろきいり、おそれながらもうしあげたてまつりそうろう、わたくしどもたなげなんにそういこれなく、もうしあげたてまつり、ごじひおねがいもうしあげたてまつりそうろう）

文意

間もなく、蜂屋様から白木屋に召喚状が来て、世話役と家主の二人が出頭したところ、「この者は、おまえの店の荷持ちの者か」と尋ねられてびっくりして、かしこまって申し上げた。

「私どもの店の下男に相違ございません」と。「なにとぞ御慈悲を（もって、御赦免くださるように）」とお願い申し上げた。

「其内（そのうち）」は、「やがて」ではなく、「間もなく」の方の意味ととりましょう。「差紙（さしがみ）」というのは、奉行所などからの呼び出し状、出頭命令書のことです。いよいよ白木屋に召喚状が来たわけです。白木屋ではそれに応じて世話役と家主の二名を差し向けています。町の世話役、とも考えられますが、「手前店」と述べていることから、白木屋内の世話役と判断します。

白木屋文書のなかの『規定永証』は、世話役の規定を定めたもので、そのなかには「世話役之儀者、小頭衆ニ順シ至而御大切之御役柄ニ而（せわやくのぎは、こがしらしゅうにじゅんじ、いたっておたいせつのおやくがらにて）」とあり、世話役が小頭衆に次ぐ役であった事がわかります。

日本橋店から急いでやってきた二名に対して蜂屋新五郎は、友八が本当に白木屋の「荷持」の者なのかを確認しています。二人は、それに対して「下男」に間違いありません、という答え方をしています。ここのところが大事です。

いろいろな歴史的用語を見るときに、その用語が実際にその時期の古文書に書かれている言葉か、古文書には出てきていないが研究者が便宜上あるいは必要性があって創った言葉か、を区別する必要があります。この場合、友八という一人の人間を表わす言葉として、「荷持」「下男」と古文書上に書かれていました。さらに言えば、この文書の一番はじめに書いてあった「台所」も友八を表わす言葉です。つまり、「友八」＝「台所」＝「荷持」＝「下男」ということになります。ぴったりイコールと言ってしまっていいかどうかの問題は残りますが、一応こういう構図ができあがります。これらはすべて、古文書に実際に書かれている用語です。

①の「台所」の説明で「下男奉公人のことです」「荷物の運搬をしたり使いにいったりなど、店の内外でいろいろな雑用をこなしていました」と申し上げたのは、古文書上のこのような記載から導き出したことなのです。

それに対して、もし私が、この台所衆を一般の奉公人（子ども→若衆→手代の段階を踏む奉公人）に対して、「下働奉公人（したばたらきほうこうにん）」と名づけたとします。そうすると、その「下働奉公人」は、古文書のどこを探しても出てこない。しかし、私はその言葉を定義した上で、自分の話なり文章のなかで使っていくことになります。それが適切なネーミングで、実態をきちんと表わしているどうかは、批判を待つことになります。

今の例でいえば、「台所」「荷持」「下男」という古文書に出てくる用語（その当時実際に使われていた表現）と、「下働奉公人」という造語、その違いを意識することは、これから一般書をお読みになる時にも専門書を読まれる時にも、大切なことです。

では、また本文に戻りましょう。

「御慈悲御願…」は、減免願い（年貢引き下げ願い）や、訴訟文書などにたびたび出てくる表現です。似た言い方に「御憐愍を以御聞届被⌞下候様御願（ごれんびんをもって、おききとどけくだされそうろうようおねがい）」などがあります。

白木屋としては必死だったのでしょうね。とにかく、これ以上表沙汰になる前に友八を店に連れて帰ってしまいたい。なんとしても事を穏便に済ませたい、とひたすら願っていることがわかります。

それでは、くずし字を見ていきましょう。

「其内（そのうち）」。「御差紙（おさしがみ）」。「差」は、第一章⑩の「差別分明」の「差」です（一二頁）。下の部分が「左」のくずしになっているのでしたね。「紙」も「いとへん」と「氏」が見えます。

「世話役」。は、ほとんどひらがなの「せ」になってしまっています。「話」は「ごんべん」と「舌」が見えます。「役」の「ぎょうにんべん」と「殳（るまた）」もいいですね。

続いて「家主」。「主」は、上の点の部分と「王」のくずしから成り立っています。「王」はひらがなになると「わ」と読みます。

は「両人」。この「両」がいいですね。一番よく出てくる形のくずしです。前にお話した金（きん）の単位、何両という時に必ず出てくる字です。「罷出」。⑭にも「罷出」がありましたが、今回の方が「罒」（あみがしら）がさらに小さくなって点になってしまっています（）。「能」のくずしの部分は同じですね。

次は少し長いですが「此者ハ手前店荷持仁歟（このものは、てまえたなにもちのじんか）」。ここは、すらすらと読めたでしょうか。にもち「の」じん、と「の」を補った方が読みやすいですね。字はいずれも、これまでに一度は出てきています。ちょっと心配でしたら必ず確かめておいてください。「前」（三五頁）、「店」（一三三頁）、「荷」（一五四頁）、「持」（六九頁）、

「歟」（四四頁）。「歟」は第一章⑰の「相忘候歟」の「歟」と同じ字なのです（三九頁）。⑰の方は「歟」の異体字「欤」のくずしでした。

次の「御尋預（おたずね（に）あずかり）」は、すべて既出の字ですので確認しておいてください。「御」（一二九頁）、「尋」（四四頁）、「預」（一五四頁）。は「驚入」。この「驚」は初めてですね。「敬」と「馬」です。よく見ると「敬」の部分も、「くさかんむり」、「句」、「ぼくにょう」から成り立っていることがわかりますが、「句」はちょっとわかりづらいかもしれませんね。

「乍レ恐（おそれながら）」は、是非とも是非とも覚えてください。近世文書頻出の表現です。「乍レ恐奉レ願口上之覚（おそれながら、ねがいたてまつる、こうじょうのおぼえ）」「乍レ恐御訴訟（おそれながらごそしょう）」「乍レ恐以二書付一奉二願上一候（おそれながら、かきつけをもって、ねがいあげたてまつりそうろう）」などなど、「乍レ恐」が表題に入る文書は数多くあります。「乍レ恐」と畏まりながら、自分より上位の人に対していろいろな願い事をしています。は⑬に出てきた「作」の旁の部分とまったく同じですね。そうでした、その時にも「乍」のお話を少ししましたね。「恐」の方は、「工」、「凡」、「心」のくずしが組み合わさっています。

は「私共（わたくしども）」。「共」が意外にむずかしいと思われている方が多いようです。縦棒二本で見分けてくださいと申し上げた第一章の方で、もう一度確認しておいてください（一四頁）。

「下男」。「男」は、「田」と「力」が見えますね。「相違無レ之奉二申上一（そういこれなくもうしあげたてまつり）」。「違」は、「しんにょう」に「麦」が書かれている異体字「遠」のくずしで、第一章㊿の「違背」（一〇七頁）が、見分けやすかったですね。

「御慈悲」。「慈」も「悲」も下に「心」が見えますね。上の部分も比較的しっかり書いてありますので、読みやすいでしょうか。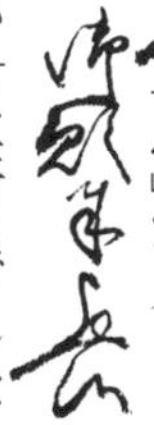「御願奉二申上一候（おねがいもうしあげたてまつりそうろう）」。「願」は「おおがい」に注目でしたね。「奉二申上一候」はよく出てきますね。⑯で初めてこのくずし字のパターンが出てきたときには見慣れていらっしゃらなかったと思いますが、もうだいじょうぶでしょうか。

音読の方は、していただいていますか。古文書のリズムに、声が乗ってきたでしょうか。イメージを膨らませながら、是非音読をお続けください。

ちょっと確認

［其］

［話］

［役］

［主］

［両］

[内]　[世]　[家]　[驚]　[乍]　[恐]　[慈]

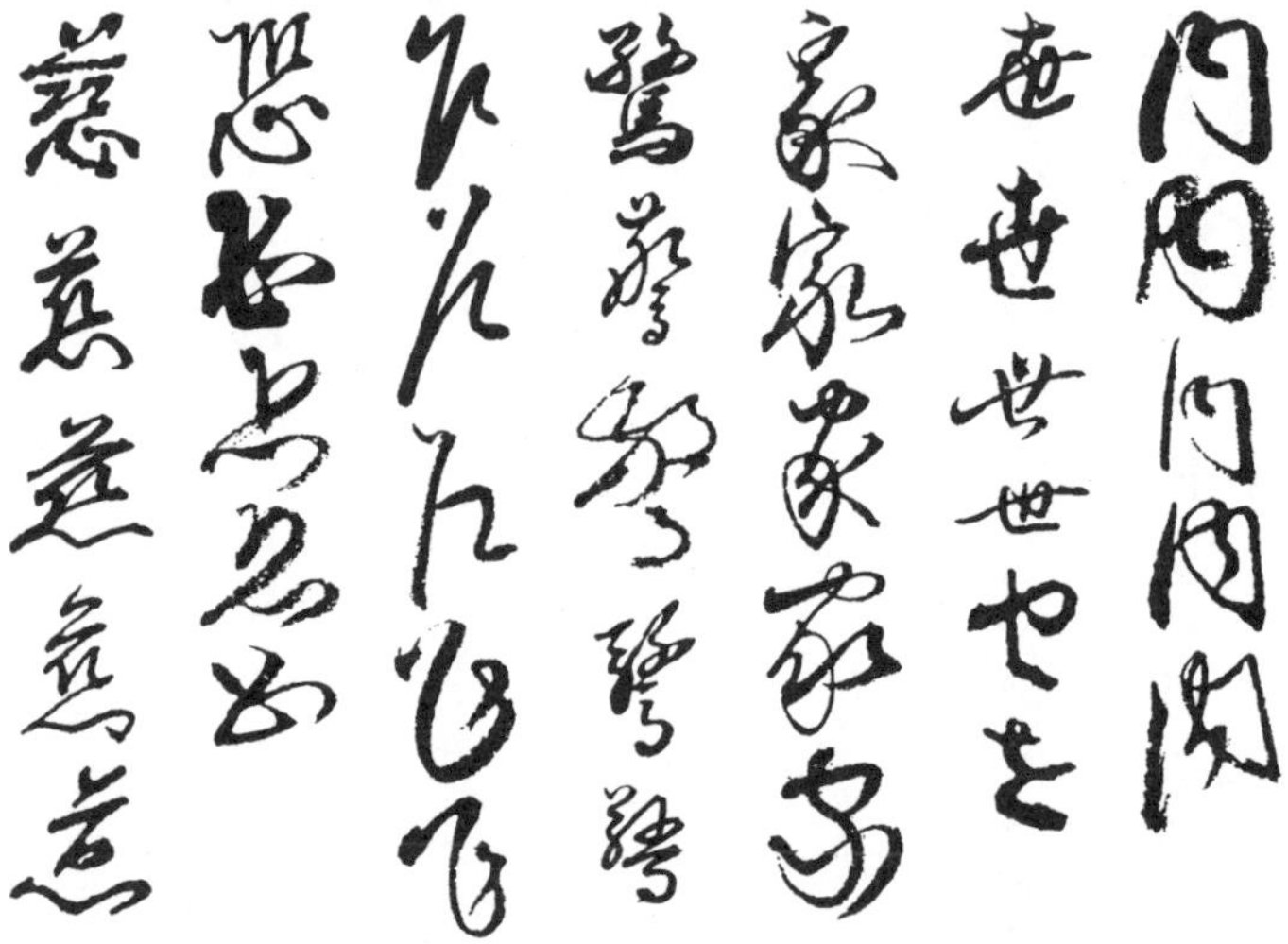

日本橋の賑わい　（天保７年『江戸名所図会』より）

⑲**解読**

御聞済無二御座一、最早不レ及二沙駄(汰)一、両人とも二引取可レ申旨被二仰付一、無二是悲一立帰申候（おききずみござなく、もはや、さたにおよばず、りょうにんともにひきとりもうすべきむね、おおせつけられ、ぜひなくたちかえりもうしそうろう）

文意

こちらの願いをお聞き届けくださらず、「もはや、言うべきことは何もない。二人とも引き取りなさい」と言われてしまったので、いたしかたなく白木屋に帰ってきた。

「聞済（ききずみ）」は、聞き届けること、許可することです。この場合、友八を放免してほしいという願い（「御慈悲御願」）が許可されなかったことが、「御聞済無二御座一」です。そのうえ、立ち去るように命令されてしまった世話役と家主は、すごすご店に戻るしかありませんでした。友八は依然として、縄をかけられて八丁堀自身番にいる状態です。

では、くずし字を見てみましょう。「御聞済」。「聞」は、「もんがまえ」と「耳」のくずしでしたね（四四頁）。「済」は、くずしのパターンがいくつかあります。これも、そのなかの典型的なくずしのひとつです。**ちょっと確認**で見ておいてください。「内済（ないさい）」「皆済（かいさい）」「済口証文（す

みくちしょうもん)」など、「済」を使った熟語は古文書によく出てきます。「無二御座一」。ここの「御」と、先ほどの「御聞済」のの両方を比べることができますね。「座」は、本当によく出てくる字ですので覚えてしまいましょう。「最早（もはや）」。「最」は、下の「取」の部分で見分けられる字ですが、実はここに書かれているのは「うかんむり」の下に「取」が書かれている異体字「冣」のくずしで、これのくずしが一番よく出てきます。「早」は、第一章⑯の「早朝」（三七頁）や、⑫の「早々」でお馴染みですね。

「不レ及二沙駄一（さたにおよばす）」。「及」は、きれいなくずしですね。「沙駄」。「沙」は、「さんずい」に「少」のくずしです。の方のはどう見ても「さんずい」には見えません。「いとへん」か「うまへん」あたりと見当をつけて、「うまへん」の「駄」が書かれていると見ましょう。⑩の「駄賃」に、ほぼ同じ「駄」が書かれていました。つまり、本来「沙汰」と書くはずのところに「沙駄」が書いてあるわけです。原稿用紙などに解読文を書く時には、そのまま「沙駄」と書いてから「駄」の横に（汰）と書いておくとよいですね。第一章㉞の「沙汰之限（さたのかぎり）」を覚えていらっしゃいますか（七八頁）。あの時は師匠が、「児童二不二似合一仕業」は「沙汰之限」と言っていました。「沙汰之限」「不レ及二沙汰一」、両方ともよく使われる表現です。両方とも「言うべき言葉を持たない」状況の時に使われます。

「両人」は⑱のとまったく同じですね。その下は「とも二」。「も」は「毛」のくずしです。

「引取可レ申旨被二仰付一（ひきとりもうすべきむねおおせつけられ）」。

このなかでは、「仰」だけが初出ですが、とても重要な字です。「にんべん」に「卬」のくずし。「仰付」のほかにも「仰出」「仰渡」「仰聞」「仰越」などがあり、いずれも近世文書によく出てきますので、**ちょっと確認**でほかのくずしを見ておいてください。また「仰」の上には必ずといっていいほど「被」がきます。つまり「被二仰出一（おおせいだされ）」「被二仰渡一（おおせわたされ）」「被二仰聞一（おおせきかされ）」「被二仰越一（おおせこされ）」となるわけです。

「無二是悲一（ぜひなく）」は、⑨のと同じですね。「非」ではなく「悲」が書かれているのでした。⑨では、友八が「無二是悲一」通り三丁目まで戻り、今回は世話役と家主が「無二是悲一」白木屋に戻っています。

「立帰申候」。「立」は⑬の「立出」の「立」です。「帰」も確認しておきましょう（五三頁）。

ちょっと確認

[済] 

[最] 

[座] 

[仰] 

6✣白木屋に戻れた友八

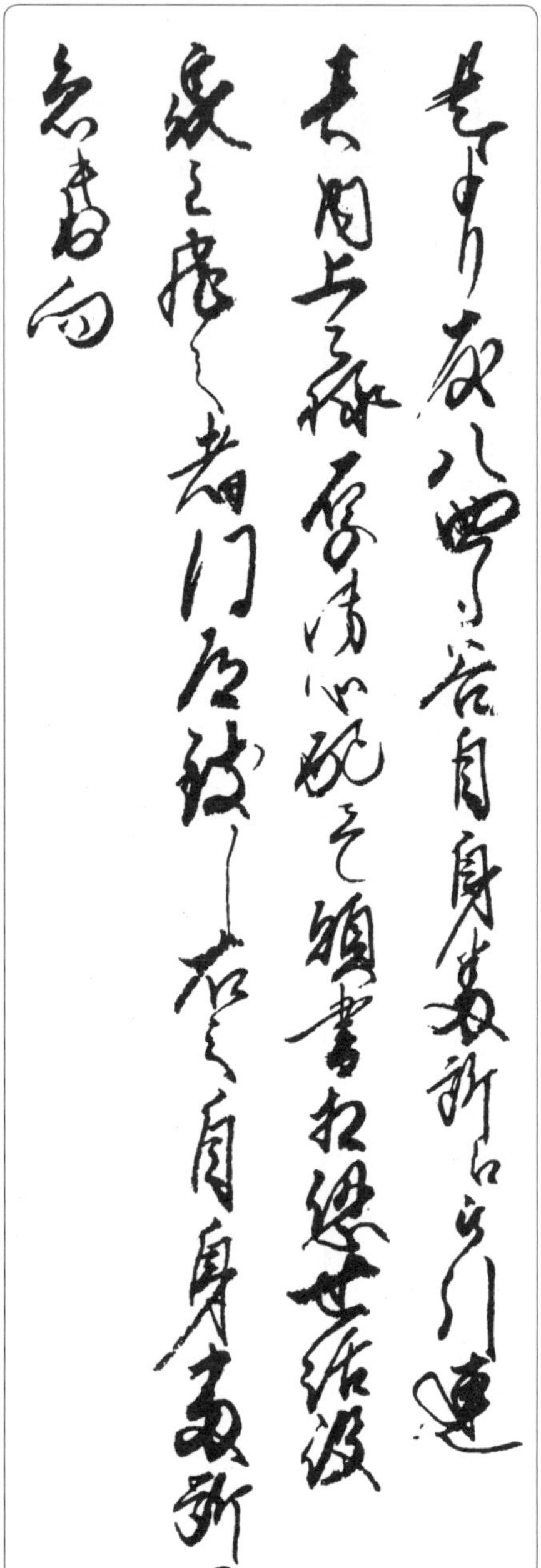
是より友八四ツ谷自身番所江被引連
其内上々様厚御心配ニて願書相認世話役
家主飛之者同道致し右之自身番所江
急キ出向

⑳ **解読**

是より友八四ツ谷自身番所江被二引連一、其内上々様厚御心配ニて願書相認、世話役家主飛之者同道致し、右之自身番所江急キ出向（これよりともはち、よつやじしんばんしょえひきつれられ、そのうち、うえうえさまあつきごしんぱいにて、ねがいがきあいしたため、せわやくやぬしとびのものどうどういたし、みぎのじしんばんしょえ、いそぎでむき）

文意

それから友八は、（八丁堀から）四ツ谷自身番所に連れて行かれてしまった。白木屋日本橋店の上役たちは非常に心配して、友八を赦免してほしいという願い書きをすぐに書いて、世話役、家主、鳶の者も一緒に四ツ谷自身番所に行った。

友八の身柄は四ツ谷自身番所に移されてしまいました。「上々様」とは日本橋店の支配役たちのことです。彼らは何を「厚御心配」なさったのでしょう。友八の身の上はもちろんのことですが、それ以上に白木屋の評判を落とすことを恐れたのでしょうね。

「其内」は、⑱の場合と同じく「間もなく」の意味です。事件は支配人たちを巻き込みながら膨らんでいきます。世話役、家主に加えて「飛之者」が出てきました。これはもちろん「鳶之者」と考えていいですね。白木屋に出入りしている「抱鳶」には印半纏、股引代金、かけつけ給金などが渡されており、普段は建築関係の仕事をする職人ですが、火事の時にはいち早く消火のために駆けつけます。この友八の例からは、火事に限らず緊急事態が発生した時にも動員されていたことがわかります。

白木屋日本橋店総力を挙げての友八御赦免作戦といった様相になってきましたが、武家方の対応はどうだったのでしょうか。

まずその前に、ここまでのくずし字を見ておきましょう。

「是より」。⑭では「是合」と、書かれていました。「四ツ谷」。「四ツ」の所は、②の時刻の「四ツ時」と同じで、おもしろいですね。「谷」も、上の点々、開いている部分、「口」が、はっきり見えます。

そのあとは既出の字が続きます。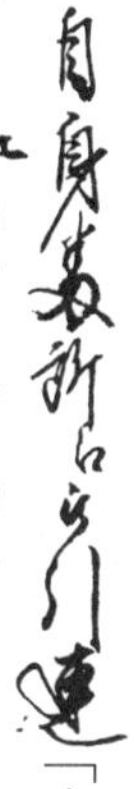「自身番所江被二引連一（じしんばんしょえ、ひきつれられ）」。「其内上々様（そのうちうえうえさま）」。だいじょうぶでしょうか。

「厚」。これは初めてですね。「がんだれ」、「日」、「子」が組み合わさっています。「御心配ニて」。「配」は、「酉」のくずしと、「己」です。「願書相認（ねがいがき、あいしたため）」。「認」は、近世文書では「みとめ」と読むより「したため」と読む方が、はるかに多く出てきます。「認」は、「心」の部分が全体の下に書いてありますので字の印象がちょっと違って見えるかもしれません。「ごんべん」が左上、「刃」が右上に書かれています。第一章②「手習稽古」を覚えていますか。この「稽」の「旨」が下にいってしまっているのと同様ですね（九頁）。

「飛之者」。この「飛」は、きれいなくずしですね。**ちょっと確認**で、いろいろな「飛」を見ておいてください。次は「同道」。この「道」はかなりむずかしいですね。どうしてこれが「道」なのだろうか、と思われたかもしれません。古文書では、この「道」のような説明がつきにくいくずし字がいくつか出てきます。その時は字形全体を覚えてしまいましょう。「道」も何度か指でなぞって、ここで覚えておいていただけると本当にうれしいです。「東海道」「中仙道」などの道標の「道」が、このくずしで書かれていることがあります。

「急キ」は、⑥の「急キ高輪七丁目迄」の「急キ」と同じくずしです。は「出向（でむき）」。「向」は④の「用向」の「向」ですね。

ちょっと確認

[谷]　[自]　[引]　[厚]　[配]　[認]　[飛]　[道]

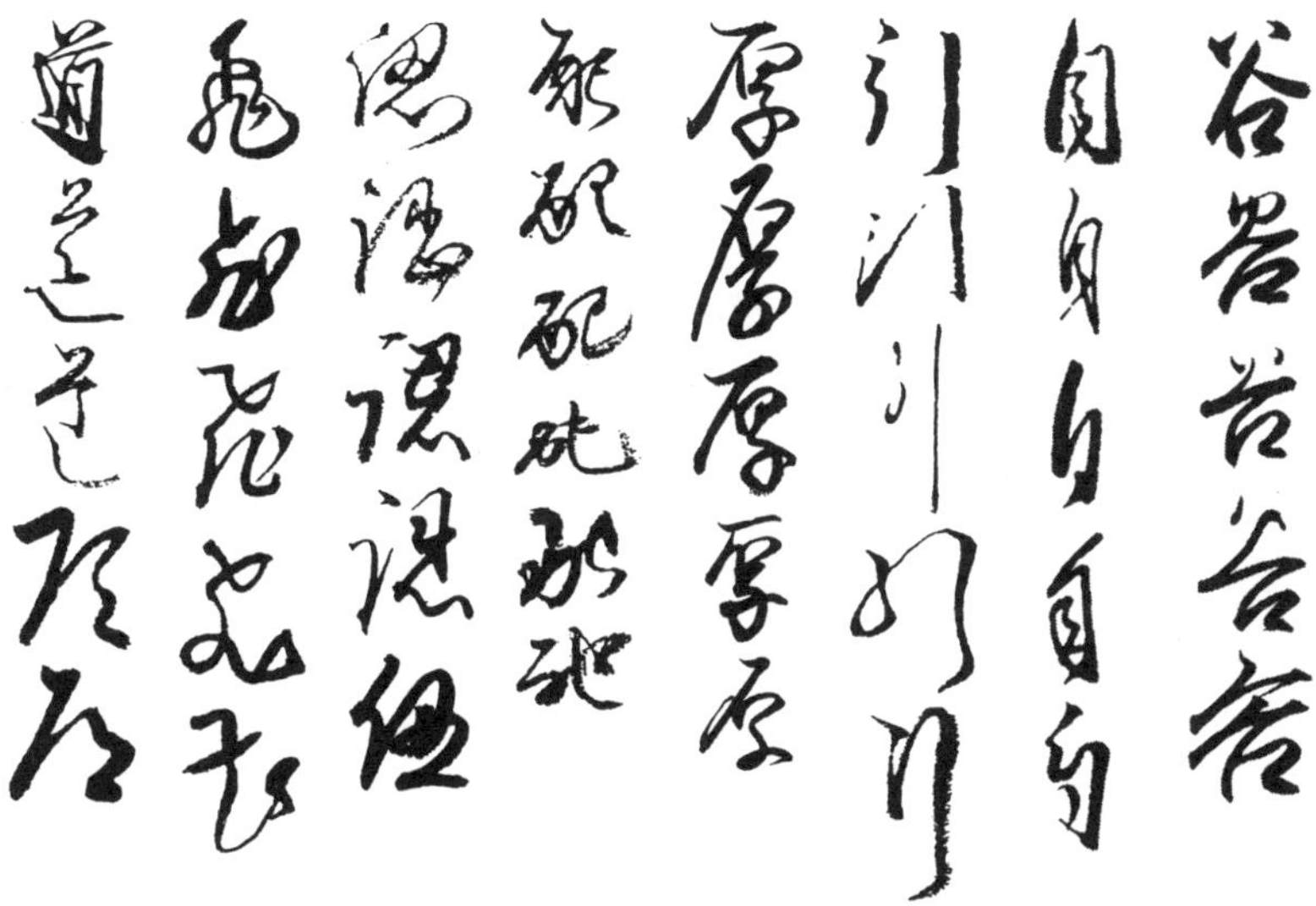

古文書の背景㉓『万歳記録』

『万歳記録』については、本文のなかでも、また**古文書の背景⑯ 奉公人の病気**（一三九頁）のところでもお話しましたが、もう少し情報をお伝えします。今度は成功例を取り上げてみましょう。

『万歳記録』の一人目の記録は、勤めはじめてから三十三年目の江龍作右衛門です。作右衛門の肩書きは日本橋店最高の地位「御支配役」。おそらく四十四歳ぐらいになっていた作右衛門は、まさに「故郷へ錦を飾る」の言葉どおり「退役」して近江に帰っています。贈られた餞別は白紬壱疋と生絹壱疋で、天保八（一八三七）年六月七日に江戸を出立しています。

奉公した年数と最終的な役職によって、餞別の種類や品数が違っていました。

江龍作右衛門は、前にお話したように、ほかの登り衆から「深切」にされながら上方に登って行ったことでしょう。

㉑ **解読**

乍レ恐願書之通格別之御憐愍ヲ以御内済被二成下一候様、奉二願上一候（おそれながら、ねがいがきのとおり、かくべつのごれんびんをもって、ごないさいなしくだされそうろうよう、ねがいあげたてまつりそうろう）

文意

「恐れ多いことではありますが、願い書きにしたためましたように、特別の温情をいただいて、友八の件を表沙汰にしないで内々で済ませていただけますように」と、お願い申しあげた。

ここは、白木屋の一同が、何とか事を穏便に済ませてもらおうと必死にお願いし、交渉している場面です。「内済（ないさい）」とは、訴訟などに持ち込まずに内々で済ませること、表沙汰にしないで和解することで、近世文書によく出てくる用語です。

では、くずし字を見てみましょう。

「乍レ恐」は、⑱で見ました。⑱の時より二文字がかなりくっついていて、読みづらかったと思いますが、ピンときていただけたでしょうか。「おそれながら」と返って読むのでしたね。何か願い事か訴え事をする時に、よく使われる表現でした。「願書之通」もいいですね。きれいなくずしです。

「格別」。「格」は、「きへん」に「各」。「別」は④の「相別候処」の「別」です。そもそも、友八が勘右衛門と別れたところからこの物語が始まったのでしたね。

「御憐愍（ごれんびん）」。これが、⑱でお話したように「御慈悲」とほぼ同じ意味で、よく出てくる表現です。むずかしい漢字ですが、字形はわりにしっかりしています。「憐」の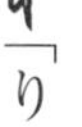「りっしんべん」は典型的なくずしです。「米」、「舛」の部分も見て取れますね。「愍」は、「民」のくずしがあって、その横の「攵」は点になってしまっていて、そのまま「心」につながっています。

は「ヲ以（をもって）」。第一章では、㊽「我師匠ヲ誉」のところで、カタカナの「ヲ」が出てきましたが（一〇三頁）、「友八」のところでは初めてですね。今までは、ひらがなの「を」（「遠」のくずし）が書かれていました。⑭の「目を覚」の「を」がそれですね。

「御内済」。「済」は⑲に出てきた「御聞済」の「済」です。

「被二成下一候様奉二願上一候（なしくだされそうろうよう、ねがいあげたてまつりそうろう）」。一気に読んでしまいましたが、だいじょうぶでしょうか。くずし字の方よりも、ひっくり返って読む読み方のほうが、むずかしかったかもしれません。このなかでは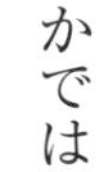「被」と「奉」が返読文字です。「成下」を読んでから「被」に返って「なしくだされ」、「願上」を読んでから「奉」に返って「ねがいあげたてまつり」。「なしくだされそうろうよう、ねがいあげたてまつりそうろう」と、何度も呪文のように音読してみてください。声に出せば出すほど慣れていっ

て、古文書の表現が自分のものになっていきます。

ちょっと確認

［格］

［憐］

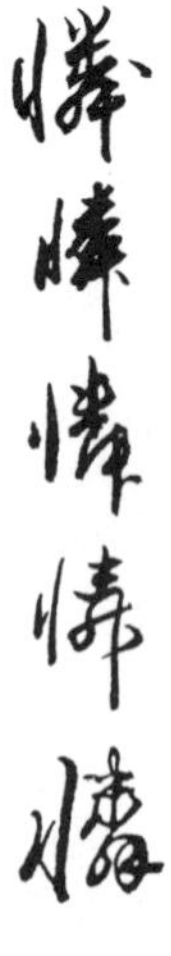

［懇］

古文書の背景㉔　改名

『万歳記録』には改名の記載もされています。

安政四（一八五七）年四月二十二日には、「今般御日柄宜敷、被三仰附二成人一之子供本元服并ニ半元服、則改名左之通（こんぱんおひがらよろしく、せいじんおおせつけらるのこども、ほんげんぷくならびにはんげんぷく、すなわち、かいめい、さのとおり）とあります。

吉日を選んで、めでたい儀式として元服がおこなわれたこと、「元服による改名」がおこなわれたことがわかります。その後に十一名の名前が連なっていますが、「寅吉事、稲葉善七」「新三郎事、須田由右衛門」というように、こどもの時の名前と成人後の名前が併記されています。

半元服というのは本元服前の略式の元服で、額の隅を剃って前髪を少し短くして、成人したことを示した行事です。その後少したってから本元服をして、町人まげを結いました。

十五歳ぐらいで元服したのちは、「若衆（わかいしゅ）」と呼ばれるようになります。

㉒ **解読**

蜂屋様御同役御一座ニ而、此男不届ケ之者厳敷御呵請、奉二誤入一候（はちやさまごどうやくごいちざにて、このおとこふとどけのもの、きびしくおしかりうけ、あやまりいりたてまつりそうろう）

文意

蜂屋新五郎様はじめ、先手組の面々が同席するなかで、「この男（友八）**は、不届き者である」と、厳しく御叱りを受けて、お詫び申しあげた。**

いよいよ、事件は一応の決着に向かって動いていくことになります。ここは四ツ谷自身番所での一幕。武士たちの厳しい叱責に対して、友八をはじめとする白木屋一同が平身低頭して詫びている姿が思い浮かびます。奉行所まで行ってしまっては事が面倒になる、何としてもここから友八を連れ戻さなくては、と思う白木屋にとっては必死のがんばりどころでしょうね。

では、くずし字を見てみましょう。

ほとんど、既出の字になってきました。「蜂屋様御同役御一座ニ而」。少し長いですが、だいじょうぶそうですね。「役」は⑱⑳の「世話役」の「役」です。「座」は、⑲の「無二御座一」の「座」です。

者「此男不届ケ之者」。⑰では、「之」が入らずに「不届ケ者」でしたね。

「厳敷（きびしく）」。この「厳」は初めて出てきました。部分部分は比較的元の形に近いと思います。とくに「攵」の部分がよく見えます。「敷」は久しぶりでなつかしいですね。⑧「六ツケ敷」、「悪敷心」などで何回か出てきましたね。

「御呵請」。⑰の「御呵を請」と対応しています。今度は「を」が入っていません。

「奉二誤入一候（あやまりいりたてまつりそうろう）」。「誤」は、初めての字です。「ごんべん」に「呉」ですね。「呉」は、⑩の「待呉様（まちくれよう）」、⑫の「呉服橋」で見ましたね。を見て、偏は「ごんべん」だ、旁は「呉」のようだ、と見当がつくと、書いてみて、なあんだ「誤」だ、ということになります。漢字は、偏や旁などの部分部分からできている、逆に言うとその部分部分に注目すれば、くずし字が読めるようになる、ということになります。

ちょっと確認

[厳] 

[誤] 

古文書の背景㉕　出入衆

友八のような台所衆（男衆）や手代たちは、すべて日本橋店に住み込みで働いていました。昇進して世話役や小頭、支配人になってもそれは同じことです。

それに対して、必要に応じて白木屋に出入りを許され、外から白木屋を支えている多くの出入職人がいました。その人たちは、「白木屋文書」のなかでは「出入衆」と呼ばれています。

わたしたちが今読んでいる文書のなかに出てくる「飛之者」（鳶職人）もそのひとつです。鳶、大工などの建築関係の職人、木綿の染色や衣類の仕立てなどのための商用職人、食材を調達するための勝手出入方、など多くの出入衆を抱えていたのです。

また、白木屋は江戸の各地に不動産収入としての家屋敷を持っていました。これらの借家のなかの一軒に住んで、借家人から店賃を集めて管理する家守衆も、出入衆と同様に、何かあったときには白木屋に駆けつけています。「隠居仕舞登り」を見送る時には、家守全員が、品川まで行く決まりになっていました。

前にご紹介した『永禄』には「出入衆又ハ御医者方ニ至迄、心安過候事むやうニ候（でいりしゅう、またはおいしゃかたにいたるまで、こころやすすぎそうろうこと、むようにそうろう）とあります。「随分丁寧」に付き合うことは大切だが、「余り心安過候而気を免し居候得ハ、不ㇾ思悪敷事も（あまりこころやすすぎそうろうて、きをゆるしおりそうらえば、おもわずあしきことも）」起こしてしまうので、気をつけるように、と書かれています。

現代に置き換えて言うと、出入りの業者と親密に付き合うことは大切ですが、あまり癒着しすぎると悪事に発展する可能性がある、ということでしょう。

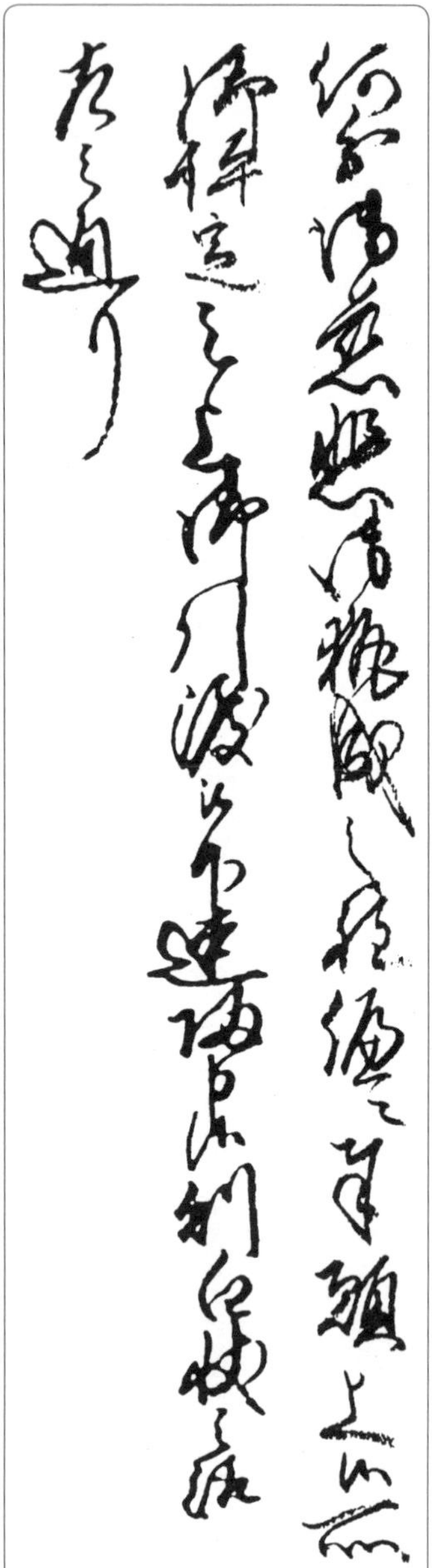

㉓ **解読**

何分御慈悲御執成之程、偏ニ奉二願上一候所、御評定之上御引渡被レ下、連帰申候、則白状之趣、左之通り（なにぶん、ごじひおとりなしのほど、ひとえにねがいあげたてまつりそうろうところ、ごひょうじょうのうえ、おひきわたしくだされ、つれかえりもうしそうろう、すなわち、はくじょうのおもむき、さのとおり）

文意

なにとぞ温情をもったご処置をと、ひたすらお願い申しあげたところ、評議の結果、友八を引き渡してくださったので、白木屋日本橋店に連れ帰ってきた。そして（店での取り調べの結果）、**友八が白状した内容は以下の通りである。**

白木屋の一同は、やっとのことで友八を連れて帰ることができました。友八はほっとして笑顔だったでしょうか。それとも、うなだれて悲しげだったでしょうか。逃げ出したとはいえ、少なくとも四ツ谷自身番所よりは御店の方がよかったはずで、安堵感はあったでしょう。

「白状」とは、自身番所においてではなく、その後の店での取り調べの結果、友八が打ち明けたことを意味しています。『明鑑録』では、役人に見つからずに店で捜し出すことができた場合にも「白状」という言葉がよく使われています。

では、くずし字を見ていきましょう。

「何分（なにぶん）」。⑪の「何用」の「何」ですね。「分」は二四頁を確認しておきましょう。

「御執成之程（おとりなしのほど）」。「執」は異体字「犱」のくずしで、わりによく出てくる字ですので、是非覚えてしまいましょう。が「けものへん」のくずしです。の部分は、「丸」のきれいなくずしですね。「程」も、覚えていただきたい字です。「のぎへん」、「呈」のくずしです。「呈」の「口」は点になってしまって、「主」のくずしのようになっています。

は「偏ニ（ひとえに）」。「偏」は、「にんべん」に「扁」です。「奉二願上一候所（ねがいあげたてまつりそうろうところ）」を読むのは、もう得意になられたでしょうか。「所」は一〇六頁を確認しておいてください。

「御評定之上」。「評」は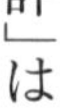「ごんべん」に「平」。「定」（一一二頁）も、もう一度見ておいてください。「御引渡被レ下（おひきわたしくだされ）」。「渡」は、⑩の「可レ渡」の「渡」ですね。

「連帰申候」。いずれも既出の字です。「連」は一八四頁、「帰」は五三頁です。

「則」もよく出てくる字ですので、注目しておいてください。「すなわち」と読み、「即」と

同様に使われます。「貝（かいへん）」に「りっとう」です。「白状之趣左之通り」。「白」は⑯の「明白ニ」の「白」です。次は「状」。「爿（しょうへん）」に「犬」も見えそうですね。「趣」は、ここで初めて出てきたのが不思議なほど近世文書には大変よく登場する字です。「そうにょう」に「取」のくずしです。 
「左之通り」という、友八が「白状」した内容はどのようなものなのだったのか、次の節を解読していきましょう。

ちょっと確認

[執]　[程]　[偏]　[評]　[則]

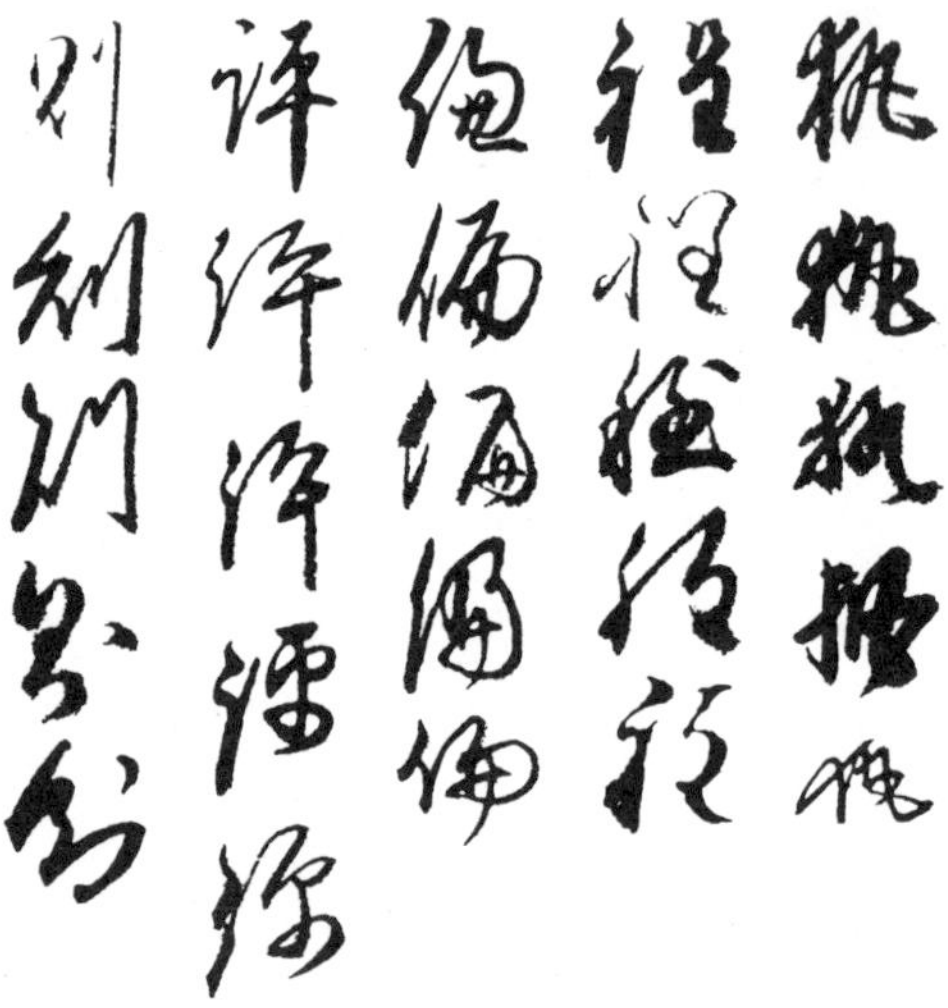

[状]　[趣]

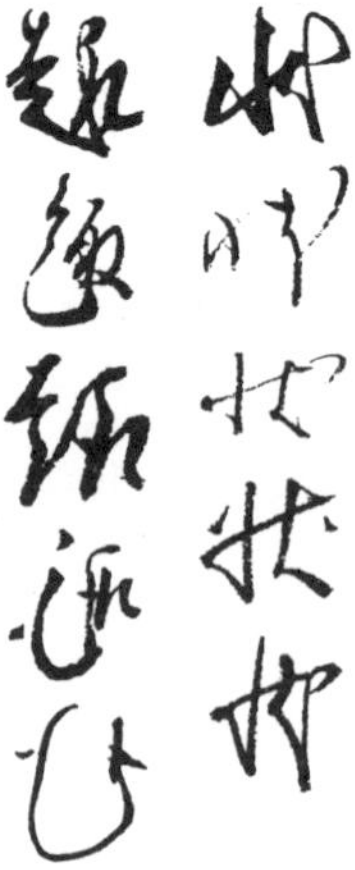

古文書の背景㉖　白木屋での取り調べ

白木屋での取り調べは、どのようにおこなわれたのでしょうか。

『規定永証』という文書があります。これは、友八の事件から七年後の嘉永四（一八五一）年に書かれたもので、世話役十二名が吟味の方法について定めて、それを小頭衆に差し出したものです。

この文書には、世話役の仕事は人々の善悪を糺して理非を明白にし、罪の軽重をはかる大切な役目である、と書かれています。しかし、近年は吟味のやり方が未熟なために「上々様方厚御心配」（友八の文書の⑳と同じ表現ですね）なので、世話役仲間で相談してこれを定めた、としています。

さて、そこに書かれた吟味の方法とはどのようなものでしょうか。二十五か条のなかから、おもなものを拾ってみましょう。七年前の友八の取り調べも、ほぼ同じようなものだったと考えられます。

まず、取り調べの場所は改役所の二階でおこない、理由があるとき以外は土蔵内でおこなってはいけない、としています。調べる期間は原則として「三日限」で、時間帯は夜間。

調べる内容は金品を隠し持っていないかで、取り調べを受ける本人の櫃、文庫、硯箱、寝道具などが調査の対象になりました。どうやって不正に「衣類小道具」「金子」を手に入れたかを詳しく調べます。また、「諸出入船宿等預ケ物念入穿鑿致（しょでいりふなやどなど、あずけものねんいれせんさくいたし）」とありますので、店以外のあちこちに、金品を隠していないかも調べたことがわかります。

過去三年間さかのぼっての不正を調べるために、「他出帳」で、どこにいつ外出したかを確認します。その結果、『明鑑録』には、高価な衣類を遊女に贈っている例がたくさん見られます。

また、「前後深ク相考、悲道之折鑑致間敷（ぜんごふかくあいかんがえ、ひどうのせっかん、いたすまじ）」から、逆にかなり厳しい取り調べがおこなわれていたことがわかります。「家出抔不致様（いえでなどいたさざるよう）」気をつけるようにという記載もありますが、『明鑑録』には、実際に取り調べの途中で逃げ出した事例がいくつか載っています。

7✣友八が背負っていた反物

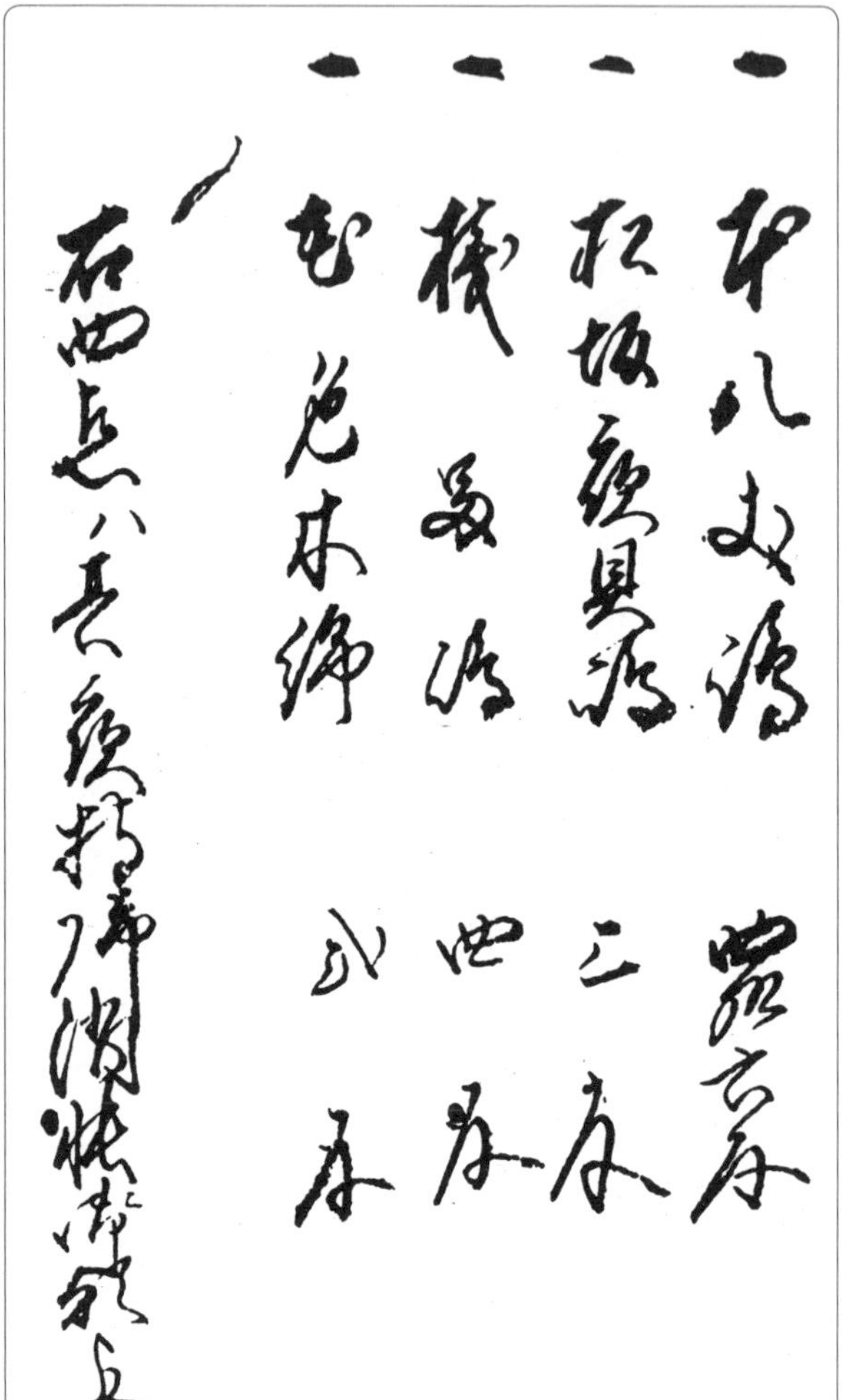

㉔ **解読**

一、本八丈嶋　　四拾六反（ひとつ、ほんはちじょうじま、よんじゅうろくたん）
一、松坂夜具嶋　三反（ひとつ、まつさかやぐじま　さんたん）
一、桟留嶋　　　四反（ひとつ、さんとめじま、よんたん）
一、花色木綿　　弐反（ひとつ、はないろもめん、にたん）

〆（しめて）

右四点ハ其夜持帰消帳ニ御願申上候（みぎよんてんは、そのよるもちかえり、けしちょうにおねがいもうしあげそうろう）

文意

本八丈縞を四十六反、松坂夜具縞を三反、桟留縞を四反、花色木綿を二反、しめて、右に書いてある四点は、その夜に友八が持ち帰った品であり、帳消しにしていただけるようにお願い申し上げます。

八丈島産の絹は、八丈縞・八丈・黄八丈・黒八丈などと呼ばれており、ここでの「本八丈嶋」も同様でしょう。「嶋」は「縞」の意味で使っています。八丈島に自生する草や木を染料にして、生糸を黄染め・樺染め・黒染めしています。織りは平織と綾織の格子縞です。黄色を主調にした黄八丈に対して、鳶八丈は茶色、黒八丈は黒を基調にしています。

「松坂夜具嶋」は、松坂木綿でしょう。伊勢国松坂で天正・文禄期（一五七三―一五九六）ごろから織られました。元禄・享保期（一六八八―一七三六）には、文様柄が工夫され彩色化も進み縞柄が流行しました。伊勢商人によって多くの松坂木綿が元禄・宝永期（一六八八―一七一一）ごろから江戸に運ばれるようになっています。「松坂縞」は粋好みの江戸庶民に人気があったようです。

「桟留嶋（さんとめじま）」。これはいわゆる唐桟（とうざん）と思われます。「サントメ」とは、もともとインドの地名からきたといわれています。その地名の由来は人名。セント・トマス（→サントメ）が布教した地だということです。その地から近世初頭に輸入された縞織りの綿布を、桟留縞・唐桟留・唐桟などと呼びました。細かい縞が特徴です。輸入品だけでなく江戸中期から国内でも生産されるようになりました。

「花色木綿」。花色とは「縹色（はなだいろ）」のことで、紺よりやや薄い色です。花色木綿は、庶民の着物や布団の裏地の代表的なものでした。

これらを四拾六反、三反、四反、弐反。ということは合計五十五反。

想像しただけでも膨大な量です。一体どのぐらいの重さになるのでしょう。「本八丈嶋」が大部分を占めていますので、現在の黄八丈を参考に一反を七百グラムとして計算すると、三十八・五キログラム。これを十一、二歳の友八が背負っていたのです。この反物を売り払って路用にしようと「悪敷心」を起こして逃げ、「不届ケ之者」とつかまり、店に連れ戻されたのでしたね。

「消帳」というのは文字通り「帳消し」のことです。友八は商品を「路用」として売払う前にお縄になってしまったので、店から持って出た商品は、放免後にそのまま全部店に戻されました。店としては、この点では損はしていないことになります。したがって、「消帳」にしてやってほしいと願い上げています。

ところで、文書上に「願上（ねがいあげ）」と出てきた時、〈誰が〉〈誰に〉〈何を〉「願上」ているのか、をはっきりさせる必要があります。〈何を〉の部分はいいですね。「友八が四点の反物を持ち逃げしたことを消帳にすることを」です。理由は、四点五十五反の反物が、結果的に一つの損失もなく無事に店に戻ってきたからです。

では、これを「願上」ているのは〈誰〉で、〈誰に〉対して「願上」ているのでしょうか。それは、ここでの記載ではわかりません。文書の末尾を見る必要があります。ということで、講座でお話している時には先に末尾を読んで解説します。しかし、ここでそれを読んでしまうと、文書全体の形式がわからなくなってしまい、混乱してかえってわかりづらくなってしまうと思います。そこで、皆さまには、〈誰が〉〈誰に〉を頭の片隅に置いたまま、文書を読み進めることをお願いいたします。だいじょうぶです。必ずあとで出てきます。その時にくわしくお話します。

では、ここのくずし字を見てみましょう。

「本八丈嶋」。「本」は典型的なくずしですので、覚えてしまいましょう。「丈」は長さの単位として使われる字です。「嶋」は、「山」に「鳥」の方の「嶋」ですね。は「鳥」のきれいなくずしで印象的な字形をしていますので、覚えやすいでしょうか。「嶋」→「縞」の意味で使っているのでしたね。

「四拾六反」。「拾」が非常にむずかしいですね。「てへん」に「合」ですが、とてもそうは見えないかもしれません。「てへん」の部分は、横棒（と言っても点になってしまっている横棒）に向かって跳ね上がっています。「合」は「口」が、下のぐっと止まってはねている部分になってしまっています。「反」は、⑰の「反」と比べて、かなりくずれています。

「松坂夜具嶋」。「松」は、「きへん」に「公」。「坂」は一七五頁、「夜」は一四三頁を確認しておいてください。は「具」です。このくずしはきれいですが、もっとくずれた形のほうがよく出てきますので**ちょっと確認**で見ておいてください。

「桟留嶋」。「桟」は「きへん」に「戔」。「留」は九二頁を参照してください。

「花色木綿」。「花」のくずしは、元の字と全く違っているので、初めはかなりむずかしいと思います。「くさかんむり」も見えませんので、これは字形を丸ごと覚えてしまいましょう。右下方向に、三回くるっくるっと時計と反対回りに円を描きながらおりていって、右上にあがって点を打つ、といった感じです。は「色」。これも典型的なくずしです。是非、目に焼き付けておいてください。ただし、「色」にはかなりむずかしいくずしもありますので、**ちょっと確認**を見ておいてください。「諸色（しょしき）」という熟語でよく出てきます。「綿」。「いとへん」に「帛」です。「弐」は、だいじょうぶでしょうか（一五九頁）。

「右四点」。「点」は、初めての字です。「占」の部分は、④や⑱などの「店」のなかにもありますね。その下に「れんが」があります。このくずしの形は「れんが」だけでなく「心」の時も同じようになります。⑮「懸」、⑱「慈悲」などが「心」ですね。上に書かれた字が何なのかが判別できれば「れんが」なのか「心」なのかがわかるのですが、判別できない場合には、文意文脈全体から判断するということが必要となってきます。

「其夜持帰」。「其」は一九五頁、「夜」は一四三頁、「持」は六九頁、「帰」は五三頁をよく見ておいてください。

「消帳ニ」。「消」は「さんずい」に「肖」。「帳」は、「巾」の横に確かに「長」のくずしが書かれていますね。「帳」は近世文書によく出てくる字ですので、覚えてしまいましょう。その下の小さな「ニ」も、見落とさないでくださいね。

「御願申上候」。これは、もうだいじょうぶでしょうか。

ちょっと確認

［嶋］［拾］［具］［花］［色］［綿］［帳］

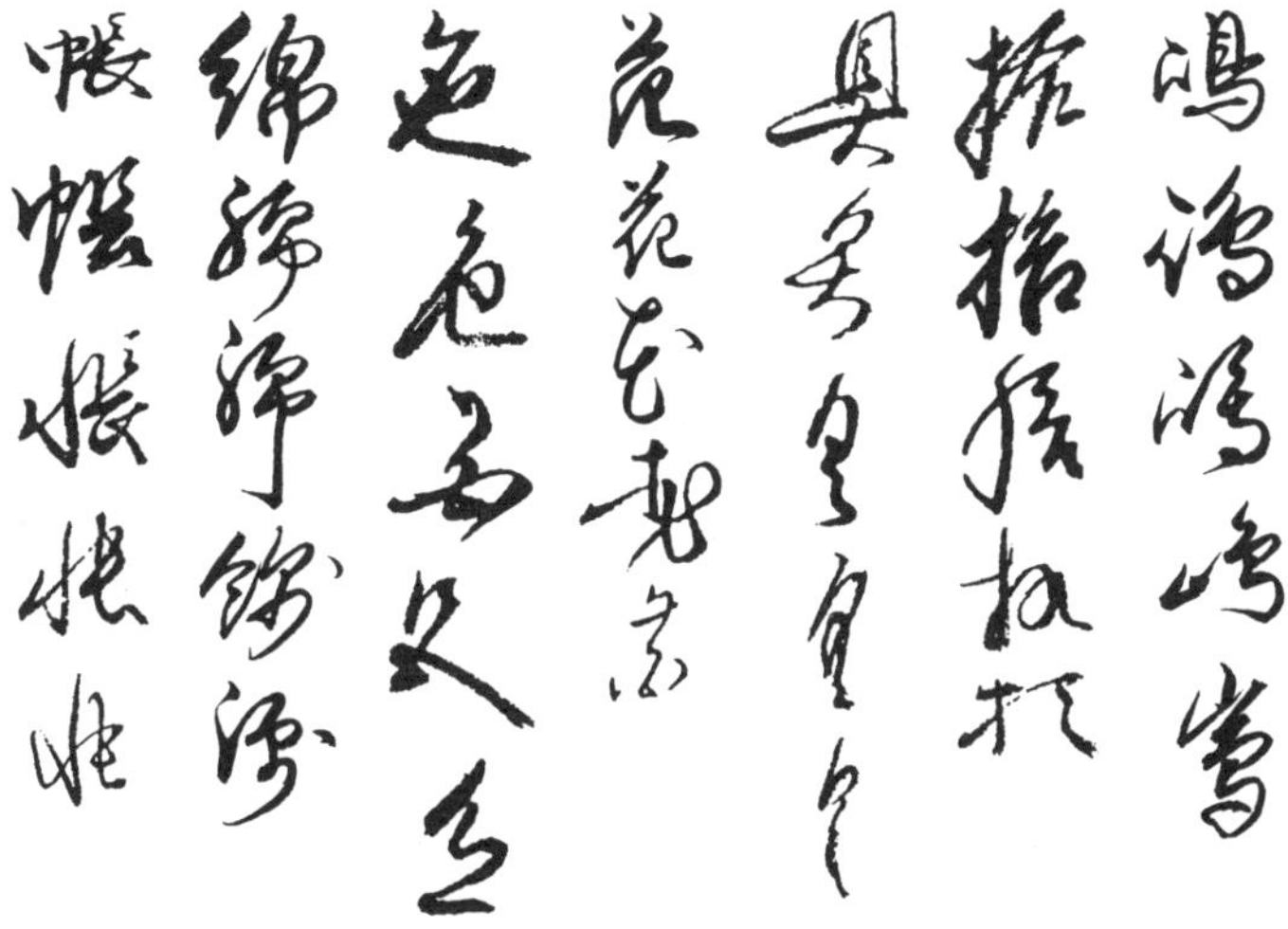

呉服屋の店先の賑わい　お茶を運んでいるのが小僧（天明元年『紙屑身上噺』より）

8 ✣ 友八の所持金

㉕ **解読**

一、金壱歩ト　所持之分上納（ひとつ、きんいちぶと、ぜによんひゃくもん、しょじのぶんじょうのう）

銭四百文

〆（しめ）

文意　**友八の所持金の、金壱分と銭四百文は、白木屋が取り上げた。**

「一、金壱歩ト」を読んだあと、下の「所持之……」にいかずに、左の「銭四百文」を読んでください。これらすべてを取り上げた、という意味です。

ここで、改めて友八の収支決算をしてみましょう。まず「駕籠壱丁荷持壱人」で、「弐朱ト弐百文」。そのうち「弐朱持合有」ということで、不足は「弐百文」。これを古川屋に借りに行き「四百文」借用し、不足の「駕籠代（弐百文）」を払ったのですから、この時点で友八の所持金は「弐百文」。その後「蕎麦百文買喰」しましたから、残りは「銭百文也」のはずです。

ではなぜ、ここに「金壱歩ト銭四百文」と書かれているのでしょうか。おそらく、店に帰った後の取り調べのなかで、友八の櫃、文庫、硯箱などを調べた結果、これだけの所持金が出てきたのでしょう。この金銭は上納（没収）されました。

㉔は、友八がその時点で持っていた品物の書き出しと〆、㉕は金銭の書き出しと〆、というわけです。『明鑑録』では、過去三年間ほどさかのぼって、不正に金品を手に入れていないか、どこかに私物を預けていないか、などを調べていますが、「初年目」の友八の場合は、今回以前の不正は史料で見る限り出てきませんでした。

では、くずし字を見てみましょう。

「金壱歩」。「歩」は、「止」と、「少」のくずしがきれいに見えます。⑫の「金壱歩被ㇾ揺」より、こちらの「歩」の方が読みやすいですね。「銭」は、「かねへん」に「戔」。㉔の「棧」の旁と同じです。「所持之分上納」。この「所」はもう慣れましたか。「納」は、「いとへん」に「内」です。

ちょっと確認

[銭]

[納]

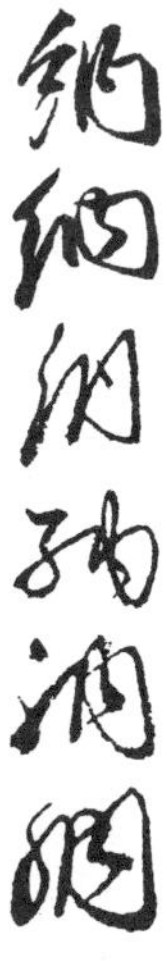

9✣友八の内済とりなし願い

㉖ **解読**

右之通り相調候処聊も相違無二御坐一候間、何卒　上々様方格別之厚御慈悲ヲ以御内済ニ御執成之程、偏ニ奉二希上一候、以上（みぎのとおり、あいしらべそうろうところ、いささかもそういござなくそうろうあいだ、なにとぞ、うえうえさまがたかくべつのあつきごじひをもって、ごないさいにおとりなしのほど、ひとえにねがいあげたてまつりそうろう、いじょう）

文意

友八を取り調べた結果わかったことを、右のように書き記しましたが、それは少しの間違いもありません。なにとぞ店の支配役の方々が特別の温情を持って友八の過ちを内々で許してくださいますように、ひたすらお願い申し上げます。以上です。

〈誰が〉〈誰に〉という問題を整理しておきましょう。固有名詞（個々の氏名）は次の㉗に出てきますので、ここでは構図を考えておきましょう。

どうも、四段階の人間を考える必要がありそうですね。

まず友八（A）がいます。次に、その友八を店で直接取り調べた人たち（B）がいます。この（B）がこの文書を書いています。

次の段階の人間が（C）です。（C）は、この文書の宛名になっている人物のはずです。（B）は（C）に対して、取り調べの終了とその内容の信憑性を保証しています。

次に、報告を受けている（C）の背後にいるのが最終決断を下す権限を持つ「上々様方」である（D）です。（B）は最終的に（D）が「御慈悲ヲ以御内済」してくださるように、「偏ニ（ひとえに）」、つまり、ひたすら、いちずに願っている、というのがこの文書の構造です。最終決定権を持つ（D）「上々様」は、⑳の「上々様厚御心配ニて」の「上々様」と同じで、日本橋店の支配役たちのことです。『明鑑録』では、取り調べ事項を記載した後、この㉖の形式が必ず出てきます。

では、くずし字を見てみましょう。

「右之通り」。「通」の「しんにょう」は、下の横棒一本です。は「相調候処」。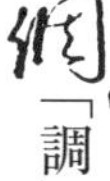「調」は「ごんべん」に「周」です。「吉」の部分が、「者」とほとんど同じくずしになっていますね。

「聊も」は初めて出てきました。「聊」は「耳」に「卯」ですが、「耳」が少しわかりづらいですね。しかし「卯」ははっきりと書かれています。ただし、ここに書かれている「卯」

は異体字の「夘」です。このように偏がわかりづらい場合には、旁が「卯（夘）」の文字を考えていくことで、目的の文字にたどり着くこともできます。文字を判読する際の方法の一つとして覚えておくと便利です。「茂」は、かな読みして「も」です。「相違無ニ御坐一候間（そういござなくそうろうあいだ）」。何度も出てきた表現ですが、そろそろこの文書も終わりに近づいてきましたので、確実に覚えておきましょう。このなかでは「坐」が初めてですね。⑲や㉒で見た「座」には「まだれ」が付いていましたが、「坐」も「座」と同じように「御坐候」や「無ニ御坐一候」などという表現で使われます。

は「何卒」。「なにとぞ」と読み、近世文書でよく使われる表現です。「何」は⑪の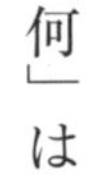「何用」にありました。「卒」は初めての字ですが、部分部分が見分けられますね。

その後は、何回か出てきた字が並んでいますが、総復習の意味で一気に読んでおきましょう。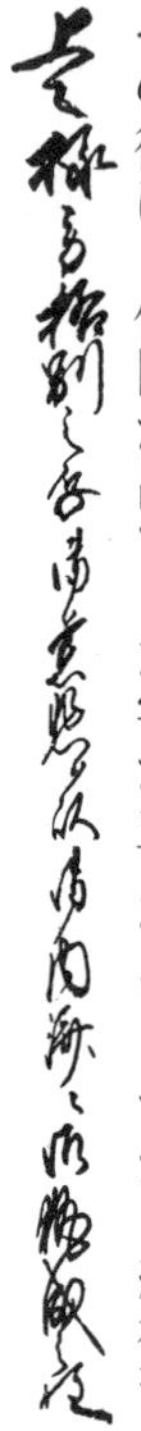「上々様方格別之厚御慈悲ヲ以御内済ニ御執成之程」です。ところで、「何卒」と「上々様」の間に少し空白があることに気付いていらっしゃいましたか。これは「闕（欠）字」といって敬意をあらわす表現です。文章中に貴人の名前（近世文書では「御地頭様」「御代官様」「御奉行様」「御公儀様」などが書かれている場合に多く見られます）やその行動などを書く時に、相手に敬意をあらわすために、そのすぐ上を一字か二字分空けて書くという、いわば約束事のようなものです。この場合は「上々様」という白木屋の日本橋店の支配役たちに敬意をあらわしているわけです。「仰せ付ける人」に敬意をあらわすために「被　仰付」と書く例などもよく見られます

「偏ニ奉ニ希上一候、以上」。「希上」は「願上」と同じく「ねがいあげ」と読みます。「希」は「メ」と「布」です。

ちょっと確認

[調] 

[聊] 

[茂] 

[坐] 

[卒] 

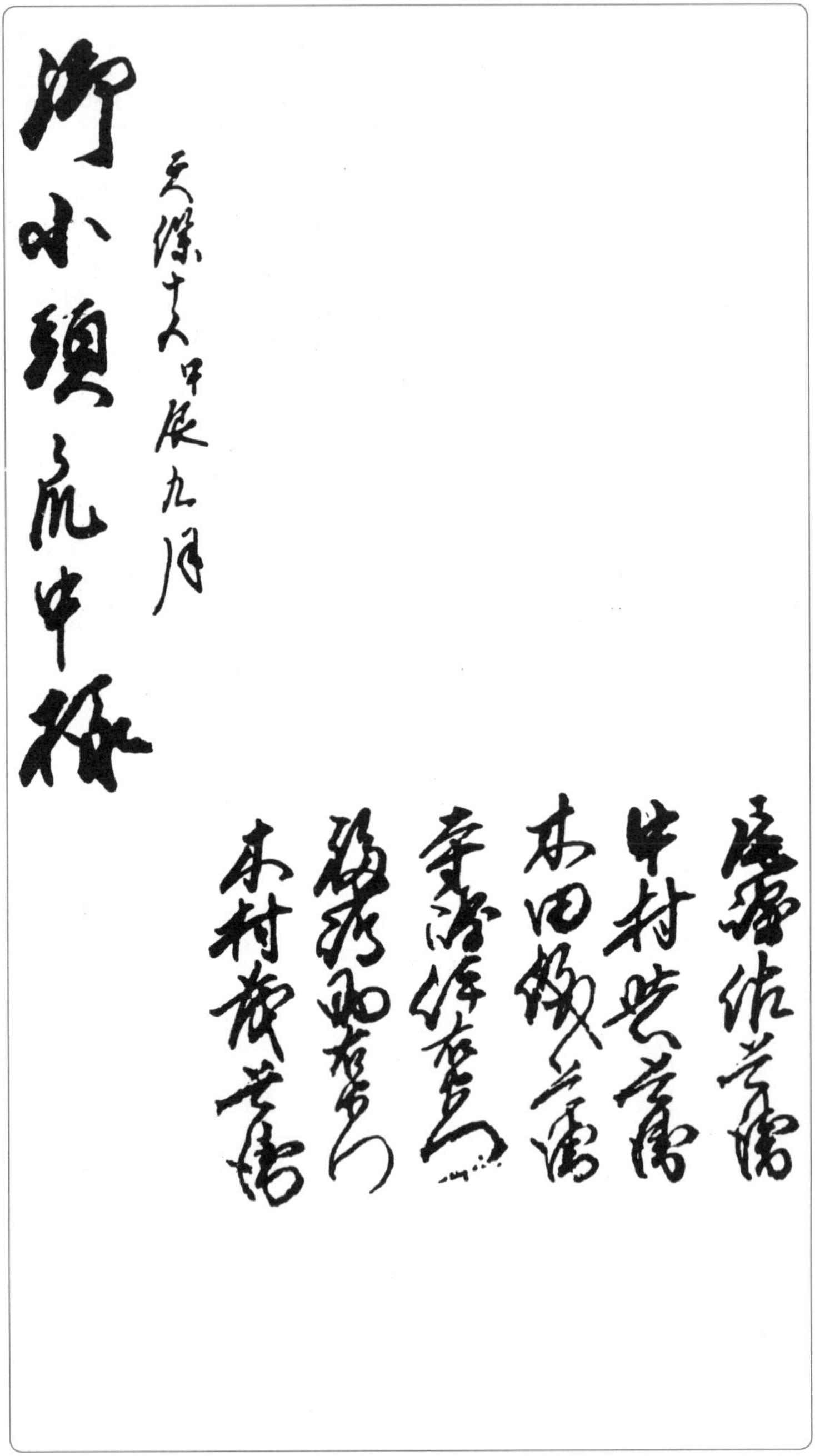

㉗ **解読**

尾崎佐兵衛（おざきさへえ）
中村与兵衛（なかむらよへえ）
木田儀兵衛（きだぎへえ）

寺崎伊右衛門（てらさきいえもん）
福嶋助右衛門（ふくしますけえもん）
木村茂兵衛（きむらもへえ）

天保十五甲辰九月（てんぽうじゅうご、こうしん、くがつ）

御小頭衆中様（おんこがしらしゅうちゅうさま）

文意　**天保十五（一八四四）甲辰の年九月に、尾崎佐兵衛、中村与兵衛、木田儀兵衛、寺崎伊右衛門、福嶋助右衛門、木村茂兵衛の六名が、御小頭衆中様に申し上げます。**

先ほど㉖で考えた（B）と（C）が出てきました。願い先の（C）は、小頭衆です。友八を日本橋店で取り調べた吟味役（B）は、尾崎佐兵衛以下六名でした。

『明鑑録』は、末尾がほぼすべてこの形式で結ばれています。

この場合（B）の六名には肩書きがありませんが、『明鑑録』で友八のすぐ前に書かれている「森作兵衛」の場合には「吟味役」、友八のすぐ後の「中村庄之助」の場合には「吟味」と記載されています。「森作兵衛」の吟味役は四名。そのうち友八の取り調べ人と共通しているのは、中村与兵衛ひとりだけ。「中村庄之助」の場合は五名中、中村与兵衛・寺崎伊右衛門・福嶋助右衛門・木村茂兵衛の四名が一致します。

このことから、前にお話した「世話役」は複数いて、そのなかで何名かずつ交代で「吟味」をしていることがわかります。吟味役は数名の場合がほとんどですが、多いときには十数名記載されています。また、取り調べが膨大な量になっている時には「外ニ小頭衆弐人立合」などと書かれていて、取り調べ自体に小頭衆も同席したことがうかがえます。

宛名は記載がない場合もあります。書かれているときには個人名ではなく、友八の場合と同じように「御小頭衆中様」と記されています。「小頭衆」は前にお話したように、支配役、年寄役に次ぐ日本橋店の取り締まりの役柄でした。

では、くずし字を検討してみましょう。

六名の吟味役の名前は「兵衛」パターンと「右衛門」パターンに分かれます。「兵衛」が「佐兵衛」、「与兵衛」、「儀兵衛」、「茂兵衛」。「佐」は「にんべん」に「左」。は「与」の旧字体「與」のくずしですが、ちょっとむずかしい字ですね。「右衛門」は、「伊右衛門」と「助右衛門」。「伊」も「助」も、ともに人名によく出てくる字です。

「尾崎」、「寺崎」。「崎」は「やまへん」に「奇」です。「中村」、「木田」、「木村」はだいじょうぶですね。特に「村」は文書によく出てくる字ですから注目しておいてください。「福嶋」の「福」は「しめすへん」に「畐」。「嶋」は、「本八丈嶋」、「松坂夜具嶋」などの「嶋」ですね。

次に年月ですが、まずは「天保」。「保」は「にんべん」と「口」、「木」がよく見えます。干支は「甲辰」。「きのえたつ」「こうしん」です。

最後に宛名ですが、「御小頭衆中様」。「衆」は、わりによく出てくる字です。下の部分が、元の字とかなり違う印象だと思いますが、これが典型的なくずしですので覚えてしまいましょう。

ちょっと確認

[佐] [伊] [助] [崎] [福] [頭] [衆]

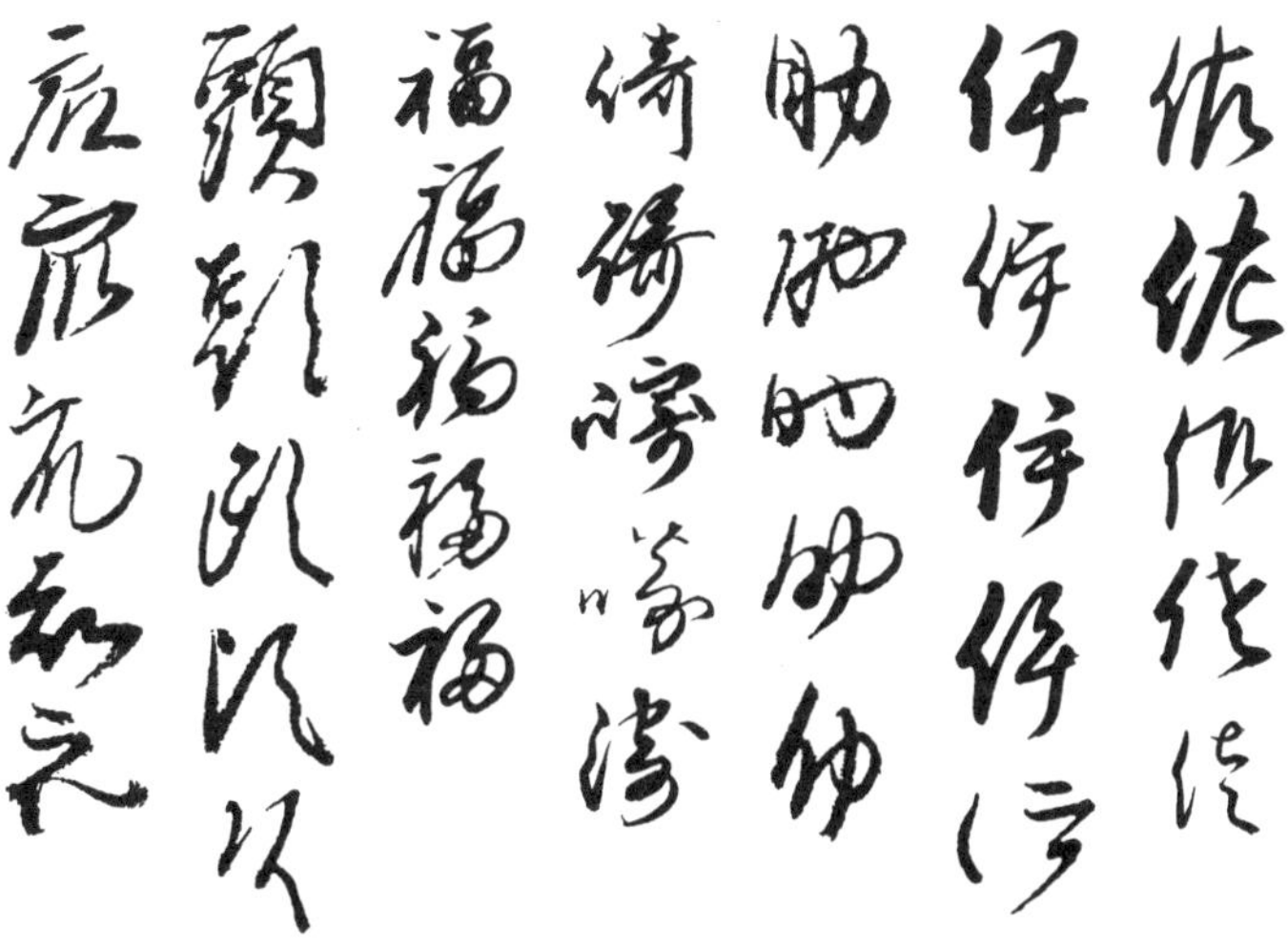

『**万歳記録**』東京大学経済学部図書館文書室所蔵

10✣その後の友八

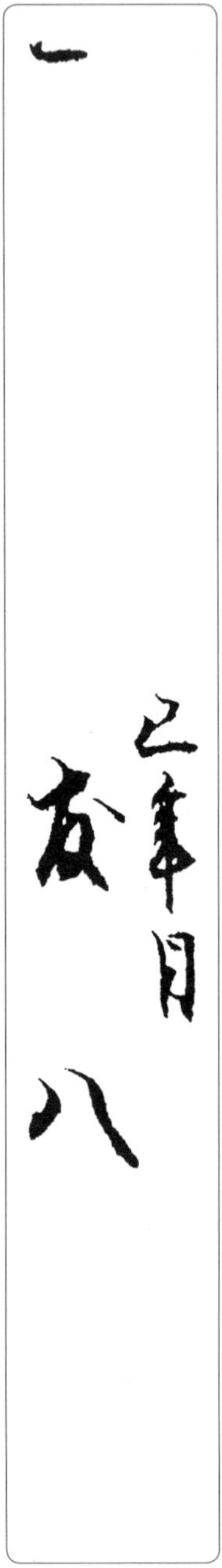

㉘解読

一、

ヱ年目（ひとつ、えねんめ）

友八（ともはち）

文意　**ひとつ、奉公し始めて一年目の友八について、**

前節の㉗で、友八に関する『明鑑録』の記載は終わりです。取り調べ後の友八は、どのような人生を送ったのでしょうか。心を入れ替え、まじめにお店を勤め上げ、その才覚で頭角をあらわしたでしょうか。それとも、一度つまずいたことが尾を引いてしまったでしょうか。

「友八のその後」を白木屋文書で探していて、**古文書の背景⑯奉公人の病気**のところでお話した『万歳記録』のなかに友八の記事を見つけることができました。友八の場合は数行の簡潔な記載ですが、それで十分事情がわかります。ということで、㉘〜㉚は、『万歳記録』から「その後の友八」をご紹介します。

書き出しの部分は、『明鑑録』のはじめの部分と似ていますね。ただ、「ヱ年目」にとどまわれたと思います。いったい何年目のことか、と。

これは、白木屋の符牒です。江戸時代の商家では、外部の人にわからないように、その店々特有の符牒がありました。数字を符牒であらわしたり、隠語を使ったりしています。白木屋では、一から十の数字をあらわすのに「ヱヒスタイコクテム干（恵比寿大黒天像）」を使いました。ヱ＝一、ヒ＝二、ス＝三、……ム＝九、干＝十、と対応します。「友八」については、「ヱ年目」となっていますので、「一年目」と読み取ることができます。

これは『明鑑録』の「初年目」と一致します。このことと、あとで出てくる文末の年月日から、この「友八」は『明鑑録』のあの「友八」と同一人物だと特定できました。実際、同名の奉公人は時々見られることで、『万歳記録』には嘉永五（一八五二）年八月二十三日にもヒ年目（二年目）の〈友八〉が登場します。「友八」ならこの年には、ム年目（九年目）になっているはずですから、この〈友八〉は「友八」ではないことになります。

『万歳記録』だけでなく『明鑑録』でも符牒を使って奉公年数を書いてあることが多く、「友八」の場合のように「初年目」と書かれていることの方が稀なことです。「干ヱ年目」なら「十一年目」ということになります。

さて、くずし字の説明です。は、今までお話ししましたように「ワヰウヱヲ」の「ヱ」です。あとの字はだいじょうぶですね。では、友八がどうなったのかを見ていきましょう。ちょっとドキドキしますね。

古文書の背景㉗　符牒

本文で、「恵比寿大黒天像」を意味する「ヱヒスタイコクテム干」という、白木屋の数字符牒のお話をしました。

ほかの店の例を見てみましょう。三井越後屋は「イセマツサカヱチウシ」を、一から十の数字に当てていました。これは、「伊勢松坂越氏」のことです。白木屋や三井越後屋と同じように、京都に本店があって江戸店を出した木綿問屋の柏屋の符牒は、「キヤウノネエトテミル」です。「京の値、江戸で見る」ですね。

10,5 以 モツテ	11.0 路 ミチ	11,5 波 ナミ	12,0 刄 ヤエバ	12,5 保 ホ	13,0 辺 ホトル	13,5 当 アタル	14,0 池 イケ	14,5 里 サト	15,0 奴 ヤツコ
15,5 累 ルイ	16,0 越 コシ	16,5 輪 ワ	17,0 夏 ナツ	17,5 与 ヨ	18,0 田 タ	18,5 連 レン	19,0 訴 ウタエ	19.5 通 カヨウ	20,0 直 ナホル
20,5 奈 ナ	21,0 等 ヲ	21,5 夢 ユメ	22,0 雨 アメ	22,5 意 ココロ	23,0 能 ヨク	23,5 於 オイテ	24,0 具 ツブサ	24,5 夜 ヨル	25,0 麻 アサ
25,5 卦 ケイ	26,0 附 ツク	26,5 狐 キツネ	27,0 柄 ツカ	27,5 天 テン	28,0 蛙 カワズ	28,5 砂 イサゴ	29,0 幾 イク	29,5 遊 アソブ	30,0 免 メン
30,5 実 ジツ	31,0 司 ツカサ	31,5 永 ナガイ	32,0 井 コユル	32,5 最 サイ	33,0 青 アオ	33,5 数 カズ	34,0 都 ミヤコ	34,5 堺 サカイ	35,0 町 マチ
35,5 泊 トマル	36,0 仙 セン	36,5 臺 マン	37,0 乎 バイ	37,5 国 クニ	38,0 計 ケイ	38,5 桝 マス	39.0 口 クチ	39.5 均 シヤク	40,0 細 ホソ
40,5 逸 イツ	41,0 荷 ニ	41,5 算 サン	42,0 詩 シ	42,5 期 ゴス	43,0 鹿 シカ	43,5 室 ムロ	44,0 抜 ヌク	44,5 仇 キユウ	45,0 仲 ナカ
45,5 高 タカキ	46,0 家 ヤニ	46,5 登 ノボリ	47,0 品 ミレバ	47,5 煙 ケムリ	48,0 立 タツ	48,5 民 タミノ	49,0 釜 カマ	49,5 賑 ニギハウ	50,0 官 ケリ
1 土 ツチ	10 竹 タケ	100 唐 カラ	1,000 仙 セン	10,000 臺 マン	合 調 チヨウ	○ 弥 ヤ	円 丸 マル	銭 木 キ	10 曽 ソ
附字 人 ジン									

白木屋の数字符牒　（『白木屋三百年史』より）

白木屋には、このほかにもさらに複雑な数字符牒がありました。上の表は、なんと0・5刻みの数字符牒です。白木屋以外の人が見ても、すぐには取り引きの内容が理解できないように、重要書類の記帳に使われました。奉公人たちはこれを覚えて、使いこなしていたわけです。

さらに、白木屋店内だけで通用する「隠語」もありました。「丸屋」は「酒」。「玉へん（たまへん）」は現金。「仙の字」は「食事」などです。

これらの符牒や隠語を習得させることは、その店の一員としての自覚と責任を持たせることでもあったと言えます。

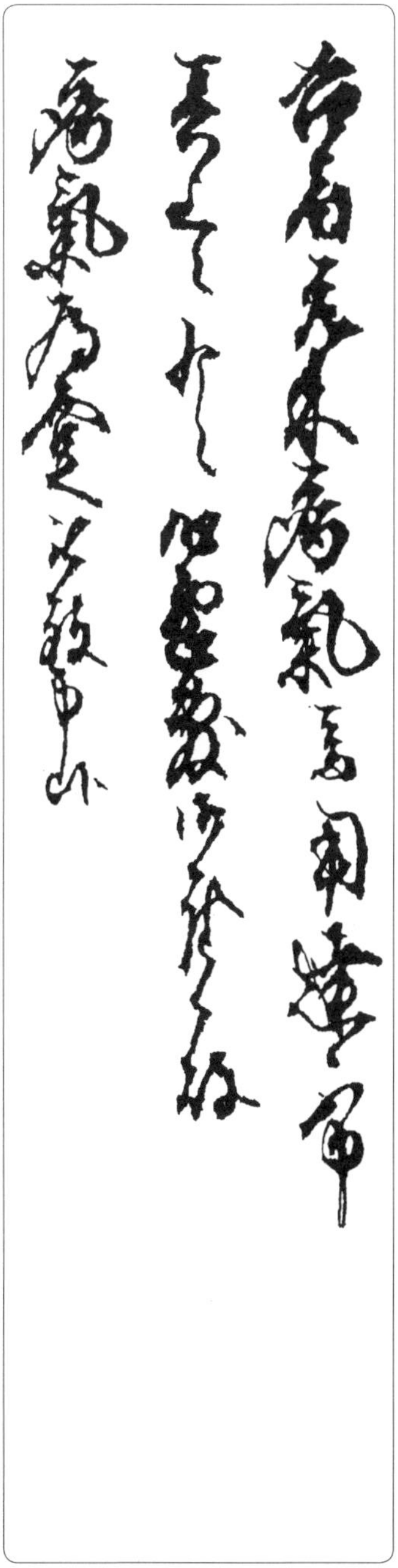
右者元来病気ニ而用達不申
其上ニ少々心悪敷御座候故
病気為登被致申候

㉙解読　右者、元来病気ニ而用達不レ申、其上ニ少々心悪敷御座候故、病気為レ登被レ致申候（みぎのもの、がんらいびょうきにてようだちもうさず、そのうえに、しょうしょうこころあしくござそうろうゆえ、びょうきのぼせいたされもうしそうろう）

文意　**右の友八は、もともと病身で店の役にたたない上に、少し心がけが悪いので、病気で奉公が勤まらないということで故郷に帰された。**

友八は、国元に帰されていました。理由は二つ。「病気ニ而用達不レ申（びょうきにて、ようだちもうさず）」は、『明鑑録』のなかの「未タ病気全快不レ仕」「病身ニ而奉公難レ勤」に符合しますね。もうひとつの「少々心悪敷（しょうしょう、こころあしく）」は、例の持ち逃げ事件のことを言っているのでしょう。その後の勤務状態をも指しているのかもしれません。

「病気為レ登（びょうきのぼせ）」というのは、「病気のために故郷に帰らせる」ことです。実際に病気が重く、登りの旅の途中で亡くなった気の毒な人もいます。しかし、「病気登り」が、心がけの悪い奉公人を解雇する名目の場合もありました。友八の場合もそれにやや近い形かもしれません。

では、くずし字を見てみましょう。

ほとんどが既出の字ですが、かなりくずれていますので、むずかしいかもしれません。「右者」。「みぎは」と「者」をかな読みしてもいいですが、「者」がかなり大きく書かれていますし、『万歳記録』の他の人の記載で「右之者」と書かれている箇所もありますので、「の」を補って「みぎのもの」と音読することにしましょう。

「元来病気ニ而」。ひとつひとつの字はむずかしくないのですが、「元」と「来」、「ニ」と「而」が続いてしまっていますので、見分けにくいでしょう。指でなぞってみたり、真似して紙に書いてみたりしてください。

「用達不レ申」。「達」は初めてですが、「幸」も「しんにょう」もきれいですね。むしろ「不」の方が、点が上に離れているうえに字が斜めになっていて、何の字か判別しにくかったかもしれません。

「其上ニ」。「上」は、左下のほうで随分墨が太く溜まってしまっていますが、「上」でいいでしょう。この部分に「ニ」が書いてあります。は「少々」。この「少」はちょっとむずかしいですね。ちょっと確認で、よく出るくずしの形を見ておいてください。

「心悪敷」。「心」、「悪」、「敷」。よく見るとどれも既出のくずし字ですね。「悪」は「西」のくずしに「心」です。次は「御座候故」。が「御」、

が「座」です。は、筆が止まっている「候」でしたね。「故」は、「古」と「攵」です。

「為レ登（のぼせ）」。「為」は返って読む文字で、「たる・ため・たり・せ・なす・なり」などいろいろな読み方をします。第一章では、「可レ為二無用一候（むようたるべくそうろう）」→「たる」が、出てきました。ここでは「為レ登（のぼせ）」→「せ」です。「為替（かわせ）」も同様の読み方ですね。「登」は、「はつがしら」と「豆」のくずしです。「被レ致申候」。「被」は二四頁、「致」は五〇頁。大切な字ですのでもう一度見ておいてください。

ちょっと確認

［達］

［登］

［少］

天保十五甲辰
十一月十八日
才料
卯兵衛

㉚ **解読**

天保十五甲辰（てんぽうじゅうご、こうしん）
十一月十八日（じゅういちがつ、じゅうはちにち）
才料（さいりょう）
卯兵衛（うへえ）

文意

宰領として卯兵衛をつけた。
天保十五（一八四四）甲辰の年、十一月十八日。

「才料」とは「宰領」のことで、旅の差配・監督をする人です。卯兵衛が責任をもって、友八を親元に届けたのでしょう。『万歳記録』を見ると、宰領が付いている場合と付かない場合があります。
天保十五年十一月十八日という日付は、友八が荷物を背負って高輪七丁目まで逃げた九月十七日から、わずか二か月後です。この二か月の間に何があったのか、それはこの史料からはわかりません。しかし白木屋が、友八を奉公人としては見込みがないと見限ったことは確かです。友八は初年目にして、故郷の近江に帰されました。

では、いよいよ最終回のくずし字を見ておきましょう。「才料」。両方とも新しい字ですね。「才」はこのようにくずれますので、よく見ておいてください。「料」は、「こめへん」と「斗」です。
「卯兵衛」の「卯」は、「卯年」の「卯」ですが、ここでは異体字「戼」のくずしが書かれています。単独の文字としては初めて出てきましたが、㉖の「聊も（いささかも）」の「聊」の旁と同じですね。「兵衛」は、㉗に「兵衛」パターンがたくさんありましたので、合わせて見ておいてください（二二六頁）。
元号は㉗と同じ「天保」ですが、この「天」のくずしは、㉗で見たものとは、かなり違いますね。もう少しくずれると、ひらがなの「て」になります。「十五」。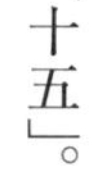「五」も、復習しておきましょう（一八〇頁）。干支は「甲辰」。これも㉗で見ました。
「十一月十八日」は、だいじょうぶですね。

ちょっと確認

［料］

［卯］

11✣白木屋友八の荷物持ち逃げ事件の全文

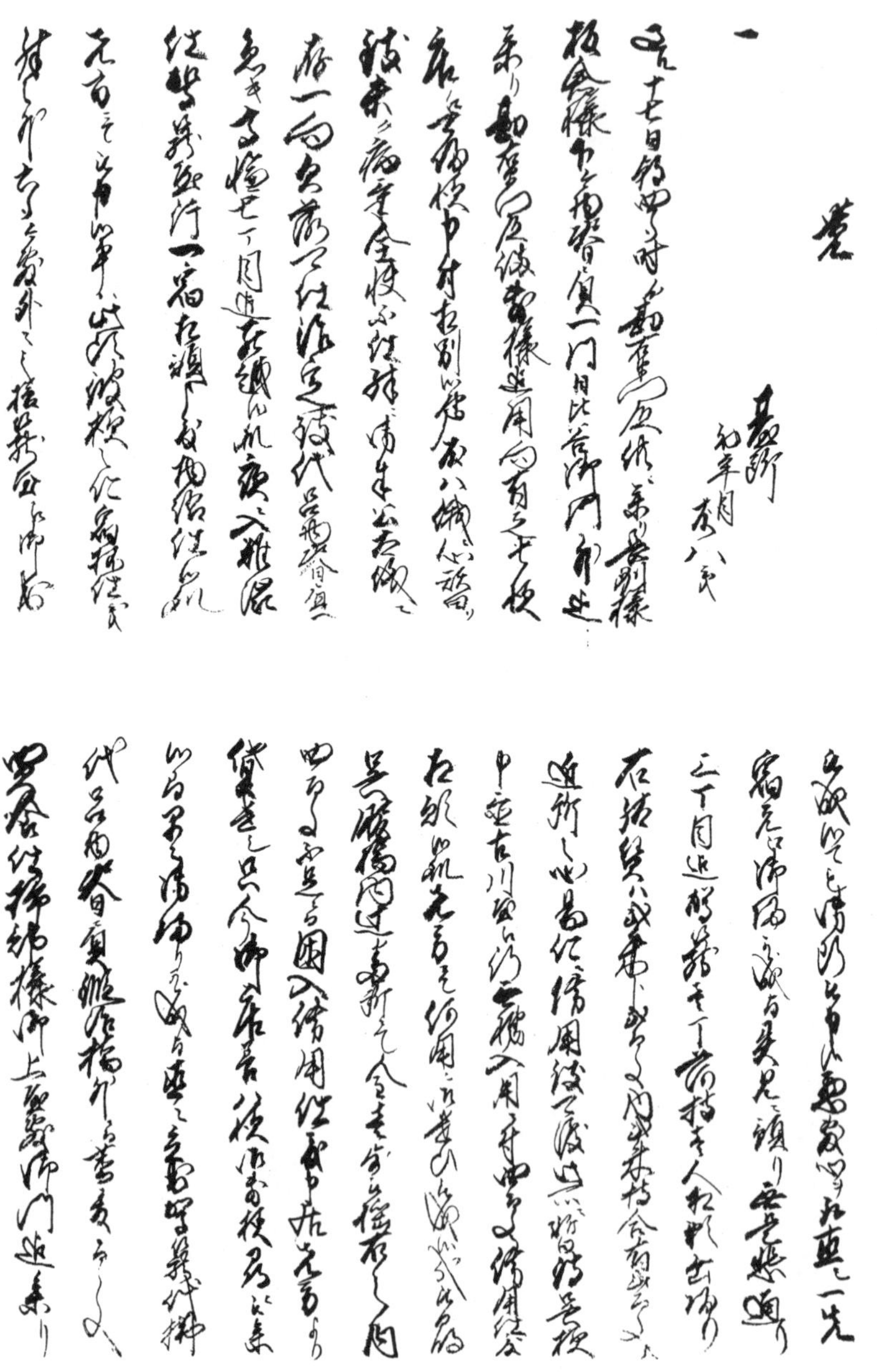

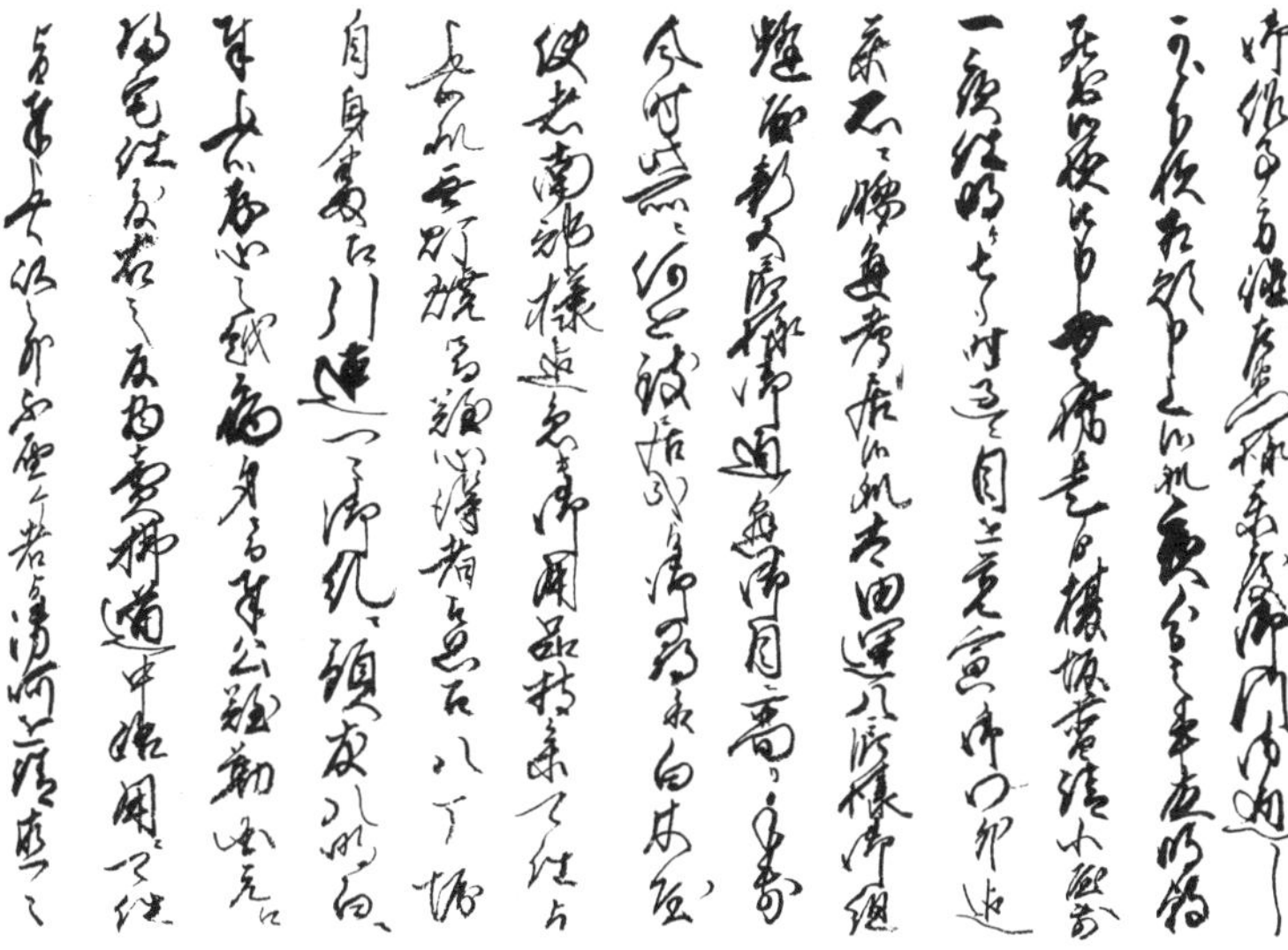

一、中凡夜具　壱ツ宛
一、枕并鏡具類　二ツ
一、櫛笄仕分也
一、包此木綿　小木
　石丞八右衛門扣所惣焼失
一、合寒　綿入壱ツ
　　　　　　一括し分上納

　　　　　　　　　　俺々希上仕上

　　　　　　天保十丑年九月

御小頭所中様

屋藤佐左衛門
中村弥兵衛
本田板右衛門
幸治作左衛門
沢嶋七五郎
木村市右衛門

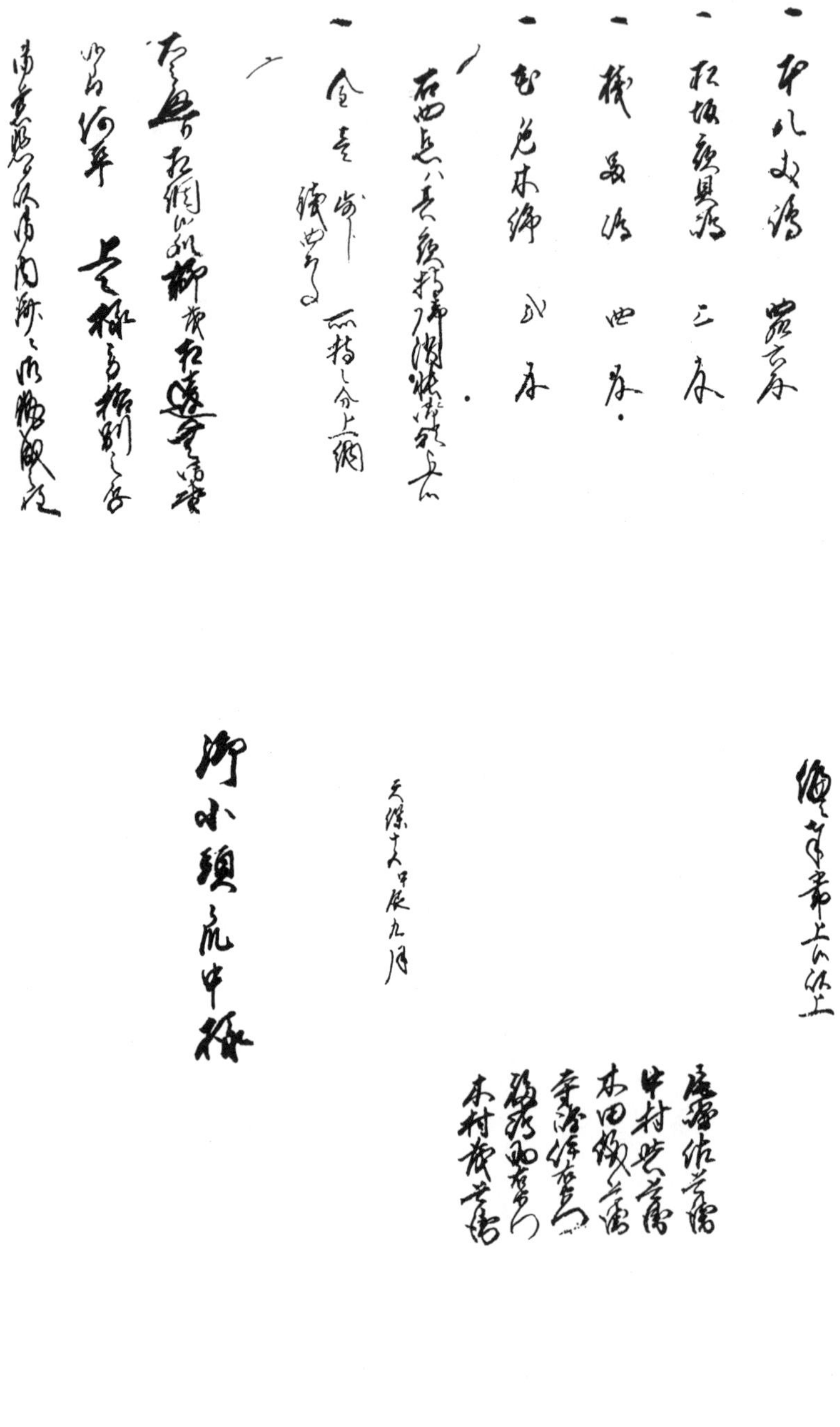

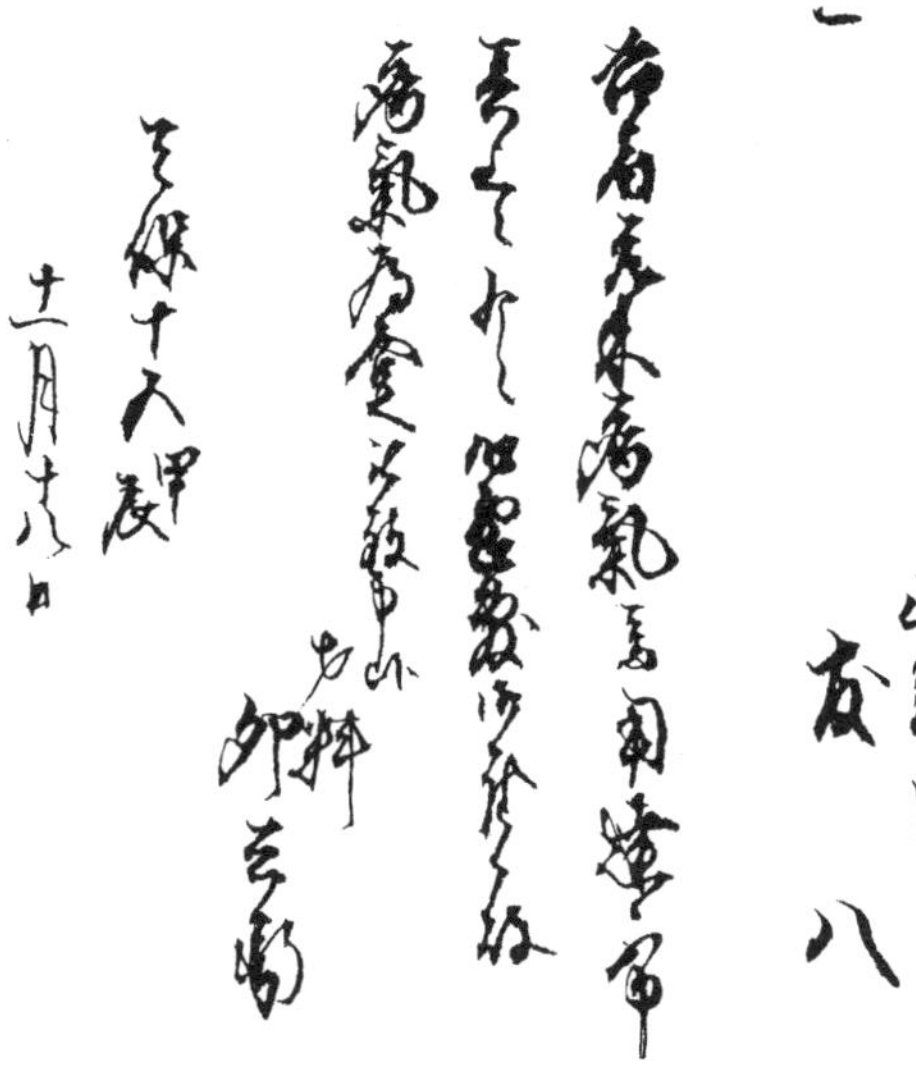

古文書の背景㉘ 番付

次頁の「為教訓」は、黒白を左右にわけた小僧の番付で、なかなか興味深いものです。

白木屋の場合は「小僧」という呼び方はしませんが、元服前の若い奉公人のことを指す意味では、友八と対応させて考えることができますね。

白は「良い小僧」、黒は「悪い小僧」といった様相ですが、主人側から見た「理想の小僧像」といったものを白に挙げて、「一枚壁にはり置く」ように、としているところがおもしろいです。

白の大関は「主人ゟ暖簾を貰小僧」。そこまでたどり着くためには、それ以下の「返事のはやい」「朝起きをする」「飯の早い」から「帳面をつける」までを身につけていなければならない、という見方もできますね。

手代の勘右衛門と別れてから逃げだした友八は、さしずめ黒の二段目の「旦那の供をはぐれる小僧」に該当するのかもしれません。

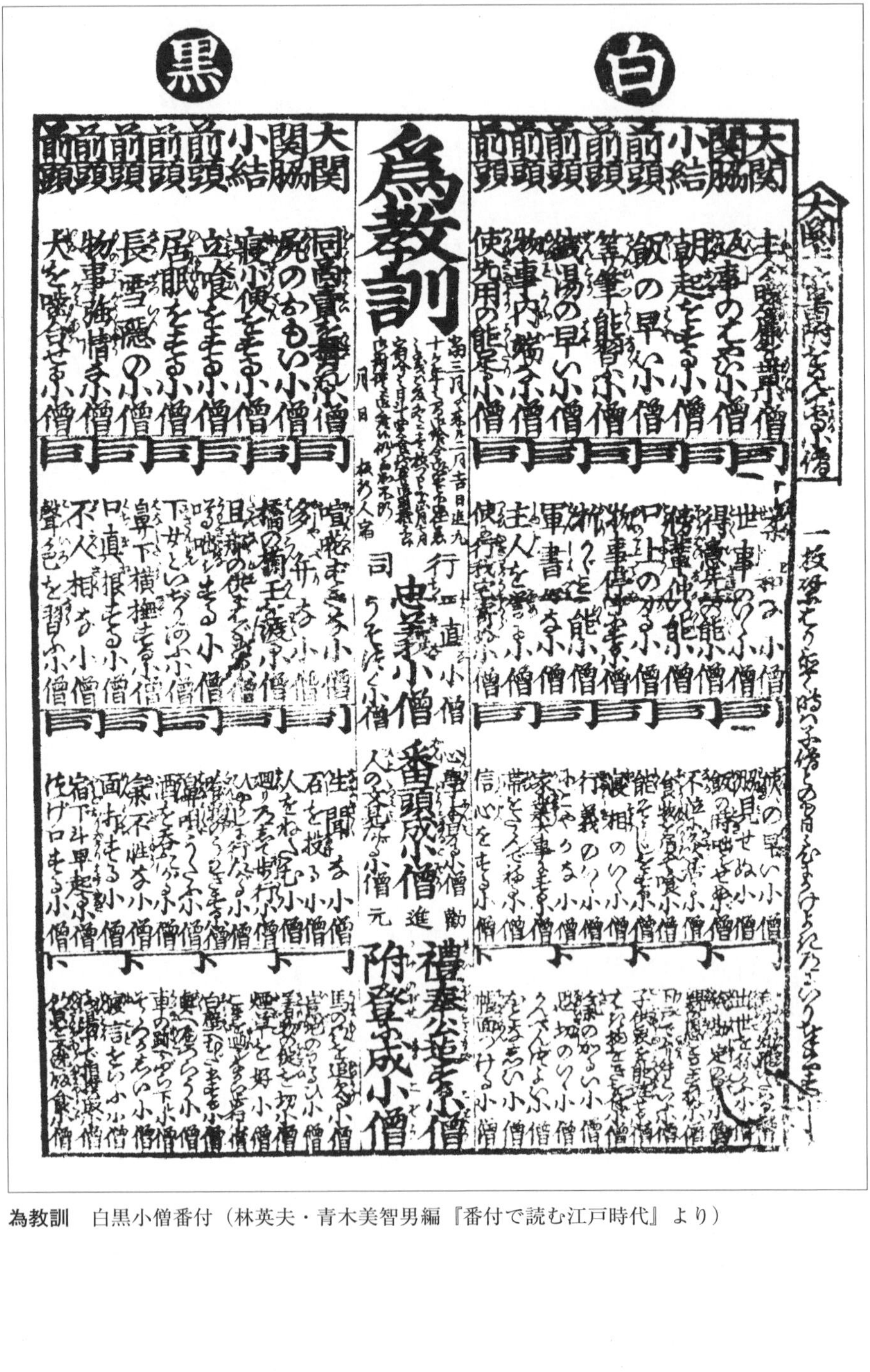

為教訓　白黒小僧番付（林英夫・青木美智男編『番付で読む江戸時代』より）

大関上 此番付を見て守小僧

一枚壁にはり置く時ハ、子僧とのも日々心にかけ、よき道はいり奉公すべし

白

大関 主人ゟ暖簾を貰小僧
関脇 返事のはやい小僧
小結 朝起をする小僧
前頭 飯の早い小僧
前頭 算筆能習ふ小僧
前頭 銭湯の早い小僧
前頭 物事内端な小僧
前頭 使先用の能足る小僧

同 柔和な小僧
同 世事のいゝ小僧
同 得意先請の能小僧
同 傍輩仲の能小僧
同 口上の分る小僧
同 物事停寧にする小僧
同 折かゞミの能小僧
同 軍書好な小僧
同 主人を誉る小僧
同 使に行我宅寄ぬ小僧

同 使の早い小僧
同 脇見せぬ小僧
同 飯の時咄シせぬ小僧
同 不泣に灸居る小僧
同 食物を頂て喰小僧
同 能そうじをする小僧
同 寝相のいゝ小僧
同 行義のいゝ小僧
同 にこやかな小僧
同 家業大事にする小僧
同 帯をたゝんでねる小僧
同 信心をする小僧

同 自分ゟ幼稚いたハる小僧
同 出世をねかふ小僧
同 銭勘定の早い小僧
同 親の恩をわすれぬ小僧
同 下戸で允升といふ小僧
同 子供衆を能遊せる小僧
同 はき物をきを付ル小僧
同 気のかるい小僧
同 思切のいゝ小僧
同 かんべんのよい小僧
同 おとなしい小僧
同 帳面つける小僧

為教訓

当三月ゟ来ル二月吉日迄丸十ケ年之間御給金御盆被下成仕着之義ハ夏冬ニ壱枚つゝ被下正月七月宿入り之日斗貰喰致候共御用捨被下候御対談ニ御座候仍而承不断

月　日　板行人宿

行司 正直小僧
忠義小僧
うそつく小僧

勧進元 心学本見る小僧
番頭成小僧
人の文見たがる小僧

礼奉公迄する小僧
附登に成小僧

黒

大関 同商売を構ハれる小僧
関脇 尻のおもい小僧
小結 寝小便をする小僧
前頭 立喰をする小僧
前頭 居眠をする小僧
前頭 長雪隠の小僧
前頭 物事強情な小僧
前頭 犬を噛合せる小僧

同 喧嘩ずきな小僧
同 多弁な小僧
同 橋の欄干を渡る小僧
同 旦那の供をはぐれる小僧
同 噂咄シする小僧
同 下女といぢりあふ小僧
同 鼻下横撫する小僧
同 口真根する小僧
同 不人相な小僧
同 声色を習ふ小僧

同 生聞な小僧
同 石を投る小僧
同 人をねたむ小僧
同 廻り道して歩行小僧
同 ひやかしに行たがる小僧
同 喰物のうわきする小僧
同 鼻唄うたふ小僧
同 酒を呑たがる小僧
同 気不性な小僧
同 面打する小僧
同 宿下斗早起る小僧
同 つげ口する小僧

同 馬の跡を追欠る小僧
同 意地のわるひ小僧
同 着物の綻を切小僧
同 煙草を好小僧
同 こまを廻シながら歩行小僧
同 白壁へむだ書する小僧
同 奥へへつらう小僧
同 車の跡へぶら下ル小僧
同 そゝつかしい小僧
同 寝言をいふ小僧
同 銭湯で相撲取小僧
同 朝顔を不洗飯食小僧

為教訓　白黒小僧番付の翻刻

第三章

古文書を学ぶ方へ

1❖くずし字の学び方

さて、ここでくずし字の習得の仕方について、私が考えていることをいくつかお話させてください。

【くずし字の習得法】

次の①〜③は、基本的なことであり、一番大切なことだと思っていますので、是非心がけてください。

①にらんで覚える

偏や旁がどうなっているか、運筆がどう流れているか、全体の字形がどんな特徴を持っているかを、目に焼きつける。「見て」ではなく、じっくり「にらんで」です。

「ごんべん」「にんべん」「ぎょうにんべん」。「もんがまえ」に「かねへん」に「したごころ」。本書だけでも、そのほかにもたくさんの漢字の「部分」が出てきましたね。漢字は「部分」が組み合わさってできていますから、それが見えてくると読めます。

「おもしろいな、こう書いてあるんだ」と、じっくりにらんでください。

②書いて覚える

くずし字を真似して、紙に同じように書いてみるのもいいでしょう。そこまでしなくても、指先で同じようになぞってみるだけでも十分です。「なるほど、こう書いてあるのか」とわかったら、しめたものです。「私には書けない」と思わずに、指先を動かしてみると、驚くほど古文書の運筆がわかり、字が見えてきます。

次に、筆写してみるのもいいですね。その場合には、原則的に常用漢字で書きます。筆写にはいろいろなやり方がありますが、本書の凡例はＮＨＫ学園古文書講座の方法と同じで、一般的なものです。

③音読して覚える

音読は、抜群の効果を示します。音読することによって古文書の言い回しやリズムに慣れて、次にどんな表現が来るべきか見当がつくようになります。

ここも「読んで」ではなく、あえて「音読して」としました。自分の声を「聞いて覚える」ことにもなります。

本書でも、部分部分の音読に慣れていらっしゃったら、第一章の全文が載っている一一四頁～一一五頁と、第二章の二三八頁～二四一頁の音読に、是非挑戦してみてください。この二つの長い文章を苦もなく音読できるようになられたら、それはすばらしいことです。その時には、「読める」だけでなく、読みながら「文意」もしっかり読み取れているはずです。

【「マイ字典」（私の字典）を作ろう】

「くずし字字典の引き方がわかりません。どうやったら、じょうずに活用できるでしょうか」というご質問をよく受けます。

字典のなかで、自分の探したい字を見つけるのは、容易ではありません。はじめは字典のなかにある字がどれも同じに見えてしまって、繰り返し繰り返し見ても判断がつきかねると思います。逆にいえば、

「字典を引けるようになった」ということは「かなり古文書に慣れてきた」ということでもあるのです。

そうなるまでは、いっそ「マイ字典」を作ってしまいましょう。

①大学ノート一冊でいいのです。
何ページかおきに、ア、カ、サ、タ、ナ…と、インデックスを付けます。

②「自分が読めた字」を書き込んでいきます。この「読めた字」というのが大事なのです。「読めない字を探す」のではなくて「読めた字」を書き入れます。
たとえば、ある日古文書を読んでいてが出てきて、それが「可」だと理解できたら、「カ」の所に「可」の項目を作り、自分の字でを書き込みます。くずし字を真似てみる練習にもなります。
何日後かにが出てきて、これも「可」なのだとわかったら、その欄に書き加えます。前に自分が見た「可」とは少しずつ違って見える「可」にお目にかかるたびに、くずし字を真似して書き加えていきます。

③「可」だけでなく、「可レ申候（もうすべくそうろう）」「可レ被レ下候（くださるべくそうろう）」などのまとまりで写しておいてもいいですね。

④新しい字が出てきたら新しい項目を作る。前に出てきた字はその項目に書き加えていく。これを、何日か何週間か何月か実行すると、かなりの量になっていきます。
「可」などは、あっという間に十個ぐらいになるかもしれません。
そのころには、あなたは「可」のプロになっています。

⑤わからない字が出てきたときに、「どこかで見た字だ」と、このノートを見返す。自分で書いた字は、けっこう覚えているものです。時間があるときに、パラパラッとノートをめくってながめているだけでも、とてもよい勉強になります。

この作業をしてみると、驚くほど読めるようになります。

私は、大学二年ではじめて古文書に出会った時、自分で試行錯誤しながら、この「マイ字典ノート」を作ってみました。毎日書き込んでいくうちに偏や旁が見え、筆順がわかり、古文書が自分のものになっていく実感がありました。今そのノートを見てみると、「こんな字も読めなかったんだな」と、とてもなつかしいです。

受講生の方々にこの方法をご紹介したら、ノートではなくカードで取ってみた、とおっしゃって見せてくださり、とてもよく読めるようになった方もいらっしゃいます。ご自分にあった方法を工夫なさるといいですね。

【文章のなかで推しはかる】

一字一字のくずし字が読めなければ、古文書を読むことはできず、文意を取れません。ですから今までは、文字としてのくずし字をいかに読むか、のお話をしてきました。

しかし、不思議なことに、文字だけにこだわり過ぎることは、上達のためにはかえって逆効果なのです。文字だけにこだわって似ている字を探してきたりすると、そこに来るべきはずもない字をひろってしまい、文脈がつながらなくなり、結局くずし字も読めるようにはなりません。これは、古文書を読みはじめた方々なら、どなたも経験なさることではないでしょうか。

極端に言うと、文意がわかれば、少しぐらい読めないくずし字があってもかまいません。

文字に目を近づけてくずし字の偏や旁に注目するのと同時に、ゆったりと構えて古文書の文章全体を見てみてください。

この文書は、誰が何のために書いたもので、誰に当てたものか。それは、どういう背景のもとに書かれたのか。この文書が書かれたことによって、どういう効果を期待しているのか。など、いろいろなことが読み取れます。

たとえば、これは「奉公人請状（ほうこうにんうけじょう）」で、はじめの部分の奉公人の名前と年齢・出身の村と親の名前・奉公期間・給金その他の条件、終わりの部分の人主（ひとぬし）や請人の名前・年号・奉公先に注目しておけば、あとの内容は、ほかの請状とほぼ同じだ。この書状は、時候の挨拶や今までの経過に対するお礼が長々と書かれていて、一番いいたいことはこの部分だけだ。などと、だんだん読み取れるようになってきます。

また、それらを考えているうちに、読めなかったくずし字が、文脈から推しはかって読めてきたりします。くずし字にこだわっているよりも、その方が近道のこともあります。

つまり

（A）独立した字、単語、熟語として覚える。

（B）文章のなかで覚える

の両面を、うまく併用していくことが解読上達の秘訣でしょう。これは、ほかの語学学習と共通することかもしれませんね。

その両面を考慮しながら本書を書きました。なるべく「おでんちゃん」や「友八」の古文書の文章のなかで、くずし字を覚えてしまいましょう（B）。そして、**ちょっと確認**で、そこでとくに覚えてしまった方がよい文字について、集中して文字自体に慣れてしまいましょう（A）。

本書の内容を楽しみながら、知らず知らずのうちにくずし字も覚えてしまった、となっていただければ、こんなにうれしいことはありません。

古文書を理解するための基本的なくずし字は、**ちょっと確認**の字で、ほとんど十分だと思います。どうぞ繰り返しご覧になって活用してください。

本書の**ちょっと確認**のくずし字は、おもに柏書房『覚えておきたい　古文書くずし字２００選』および『覚えておきたい　古文書くずし字５００選』から取りました。両書は、「マイ字典」を作りながら古文書に慣れてきた方にとって、最適の書だと思います。

2✣古文書を読むということ

古文書が読めるようになると、世界が広がります。たくさんの古文書に触れていらっしゃるうちに、ご自分の好きな分野、興味のあるテーマがみえてきます。そうしたら、是非その分野を深く研究してみてください。

商業に携わってきた方は、商家の文書を実感を伴った共感と批判の視点を持って読むことができるでしょう。農村文書を読むときでも、農業の経験があるとないとでは、全然違うと思います。教育にかかわってきた方にとっては、寺子屋の史料などは、おもしろくてたまらないと思います。

つまり、大げさにいえば、自分のそれまでの全人生経験をかけて古文書を読む、ということなのだろうと、私は思っています。経験のあることならあることなりに、ないことならないことなりに、学ぶことはたくさんあります。「今まで理系の仕事をしてきて、古文書などまったく知りませんでした」とおっしゃって、今では古文書に夢中の方もたくさんいらっしゃいます。知らないことが新鮮な喜びであり、逆に大きな強みになる場合もあります。

数年前に、受講生のある方が「たった百年や二百年前の自分の国の人が書いた字を、今の一般の人が読めないなんて残念ですね。そんななかで、文化はどうやって継続していくのでしょう」という意味のことをおっしゃって、私は本当にその通りだと思いました。

その「文化」がそもそもどのようなものなのか。肯定すべきものなのか、批判的に継承していくべきものなのか、またいつからどう続いてきた文化なのか、はともかく、まず読めないことには話になりません。読んで実態を知らなければ、批判の対象にも共感する対象にもなりません。

史料を読まずに「江戸時代は悲惨な時代だった」、あるいは逆に「江戸は、薔薇色のような理想的な世界だった」、とイメージだけを膨らませるのは危険です。ひとつひとつの史料を大切に、個別事例を積み上げていく必要があります。

古文書には、ノンフィクションのおもしろさがあります。実際にそこにいた農民、商人、職人、武士などのひとりひとりの行動、考え、思想を追体験できます。「淺田傳ちゃん」や「友八」は架空の人物ではなく、息をして実在した人物として、古文書のなかから生き生きと浮かび上がってきます。まず、読めるようになってください。その後の解釈は、さまざまでしょう。むしろ、ご自分の体験や知識を踏まえたいろいろな読み方をしてください。そして、それを現在の自分を考える手がかりに、また現代という社会を評価する手がかりにしてください。これは、歴史を学ぶ上での、重要な要素のひとつです。

江戸時代を過小評価も過大評価もせず、史料に基づいてひとつひとつ検証していくことは、何よりも重要なことだと思っています。

謝辞

多くの方々のおかげで、本書が完成しましたことを、心から感謝いたします。

林玲子先生には、東京女子大学で古文書の手ほどきを受けて以来、銚子のヒゲタ醤油醸造元の田中玄蕃家、ヤマサ醤油への史料調査をはじめ、現在まで多くのお教えをいただいてきました。先生のご研究や、ご著書の『江戸店犯科帳』（〈江戸〉選書、吉川弘文館）、『江戸店の明け暮れ』（歴史文化ライブラリー、吉川弘文館）は、本書の「第二章　白木屋友八の荷物持ち逃げ事件」を執筆する際にも、とても参考にさせていただきました。

大野瑞男先生、北原進先生にも、学生時代のゼミ以来、松原湖や佐久町などへの史料調査を通じて近世史の研究方法を教えていただいてきました。国文学研究資料館史料館でも、史料整理や解読をさせていただきながら、たくさんのご指導をいただきました。それが、現在の私のもとになっています。

また、所属している多くの研究会を通じて、ご指導ご助言いただいてきた方々は数知れません。

とくに、本書の関係でいいますと、「第一章　おでんちゃん（浅田傳）の寺子屋規則」の「浅田家文書」を研究している「南山城研究会」。その成果である『近世・近代の南山城――綿作から茶業へ――』（石井寛治、林玲子編、東京大学出版会）も、第一章の執筆の際、参考にさせていただきました。また、同研究会の石井寛治先生、林玲子先生、武田晴人先生、菅野則子氏、桜井由幾氏、小川幸代氏、井奥成彦氏、谷本雅之氏、吉田ゆり子氏、辻義浩氏には、長年にわたり近世史全般にわたって、また、私が同研究会で「浅田家文書に見られる寺子屋手本」

を報告した際にも、貴重なご指導ご助言をいだだきました。

同研究会の一員でもある東京大学経済学部図書館文書室の冨善一敏氏には、文書閲覧の便宜を図っていただきました。

「総合女性史研究会」では長野ひろ子氏、片倉比佐子氏、宇佐美ミサ子氏、柴桂子氏をはじめ、たくさんの方々に、いろいろな視点からお教えいただいてきました。醬油醸造に関しても、相京眞澄氏など研究会のメンバーをはじめたくさんの方々のお世話になってきました。

また、ＮＨＫ学園をはじめ多くの生涯教育の場で出会った先生方、受講生の方々のなかで私は育てられてきました。ありがとうございます。

教員時代の中学校、また非常勤講師でうかがった母校の千葉県立千葉高校、千葉女子高校でも多くの楽しい経験をさせていただき勉強させていただきました。

今までのこれらのすべてがなければ、この本は生まれなかったと思い、厚くお礼申し上げます。

柏書房の小代渉氏には、たいへんお世話になりました。「古文書の入門書を」という執筆依頼を受けた時に、私の講座を見ていただきました。「これをこのまま本にしてください」との言葉に意を強くして、相談しながら新しい形の古文書の入門書を作れたことに深く感謝いたします。

複雑な影印を正確にとってくださり、私の希望通りに何回も組みかえてくださった、アイメディアの市村繁和氏に、厚くお礼申し上げます。

最後に、どんなときも私の仕事や研究を理解し温かく応援してくれる母・夫・息子・娘、そして妹家族に、心から感謝します。

著者略歴　油井 宏子（あぶらい ひろこ）

1953年　千葉県市川市生まれ。
1976年　東京女子大学文理学部史学科卒業。
船橋市、市川市の公立中学校教諭を経て、
1989年からＮＨＫ学園古文書講師。
近世史や古文書を学ぶ面白さを、全国各地の講座やシンポジウムで紹介している。

おもな著書・監修・論文など

『江戸奉公人の心得帖――呉服商白木屋の日常』（新潮新書、2007年）
DVD版『油井宏子の楽しく読める古文書講座』全５巻（紀伊國屋書店・柏書房、2007年）
『絵で学ぶ古文書講座――漂流民と異国船との出会い』（柏書房、2011年）
『そうだったのか江戸時代――古文書が語る意外な真実』（柏書房、2010年）
『江戸時代＆古文書 虎の巻』（柏書房、2009年）
『古文書はじめの一歩』（柏書房、2008年）
『江戸が大好きになる古文書』（柏書房、2007年）
『古文書はこんなに魅力的』（柏書房、2006年）
『古文書検定　入門編』（柏書房、2005年）
「銚子醤油醸造業における雇傭労働」（『論集きんせい』第４号、東京大学近世史研究会、1980年）
「醤油」（『講座・日本技術の社会史』第１巻 農業・農産加工、日本評論社、1983年）
『国史大辞典』（吉川弘文館）に「銚子醤油」など４項目執筆。

古文書（こもんじょ）はこんなに面白（おもしろ）い

2005年３月10日　第１刷発行
2012年３月10日　第６刷発行

著　者　油井 宏子
発行者　富澤 凡子
発行所　柏書房株式会社
〒113-0021　東京都文京区本駒込１-13-14
Tel. 03-3947-8251（営業）
03-3947-8254（編集）

装幀者　山田英春
組　版　i-Media 市村繁和
印刷所　株式会社亨有堂印刷所
製本所　株式会社ブックアート

ISBN4-7601-2676-7

＊価格税別

●国境を越えた人間愛と感動の歴史ノンフィクション

絵で学ぶ古文書講座　漂流民と異国船との出会い

油井宏子【著】

A5判・二三六頁　一、九〇〇円　978-4-7601-3978-1

鎖国下に遭難・漂流した船の乗組員らの壮絶な体験、それを助けた異国人との心温まる交流。古文書に描かれた希少な絵（カラー60点）から読み解く一味違う入門書！　江戸時代の漂流民たちの物語を絵で学び、くずし字を紐解き、追体験‼

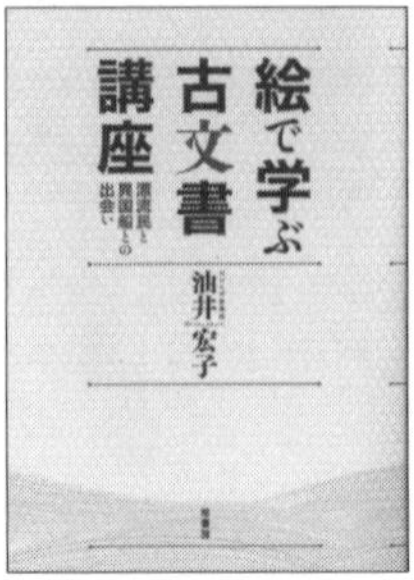

●ありえないほどにやさしい超入門書

古文書はじめの一歩

油井宏子【著】

A5判・二三四頁　一、八〇〇円　978-4-7601-3318-5

現代のように街路灯などもない、三〇〇年近く前の山城国（現、京都府）の上狛村には、農民たちが村を守るために毎晩行なわなければならないきまりがありました。彼らはどのような方法で夜の村を守ろうとしたのでしょうか?

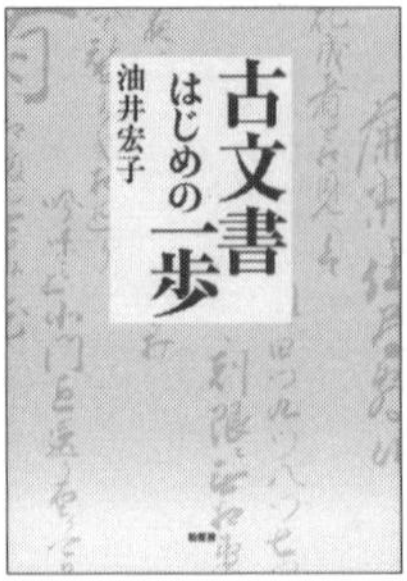

●読むほどに味わい深い古文書の魅力が堪能できます

古文書はこんなに魅力的

油井宏子【著】

A5判・二九二頁　一、八〇〇円　4-7601-2871-9

土地を捨て、母を捨てて村を抜け出した利助さん（三二歳）と、仙台藩からの売掛金の回収に悩んで店を抜け出した六兵衛さん（三〇歳）の二人が本書の主人公。働き盛りの二人が生きた、およそ一五〇年前の江戸時代を、油井先生がわかりやすくご案内します。

●自分だけの江戸をみつけてみませんか

江戸が大好きになる古文書

油井宏子【著】

A5判・二四〇頁　一、八〇〇円　978-4-7601-3037-5

本書は江戸日本橋の大呉服商・白木屋が舞台。第一章では白木屋が作った五二か条の規則『永禄』から、店と奉公人の姿を読み取ります。第二章では店を抜け出して故郷へ帰った嘉助が主人公です。八か月後に江戸へ戻ってきた嘉助が犯した過ちとは？

＊価格税別

●現代(いま)とのズレを楽しむ、新しい古文書学習書

そうだったのか江戸時代 古文書が語る意外な真実

油井宏子【著】

A5判・二三六頁　一、八〇〇円　978-4-7601-3795-4

古文書を読んでいると、教科書や時代小説などの記載やテレビなどの映像とは全く異なる江戸時代の姿に出会うことがよくあります。本書では、刷り込まれたイメージと現実の江戸時代とのズレが楽しめる21話を収録します。

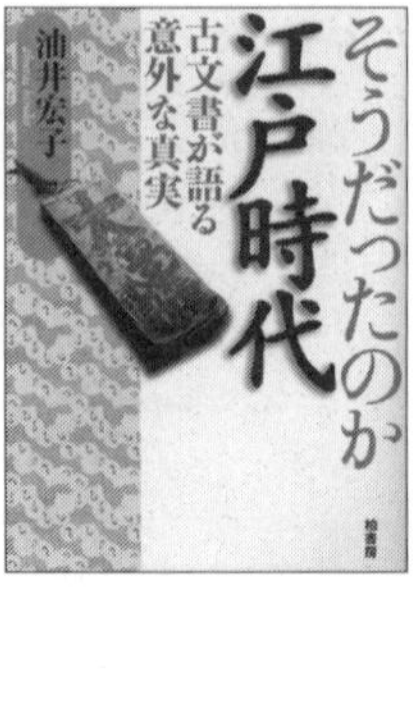

●かゆいところに手が届く、読みもの的ガイドブック！

江戸時代&古文書　虎の巻

油井宏子【監修】
柏書房編集部【編】

A5判・一八八頁　一、四〇〇円　978-4-7601-3539-4

暦・干支をはじめ、老中・町奉行・勘定奉行などの幕閣主要人名から、街道名、郡名、度量衡、貨幣、変体仮名、異体字などまで、歴史探究への入り口として便利なライブラリー。時代小説を読むときにも活用できます。